Eine universale

Jesusgeschichte

Das Matthäusevangelium

aus dem Urtext übersetzt und kommentiert von
Uta Poplutz

Titelmotiv: Christus Pantokrator, gemalt von Manuel Panselinos, 14. Jh. Berg Athos.
Trotz intensiven Bemühens konnten die Rechte am Bild nicht ermittelt werden.

Rückseite: Der Evangelist Matthäus, Lindsfarne Gospel, 8. Jh.
© The Yorck Projekt, 10 000 Meisterwerke der Malerei

Herausgeber: Katholisches Bibelwerk e. V.
Silberburgstraße 121
D-70176 Stuttgart
www.bibelwerk.de

2., korr. Auflage 2016

ISBN: 978-3-940743-88-6

Gestaltung: Olschewski Medien GmbH, Stuttgart

Druck: Richard Conzelmann Grafik + Druck e.K., Albstadt-Tailfingen

Inhaltsverzeichnis

Einleitung

Das Evangelium nach Matthäus ist das erste Evangelium im Kanon des Neuen Testaments, aber es ist nicht das älteste. Der Verfasser hat auf der Grundlage des Markusevangeliums und einer nicht erhaltenen Spruchquelle (der sog. Logienquelle Q) eine eigenständige Erzählung verfasst, die besondere Aspekte des Wirkens und der Sendung Jesu neu akzentuiert.

Die inhaltliche Anordnung und Auswahl von Themen und Texten sowie die Art und Weise ihrer Darstellung lassen (mit aller gebotenen Vorsicht) Rückschlüsse auf die historische Verortung des Verfassers zu, aber auch auf die Situation der Adressatinnen und Adressaten, für die das Evangelium geschrieben wurde.

Insbesondere da das Matthäusevangelium viele schwierige Textpassagen enthält, die im Laufe der Wirkungsgeschichte das Verhältnis zwischen Juden und Christen nachhaltig belastet haben (vgl. nur die sog. »Selbstverfluchung« des Volkes in 27,24f oder die große Gerichtsrede gegen die Pharisäer und Schriftgelehrten in Kap. 23), ist das Wissen um den historischen »Ort« seiner Abfassung für ein angemessenes Verstehen der Texte unerlässlich.

Matthäus und seine Gemeinde

Der Verfasser des Evangeliums, der nicht mit dem Apostel Matthäus (vgl. 9,9; 10,3) identisch ist, ist tief in den Traditionen des Judentums verwurzelt, d.h. er war ein schriftgelehrter Judenchrist. Als *Judenchrist* glaubte er, dass Jesus der erwartete *davidisch-messianische* Hirte seines Volkes ist (vgl. 9,36), der Israel wiederherstellen wird (vgl. Apg 1,6; Mt 10,1 und den Kommentar zur Stelle), so dass sich mit ihm die alttestamentlichen Verheißungen erfüllen (vgl. 2,6; 26,31).

Um dies auszudrücken, zitiert Matthäus zahlreiche alttestamentliche Texte (diese sind in der Übersetzung immer kursiv gesetzt) und fügt an zentralen Stellen sog. »Erfüllungszitate« ein, die die Kontinuität des Jesusgeschehens mit den heiligen Schriften Israels erweisen sollen (vgl. 1,22f; 2,15; 2,17f; 2,23; 4,14f; 8,17; 12,17–21; 13,35; 21,4f; 27,9). Die Erfüllungszitate werden immer mit einer stereotypen Formel nach folgendem Muster eingeleitet: »[dies alles ist geschehen,] *damit erfüllt werde das Gesagte des Herrn durch den Propheten, der sagt...*«.

Matthäus legt Wert darauf, dass die Tora, d.h. die fünf Bücher Mose, ihre Gültigkeit behält (vgl. 5,17–19; 7,12), woran auch die sog. »Antithesen« (5,21–48; »*Ihr habt gehört, dass gesagt wurde...*« – »*Ich nun sage euch...*«) nichts ändern – im Gegenteil: Jesus erschließt in diesem Redeteil der Bergpredigt den Willen Gottes, um die Auslegung der Tora zu ihrer Eigentlichkeit zu führen. Es geht nicht um die Außerkraftsetzung des jüdischen Gesetzes, sondern darum, die »*Gerechtigkeit überfließen zu lassen*« (5,20). Die Gerechtigkeit wiederum besteht im »Tun der Tora«, wofür Jesus eine Wegweisung erteilt.

Das Judentum war in sozialer Hinsicht der primäre Lebenskontext der matthäischen Gemeinde und die Synagoge, die als Ort missionarischer Tätigkeit hervorgehoben wird (4,23; 9,35), für sie eine erfahrbare Größe (vgl. 10,17; 23,34). Offensichtlich wurde nicht nur am Sabbatgebot festgehalten (24,20; auch 12,11f), sondern auch am Gebot der Verzehntung von Minze, Dill und Kreuzkümmel (23,23). Dazu passt, dass Matthäus die Lehrautorität der Pharisäer und Schriftgelehrten bestätigt (23,2f), wenngleich er deren eigene mangelhafte Praxis aufs Schärfste kritisiert (23,3–39).

Doch die mehrheitlich jüdisch geprägte Gemeinde der Christusgläubigen lebte nicht ohne *heidenchristlichen Bezug*: Wie eine Klammer umgibt das Matthäusevangelium die Perspektive des universalen Heils, die bereits im Stammbaum Jesu angelegt ist (vgl. 1,1–17 und den Kommentar zur Stelle), sich durch den gesamten Text zieht (vgl. 2,1–12; 8,5–13; 15,21–28; 21,43 u.ö.) und in 28,18–20 mit der österlichen Aussendung der Jünger zu allen Völkern ihren Zielpunkt findet.

Dies deutet darauf hin, dass einige Gemeindemitglieder – vermutlich eine Minderheit – heidenchristlich geprägt waren. Und so stellt Matthäus mithilfe seines Evangelium heraus, dass diese Einbeziehung der Völker legitim ist und die Erfüllung der Heilserwartungen Israels in keiner Weise berührt: Zwar ist Jesus zunächst zu Israel gesandt (15,24) und sendet in der Aussendungsrede auch seine Jünger zunächst nur zu den »*Schafen des Hauses Israel*« (10,6), aber am Ende des Evangeliums steht der universale Missionsbefehl des Auferstandenen zu *allen Völkern* (28,18–20).

Damit löst Matthäus ein Problem, welches in der Gemeinde zu Konflikten geführt haben mag und wahrscheinlich von judenchristlicher Seite aufgeworfen wurde: Wie kann Jesus der verheißene und erwartete *Messias des jüdischen Volkes* sein, aber zugleich der *Messias für die Heidenchristen*? Der Messias aus dem Hause David ist Israel verheißen und nicht den Völkern! Wenn man somit Heidenchristen als Vollmitglieder in die Gemeinde aufnimmt, ohne von ihnen zu verlangen, zum Judentum überzutreten, werden die Heilserwartungen Israels durchkreuzt.

Matthäus antwortet darauf mit seinem Evangelium. Doch es fällt schwer, die näheren Umstände der Gemeindewirklichkeit in Bezug auf das Zueinander von Israel- und Heidenmission zu beleuchten. Möglicherweise war das Zusammenleben zwischen Juden- und Heidenchristen zur Zeit der Abfassung des Matthäusevangeliums bereits etablierte Praxis in der Gemeinde und wurde beispielsweise durch den Zuzug konservativer Judenchristen oder durch die ortsansässige pharisäisch dominierte Synagoge (s.u.) in Frage gestellt. Ebenso ist es denkbar, dass erst Matthäus gezielt in die Richtung einer vermehrten Aufnahme und Akzeptanz von Heidenchristen wirken wollte, was von judenchristlicher Seite aus skeptisch betrachtet wurde. Eine hinreichend sichere Aussage lässt sich über die genauen Hintergründe nicht treffen, ebenso wenig darüber, wie groß diese heidenchristliche Gruppierung war bzw. – dies wäre eine extreme Position – ob es sie überhaupt schon gegeben hat.

Ort und Zeit der Abfassung

Wo die matthäische Gemeinde und der Verfasser des Evangeliums beheimatet waren, erfahren wir nicht. Doch wenn die Annahme stimmt, dass das Matthäusevangelium für mehrheitlich griechischsprachige Christinnen und Christen jüdischer Herkunft geschrieben wurde, deutet dies am ehesten auf Syrien hin, wo zahlreiche Diasporajuden lebten.

Für eine Lokalisierung in Syrien sprechen die frühe Bezeugung des Matthäusevangeliums durch Ignatius von Antiochien (um 110 n. Chr.) und durch die Didache, eine frühchristliche Gemeindeordnung (um 100 n. Chr.). Auch der Erste Petrusbrief schöpft aus einem ähnlichen Traditionsschatz und weist eine beachtliche Nähe zum Matthäusevangelium auf.

Im Evangelium selbst fällt die Bezeichnung Jesu als »Nazoräer« (2,23; 26,71) auf, was eine typische Titulierung der Christinnen und Christen im syrischen Raum war. Auch die Erwähnung Syriens in 4,24 (»*Und sein Ruf ging hinaus in das ganze Syrien*«) könnte als ein Hinweis auf die lokale Verortung der Schrift gelesen werden.

Da nur im städtischen Umfeld Griechisch die Verkehrssprache *(lingua franca)* war, während auf dem Land Syrisch gesprochen wurde, deutet vieles darauf hin, die matthäische Gemeinde in Antiochien am Orontes – nach Rom und Alexandria die drittgrößte Stadt des Römischen Reiches – zu vermuten.

Der Abfassungszeitpunkt ist nach der Zerstörung Jerusalems 70 n. Chr. (vgl. 22,7) und nach der Fertigstellung des Markusevangeliums anzusetzen. Da der früheste Beleg für die Benutzung des Matthäusevangeliums der Erste Petrusbrief ist (ca. 85–95 n. Chr.), ergibt sich als Entstehungszeit der Zeitraum zwischen 80 und 90 n. Chr.

Die Auseinandersetzung mit den Pharisäern

Das Matthäusevangelium zeichnet sich durch eine Vehemenz der Auseinandersetzung mit den jüdischen Autoritäten aus (vor allem in Mt 23), die sich nur aufgrund eines aktuellen und bedrängenden Konflikts verstehen lässt. Dieser Konflikt spiegelt nicht die historische Situation Jesu und seiner Lebenswelt wider, sondern die Situation des Verfassers des Matthäusevangeliums und seiner Gemeinde in Antiochien.

Die Zeit war jüdischerseits geprägt durch den verlorenen Krieg mit Rom (66–70 n. Chr.) und die Zerstörung Jerusalems und des Tempels durch Titus. Unter pharisäischer Führung vollzog sich eine Neuformierung des Judentums, welche auch in Antiochien spürbar war: Die Pharisäer dominierten die Synagogen und versuchten, jüdische Identität nach der Katastrophe auch ohne den Tempel neu zu definieren.

Christlicherseits war die Heidenmission auf der Grundlage der Beschlüsse des sog. Apostelkonvents (vgl. Gal 2,1–10) bereits Realität: Heiden konnten allein durch die Taufe und ohne Beschneidung in die christlichen Gemeinden aufgenommen werden, was von manchen Judenchristen nicht akzeptiert wurde (so etwa in Galatien).

In dieses Spannungsfeld ist das Matthäusevangelium einzustellen, das mit seiner Polemik gegen die »jüdische Führungsschicht« – d.h. gegen die Pharisäer der Synagoge, die ihren Führungsanspruch durchsetzen wollten –, eine Art innerjüdischen »Familienstreit« um das richtige Verständnis der Tora widerspiegelt. Dabei ging es zu diesem Zeitpunkt keineswegs um die Trennung vom Judentum – *das* Judentum als normative Größe gab es überhaupt nicht –, sondern die jüdisch-christliche Gemeinde, die hinter dem Matthäusevangelium steht, konnte sich selbst im Rahmen des innerjüdischen Differenzierungsprozesses nach 70 n. Chr. verorten: Matthäus formuliert dann mit seinem Evangelium *eine* Möglichkeit der Neukonstituierung des Judentums, die sich für die Heiden öffnet und dennoch fest auf dem Boden jüdischer Ethik steht. Die rituelle Abgrenzung, die die Pharisäer und konservative Judenchristen forderten (Beschneidung), sieht dieser Reformversuch jedoch nicht vor. Stattdessen schreibt Matthäus seinem Evangelium die Vorrangstellung Israels als erstem Adressat der Sendung Jesu unmissverständlich ein (10,6; 15,24). Diese wird auch durch die universale Öffnung des Heils für die Völker, mit der es endet (28,18–20), in keiner Weise aufgehoben oder geschmälert.
Nur wo konkurrierende Ansprüche in derselben Sache – hier um die richtige Auslegung der Tora (im Evangelium wird dieser Disput zwischen »Jesus« und den »jüdischen Autoritäten« ausgefochten) – und um dieselbe Zielgruppe – hier die Gemeinde oder außenstehende Interessierte (im Evangelium sind das die »jüdischen Volksmengen«) – werben, ist eine derart scharfe Polemik, wie sie Matthäus gegen die Pharisäer vorbringt, erklärbar. Dass es Gemeindemitglieder gab, die empfänglich für die Ausformulierung des Judentums durch die Pharisäer zu sein schienen (vgl. 16,11f; auch 15,12–14), bezeugt, wie aktuell der Konflikt war und dass es keineswegs ausgemacht war, dass sich die matthäische Richtung mit der Öffnung zur Heidenmission durchsetzen würde.

Komposition

Das Matthäusevangelium kann man in drei große Teile gliedern. Zentral für die Untergliederung sind die beiden Einschnitte, die mit 4,17 (»*Von da an begann Jesus zu verkünden und zu sagen...*«) und 16,21 (»*Von da an begann Jesus seinen Jüngern zu zeigen...*«) vorgenommen werden. Die verwendeten Formeln unterscheiden sich jeweils durch die Wahl des erweiterten Infinitivs und die Adressaten: Richtet sich die mit einem Aufruf zur Umkehr eingeleitete Verkündigung (4,17) an alle, die Jesus in Galiläa zuhören, so ist das wesentlich eindrücklichere »Zeigen« (16,21) exklusiv an seine Jünger gerichtet, die sich mit ihm auf dem Weg südwärts nach Judäa und Jerusalem, d.h. in die Passion, befinden.
Ein besonderes Kennzeichen des Matthäusevangeliums sind die fünf großen Redeblöcke, in denen Jesus die Jünger und die Volksmengen unterweist und als »Lehrer« Israels auftritt: die Rede auf dem Berg (Mt 5–7), die Aussendungsrede (Mt 10), die Gleichnisrede (Mt 13), die Gemeinderede (Mt 18) und die endzeitliche Rede, die

eigentlich aus zwei Reden – der Weherede gegen die Pharisäer und Schriftgelehrten (Mt 23) und der Gerichtsrede für die Jünger (Mt 23–25) – besteht, aber durch eine gemeinsame Abschlussformel zusammengehalten wird. Ein solcher Abschluss findet sich am Ende aller Reden: »*Und es geschah, als Jesus beendet hatte diese Worte* (7,28; 19,1) / *Aufträge* (11,1) / *Gleichnisse* (13,53) / *alle diese Reden* (26,1) ...«
Durch diese Abschlussformeln signalisiert der Verfasser, dass die Reden als zusammenhängende Größen verstanden werden sollen. Die abgewandelte Schlussformel der letzten Rede (26,1) zeigt an, dass Jesus auf *alle* seine Reden zurückblickt und diesen Teil seines Wirkens, die Unterweisung durch Verkündigung, abschließt.

Ein Überblick über die drei Hauptteile des Matthäusevangeliums ergibt folgendes Bild:

Der *erste Hauptteil* (1,1–4,16) umfasst die Vorgeschichte, in der das gesamte Wirken und Sein Jesu eröffnet wird und zentrale Themen des Evangeliums anklingen, die später entfaltet werden. Hier erfahren die Leserinnen und Leser, *wer* Jesus ist – und zwar in himmlischer und irdischer Dimension – und welche Perspektiven – in heilsgeschichtlicher Dimension – mit ihm verknüpft sind.

Der *zweite Hauptteil* (4,17–16,20) erzählt, was Jesus verkündigt: die Wirklichkeit und Nähe Gottes, die in ihm, dem Davids- und Gottessohn, erfahrbar ist. Erfahrbar wird sie in seinen Reden (Lehre) und in seinem Tun (Wunder). Beides gehört unlösbar zusammen. Und so folgen nach der Rede auf dem Berg (Mt 5–7) die Wundergeschichten (Mt 8–9), die durch eine ähnlich lautende Sammelnotiz (4,23; 9,35) gerahmt und zusammengehalten werden. So erfahren die Leserinnen und Leser, *was* das Evangelium von der Königsherrschaft Gottes beinhaltet und *wie* der Messias Israels anhand seiner Werke zu erkennen ist.

Der *dritte Hauptteil* (16,21–28,20) umfasst die Erzählungen von Leiden, Tod und Auferstehung Jesu sowie die österlichen Erscheinungen. Endete der zweite Hauptteil mit dem Messiasbekenntnis des Petrus (16,13–20), so kommt mit 16,21 ein Aspekt zum Tragen, der im Petrusbekenntnis noch fehlte: Der Messias muss leiden, sterben und auferstehen. Nur wer Jesus darin nachfolgt, kann sein Jünger sein (16,24).
Mit dem universalen Aussendungsbefehl des Auferstandenen an seine Jünger (28,18–20) endet das Evangelium und öffnet sich durch seine Entschränkung für die Welt der Adressatinnen und Adressaten. Hier löst Jesus selbst die Verheißung des Anfangs ein, die das Matthäusevangelium wie eine Klammer umschließt: Jesus Christus ist der »Immanuel«, das heißt übersetzt: »*Gott mit uns*« (1,23). Er ist allezeit bei seinen Jüngern und sagt dies auch der zukünftigen Geschichte der Gemeinde zu: »*Ich bin mit euch euch alle Tage bis zur Vollendung der Weltzeit*« (28,20)!

Aufbau des Matthäusevangeliums im Überblick:

Erster Hauptteil: Die Vorgeschichte Jesu	**1,1–4,16**
1. Die Abstammungsliste	1,1–17
2. Geburtsweissagung und Geburt	1,18–25
3. Identifikation und Reaktion	2,1–12
4. Bedrohung und Rettung	2,13–23
5. Täufer und Taufe	3,1–17
6. Die Bewährung in der Wüste	4,1–11
7. Einlösung der Prophetie	4,12–16
Zweiter Hauptteil: Aktion – Die Verkündigung Jesu in Wort und Tat	**4,17–16,20**
1. Der Beginn	4,17–25
2. Die Rede auf dem Berg	5,1–8,1
3. Die Machttaten in Israel	8,2–9,35
4. Die Aussendungsrede	9,36–11,1
5. Reaktionen auf Jesu Wirken	11,2–12,50
6. Die Rede in Gleichnissen	13,1–53
7. Die weitere Wirksamkeit	13,54–16,20
Dritter Hauptteil: Passion – Tod und Auferweckung Jesu	**16,21–28,20**
1. Der Weg ins Leiden	16,21–17,27
2. Die Gemeinderede	18,1–35
3. Von Galiläa nach Jerusalem	19,1–20,34
4. Jesus in Jerusalem Lehre und Gerichtsrede	21,1–25,46
5. Die Passion	26,1–27,61
6. Ostern	27,62–28,20

Den Aufbau des Matthäusevangeliums finden Sie auch eingeklappt im rückwärtigen Einband. Ausgeklappt können Sie so neben dem Bibeltext und seiner Auslegung den Aufbau des Evangeliums vor Augen haben, um jederzeit den Überblick zu behalten, an welcher Stelle im Gesamtzusammenhang sich der betrachtete Textabschnitt befindet.

Ausführliche Gliederung

1,1 Buch des Ursprungs Jesu Christi,
des Sohnes Davids, des Sohnes Abrahams.

2 Abraham zeugte Isaak,
Isaak zeugte Jakob,
Jakob zeugte Juda und seine Brüder.
3 Juda zeugte Perez und Serach – aus der Tamar,
Perez zeugte Hezron,
Hezron zeugte Aram,
4 Aram zeugte Amminadab,
Amminadab zeugte Nachschon,
Nachschon zeugte Salmon,
5 Salmon zeugte Boas – aus der Rahab,
Boas zeugte Obed – aus der Rut,
Obed zeugte Isai
6 Isai zeugte David, den König.

David zeugte Salomo – aus der (Frau) des Urija,
7 Salomo zeugte Rehabeam,
Rehabeam zeugte Abija,
Abija zeugte Asa,
8 Asa zeugte Joschafat,
Joschafat zeugte Joram,
Joram zeugte Usija,
9 Usija zeugte Jotam,
Jotam zeugte Ahas,
Ahas zeugte Hiskija,
10 Hiskija zeugte Manasse,
Manasse zeugte Amos,
Amos zeugte Joschija,
11 Joschija zeugte Jojachin und seine Brüder
während der Fremdlingschaft
in Babylon.

Erster Hauptteil: Die Vorgeschichte Jesu (1,1–4,16)

Anfang und Ende einer Geschichte gebühren immer besondere Aufmerksamkeit. Während am Beginn einer Erzählung die Weichen für das Verständnis des Folgenden gestellt werden, wird am Schluss das Gesamt der Geschehnisse einer abschließenden Beurteilung unterzogen.
Die ersten vier Kapitel des Mt-Ev wollen keine entwicklungspsychologische Erklärung der Person Jesu bieten, sondern sie stellen eine Art Vorspiel seines Seins und Wirkens dar, das in den folgenden 24 Kapiteln entfaltet wird.
Mit der Vorgeschichte wird erzählt, *wer* Jesus ist. Denn eine Anfangserzählung ist immer auch eine Wesenserzählung: Wenn ich den Ursprung, das Gewordensein von jemandem im Blick habe, dann bin ich seinem Geheimnis zumindest schon ein wenig auf der Spur und bekomme eine Ahnung davon, was es mit dessen Persönlichkeit auf sich haben könnte. Um somit darzustellen, *wer* Jesus ist, beginnt Matthäus seine Erzählung mit einer aussagekräftigen Vorgeschichte.

1. Die Abstammungsliste (1,1–17)

Das Mt-Ev – und damit übrigens das ganze Neue Testament – beginnt in Vers 1 mit einer programmatischen Überschrift, welche die wichtigsten Grundlinien der folgenden Erzählung vorwegnimmt: Das Buch handelt vom »Ursprung« oder von der »Geschichte« (griech. *genesis*) Jesu, wobei der Begriff *genesis* bibelkundige Leserinnen und Leser sicherlich an den Abschluss der Schöpfungserzählung in Gen 2,4 erinnert: »*Das ist das ›Buch des Ursprungs‹ von Himmel und Erde, als sie erschaffen wurden.*« Hat man die Zusage Jesu im letzten Vers des Mt-Ev bereits im Blick, wo er sein Bleiben bis zum Ende der Welt ankündigt (28,20), darf man erwarten, dass die von 1,1 und 28,20 gerahmte Erzählung in jeder Hinsicht eine universale Erzählung ist.
Jesus wird durch die programmatische Überschrift (1,1) auf dreifache Weise eingeführt: Er ist der »*Christus*«, d.h. übersetzt der »*Gesalbte*«. Des Weiteren ist er »*Sohn Davids*«, ein Aspekt, den Matthäus wie kaum ein anderer Evangelist betont: Als Sohn Davids ist Jesus der rechtmäßige und erwartete königliche Messias für Israel. Mit diesem Bekenntnis (vgl. Röm 1,3) drückten vor allem die jüdischen Christusgläubigen aus, dass sie die Erwartungen ihres Volkes, die sich auf den endzeitlichen David-Nachkommen richteten, mit Jesus von Nazaret verknüpften.

12 Nach der Fremdlingschaft
in Babylon
zeugte Jojachin Schealtiel,
Schealtiel zeugte Serubbabel,
13 Serubbabel zeugte Abihud,
Abihud zeugte Eljakim,
Eljakim zeugte Azor,
14 Azor zeugte Zadok,
Zadok zeugte Achim,
Achim zeugte Eliud,
15 Eliud zeugte Eleasar,
Eleasar zeugte Mattan,
Mattan zeugte Jakob,
16 Jakob zeugte Josef, den Mann Marias;
aus ihr wurde gezeugt Jesus, der Christus genannt wird.

17 So sind nun alle Generationen:
von Abraham bis David – vierzehn Generationen
und von David bis zur Fremdlingschaft in Babylon –
vierzehn Generationen,
und von der Fremdlingschaft in Babylon bis zum Christus –
vierzehn Generationen.

1. Die Abstammungsliste

Zuletzt wird Jesus in der Überschrift (V. 1) als »*Sohn Abrahams*« tituliert. Mit dem Namen Abrahams, »*des heimatlosen Aramäers*« (Dtn 26,5), der im Frühjudentum als erster Konvertit angesehen wurde, verbindet sich die Verheißung des Segens Gottes an jedes Geschlecht der Erde (vgl. Gen 12,3). Der erste Vers veranschaulicht somit die universale Öffnung des Heils in Jesus Christus, das nicht nur den Juden (deshalb wird Jesus als »*Sohn Davids*« bezeichnet), sondern auch den Heiden (deshalb wird Jesus als »*Sohn Abrahams*« bezeichnet) verheißen ist.
Zugleich ist Jesus mit Abraham und David durch eine lineare Abstammungsliste in die Geschichte Gottes mit seinem Volk *horizontal* eingebunden. Der Stammbaum, der nach dem Schema »X zeugte Y« eine lange Reihe kurzer Hauptsätze umfasst, wird dabei an einigen Stellen markant durchbrochen.
Einen besonderen Einschnitt bildet die Erwähnung des babylonischen Exils, das den Stammbaum in verschiedene heilsgeschichtliche Epochen gliedert (1,17). Diese Aufteilung in 3 x 14 Generationen markiert Anfang, Höhepunkt und Tiefpunkt der Geschichte Israels: Der Anfang wurde mit Abraham gesetzt, der Höhepunkt ist die Zeit Davids (das macht 1,6 deutlich, wo der Titel »*König*« das Schema durchbricht – nur Jesus trägt in 1,16 ebenfalls einen Titel!), der Tiefpunkt schließlich liegt in der babylonischen Gefangenschaft, was ebenfalls besonders hervorgehoben wird (1,11.12). Eine solch gezielte Aufteilung der Geschichte in gleich lange Abschnitte entspricht der zeitgenössischen Überzeugung, dass sich das Handeln Gottes nach einem zählbaren, in Perioden eingeteilten Zeitplan vollzieht – denn Gott ist der Herr über Zeit und Geschichte.
Eine weitere Durchbrechung des strikten Listenschemas ist die Erwähnung von vier alttestamentlichen Frauen: Tamar (Gen 38), Rahab (Jos 2), Rut (Buch Rut) und »die (Frau) des Uria«, also Batseba (2 Sam 11), werden eigens genannt. Eine Deutung ist schwierig. Auffällig ist aber, dass diese Frauen nicht zu den Erzeltern gehören und die Stammmütter Sara, Lea, Rahel oder Rebekka gerade keine Berücksichtigung finden. Stattdessen sind hier Frauen erwähnt, die sich in besonderer Weise um Israel verdient gemacht haben, obwohl sie Nichtjüdinnen waren.
Von Maria heißt es, dass »*aus ihr* Jesus gezeugt wurde«, was den Gedanken der Geistzeugung formuliert. Dabei lässt der Stammbaum an dieser Stelle offen, warum der Sohn Marias überhaupt Davidide ist, da es sich ja nicht um den Stammbaum Marias, sondern um den Stammbaum Josefs handelt. Matthäus wird diese Leerstelle später mit dem Gedanken der Adoption Jesu durch Josef ausfüllen (1,25).
Entscheidend ist, dass sich durch die Abstammungsliste Geschichte nicht als zufällig erweist: Gott selbst hat von allem Anfang an einen Plan, den er auch zum Ziel führt. Dieses Ziel offenbart sich jetzt, in Jesus Christus. Wie die Geschichte Israels geordnet und geplant ist, so ist sie auch zielorientiert.

18 Mit dem Ursprung Jesu Christi aber war es so:

Verlobt war seine Mutter Maria mit Josef.
Bevor sie zusammengekommen waren, fand es sich,
dass sie im Leib trug aus heiligem Geist.
19 Josef aber, ihr Mann,
der gerecht war
und sie nicht öffentlich blamieren wollte,
beschloss, sie heimlich zu entlassen.

20 Während er aber darüber nachdachte –
siehe!
Ein Bote des Herrn erschien ihm im Traum und sagte:
Josef, Sohn Davids,
fürchte dich nicht, zu dir zu nehmen Maria, deine Frau!
Denn das in ihr Gezeugte ist aus heiligem Geist!
21 Gebären wird sie einen Sohn,
und rufen sollst du seinen Namen »Jesus«,
denn: Retten wird er sein Volk aus ihren Sünden!

22 Dies alles ist geschehen, damit erfüllt werde
das Gesagte des Herrn durch den Propheten,
der sagt:
23 *Siehe!*
Die Jungfrau wird im Leib tragen
und einen Sohn gebären,
und man wird seinen Namen »Immanuel« rufen,
das heißt übersetzt: »Gott mit uns!«

24 Als Josef aufwachte vom Schlaf,
tat er,
wie der Bote des Herrn ihm befohlen hatte,
und nahm seine Frau zu sich.
25 Er erkannte sie aber nicht,
bis sie einen Sohn geboren hatte.
Er rief seinen Namen: »Jesus«.

2. Geburtsweissagung und Geburt (1,18–25)

Nach der Einordnung Jesu in die irdische Abstammungsfolge wird nun seine *vertikale*, himmlische Herkunft thematisiert. Dabei wird in einer Art erzählerischem »Zoom« der Abschluss der Genealogie (1,16) entfaltet und mit einer Zwischenüberschrift (1,18) eingeleitet, die uns in die Verlobungszeit Marias und Josefs führt. Die gesamte Erzählung liest sich ohne Pathos und ohne dramaturgische Ausgestaltungen. Es wird keine Spannung um die Klärung des wahren Schwangerschaftsgrundes Marias aufgebaut, stattdessen gipfelt die Erzählung in der Namensgebung Jesu durch Josef, mit welcher er das Kind formal an Sohnes statt annimmt (1,25). Damit ist Jesus rechtmäßiger Davidide (vgl. 1,1), obwohl Josef nicht sein leiblicher Vater ist (1,18.25). Die Leerstelle, die der Stammbaum gelassen hatte, ist nun gefüllt. Maria erzeugt nicht aus sich selbst heraus als Jungfrau ihr Kind (das wäre biologisch gesehen eine Parthenogenese), sondern sie *empfängt vom heiligen Geist*. Erneut wird damit eine tiefe Wesensaussage über Jesus getroffen: Nur Gott selbst kann durch seine Schöpferkraft den Retter der Welt, den erwarteten und ersehnten Messias Israels hervorbringen. Indem Jesus in 1,23 als »*Immanuel – Gott mit uns*« bezeichnet wird, kommt dies nochmals verdichtet in einem christologischen Spitzensatz zur Sprache.
Die Erzählung wird ganz aus der Sicht Josefs gestaltet. Dabei wird Josef als »gerecht« charakterisiert (1,19), einem matthäischen Vorzugswort, das in sein judenchristliches Milieu weist, denn Josef entspricht voll und ganz dem jüdischen Bild eines Gerechten. Doch die Gerechtigkeit Josefs erschöpft sich nicht in reinem Toragehorsam, d.h. im Halten und Beachten des Gesetzes, sondern weitet sich auf das Liebesgebot aus und rückt auf diese Weise in die Nähe der Barmherzigkeit: Josef will die Verlobung mit Maria in aller Stille auflösen, um sie nicht zu blamieren. Was Josef damit tut, wird in einer frühjüdischen Schrift folgendermaßen ausgedrückt: »*Die Gerechtigkeit vertreibt den Hass, die Demut zerstört die Eifersucht; derjenige, der gerecht und demütig ist, fürchtet daher, eine Ungerechtigkeit zu begehen*« (Testament Gad 5,3).
Ein Engelswort, das im Traum begegnet, bringt die Wende und kündigt Josef die Geburt eines Sohnes an. Dem biblischen Gattungsschema der »Geburtsweissagung« entsprechend sind die Elemente Schwangerschaft, Geburt, Namensgebung und Namensdeutung der Reihe nach verwirklicht.
Die Deutung des Jesusnamens, der im Hebräischen soviel wie »*JHWH ist Rettung*« heißt, wird mit einer Zielsetzung verknüpft: Von nun an transportiert jede weitere Nennung des Namens »Jesus« den Gedanken der »*Rettung seines Volkes aus seinen* (wörtlich im Plural: »*ihren*«) *Sünden*«, was nach Ps 130,8 das Privileg Gottes ist. Mit einem Erfüllungszitat (1,22f.; vgl. Jes 7,14) und dem Gehorsam Josefs (1,24) endet die Erzählung. Die Geburt Jesu selbst wird nur in einem Nebensatz erwähnt.

2,1 Als aber Jesus in Betlehem in Judäa geboren war,
in den Tagen des Königs Herodes –
siehe!
Magier aus dem Osten fanden sich in Jerusalem ein
2 und sagten:
Wo ist der (neu)geborene König der Juden?
Wir haben nämlich seinen Stern beim Aufgehen gesehen
und sind gekommen,
ihm zu huldigen.

3 Als das der König Herodes hörte,
geriet er in Bestürzung
und ganz Jerusalem mit ihm.

4 Und er versammelte alle Hohepriester und Schriftgelehrten des Volkes
und erkundigte sich bei ihnen,
wo der Christus geboren werden solle.

5 Sie aber sprachen zu ihm:
In Betlehem in Judäa,
denn so ist es geschrieben durch den Propheten:
6 *Und du, Betlehem,*
Land Juda:
Keineswegs bist du die geringste
unter den führenden Städten Juda!
Denn aus dir wird ein Führer hervorgehen,
der mein Volk Israel weiden wird!

3. Identifikation und Reaktion (2,1–12)

Die Geburtsepisode endet mit der Nennung des Namens »*Jesus*« (1,25), woran 2,1 unmittelbar anknüpft. Doch erst jetzt werden Zeit und Ort der Geschehnisse nachgetragen, die bislang in der Schwebe blieben: Jesus wurde in Betlehem, der Geburtsstadt Davids (1 Sam 17,12.58; 20,6), während der Regierungszeit Herodes des Großen (37–4 v. Chr.) geboren. Dezidiert und sachlich richtig wird Herodes hier als »*König*« tituliert (2,1.3). Allerdings beginnt sein Königtum langsam zu zerbrechen, was Matthäus sprachlich sehr geschickt zu vermitteln weiß: In 2,7 wird nur noch sein Name genannt, in 2,9 begegnet zum letzten Mal die Bezeichnung »König«. Das deutet an: Der wahre König ist nicht Herodes, sondern »Jesus« (2,2; 27,11.37.42), der Sohn des »*Königs David*« (1,1.6).
Eine Gruppe von »Magiern« – persische Priester und Astronomen – reist in die Königsstadt Jerusalem. Damit wird ausgedrückt, dass auch die Heilshoffnung von Nichtjuden auf diesem »jüdischen König« liegen kann. Wahrscheinlich spielt Matthäus damit in modifizierter Weise und in Anlehnung an Jes 60,6 auf das Motiv der Völkerwallfahrt an (vgl. Mt 8,11).
Herodes lässt die Nachricht von der Geburt des Kindes alles andere als unberührt. Wer den Umgang der historischen Gestalt des Herodes mit seinen Widersachern oder Konkurrenten kennt, ahnt schon, dass sein »*Bestürztsein*« nach »herodianischer Logik« nur in dem Versuch münden kann, das Königskind zu töten. Und so geschieht es dann auch, wie 2,16–18 berichtet. Doch warum fürchtet sich »*ganz* Jerusalem« mit ihm? Streng genommen hätten nur die herrschenden Eliten Grund gehabt, sich bedroht zu fühlen, aber nicht das Volk, das den Messias sehnlichst erwartete! Man kann es so auflösen: Für Matthäus ist der Hinweis auf »*ganz Jerusalem*« ein vorausdeutendes Signal auf Passion und Tod Jesu. Jerusalem ist der Ort seiner Hinrichtung, und die Jerusalemer Stadtbevölkerung wird sich aus diesem Grund mit einem drastischen Wort selbst verfluchen (27,25).
Herodes versammelt »*alle*« religiösen Vertreter des Volkes in einer Art »Vollversammlung«, so dass sich damit eine große unheilvolle Macht gegen Jesus zusammenrottet. Dadurch deutet sich an: Wenn das Volk Israel in den Händen solcher politischer und religiöser Führer ist, dann ist es in höchster Gefahr!
In 2,6 liegt ein prophetisches Schriftzitat vor, eine Verbindung aus Mi 5,1 und 2 Sam 5,2, das die Hirtenmetaphorik berührt und somit einen weiteren Aspekt des Wirkens Jesu anklingen lässt: Jesus wird sein Volk als davidischer Hirte führen und beschützen. Obwohl die jüdischen Schriftgelehrten ebenso wie die heidnischen Sterndeuter zeigen, dass sie die richtige Antwort auf die Frage nach dem Messias kennen, machen erstere sich nicht zu ihm auf den Weg. Das bedeutet *nun*: Nicht die Herkunft, sondern das Handeln oder Nicht-Handeln wird zum Unterscheidungskriterium.

7 Darauf rief Herodes die Magier heimlich zu sich
und wollte von ihnen genau
die Zeit des Erscheinens des Sterns erfahren.

8 Und er sandte sie nach Betlehem und sprach:
Macht euch auf den Weg
und forscht genau nach dem Kind!
Sobald ihr es gefunden habt,
vermeldet es mir,
damit auch ich gehe und ihm huldige.

9 Sie hörten den König
und machten sich auf den Weg,
– und siehe!
Der Stern, den sie beim Aufgehen gesehen hatten,
zog vor ihnen her,
bis er kam und über der Stelle stand,
wo das Kind war.
10 Als sie den Stern sahen,
freuten sie sich mit großer Freude – so sehr!

11 Und sie gingen in das Haus hinein
und sie sahen das Kind mit Maria, seiner Mutter;
und sie fielen nieder und huldigten ihm,
und sie öffneten ihre Schatzkästen
und sie gaben ihm Geschenke:
Gold und Weihrauch und Myrrhe.

12 Weil sie aber im Traum angewiesen worden waren,
nicht zurückzukehren zu Herodes,
entwichen sie auf einem anderen Weg in ihr Land.

3. Identifikation und Reaktion

Herodes ruft die Magier »*heimlich*« zu sich, was von Anfang an nichts Gutes vermuten lässt und sie in Gefahr bringt, ungewollt zu seinen Komplizen zu werden. Anlass für den Antritt ihrer weiten Reise ist das Aufgehen eines Sterns. Dieser Stern ist nicht kosmologisch zu verstehen, sondern symbolisch: Viele griechische, römische und auch jüdische Herrscher ließen sich auf Münzen mit einem Stern über dem Haupt abbilden. Und so hat der Stern in Mt 2 ebenfalls symbolische Bedeutung und eine dreifach hinweisende Funktion: »Er wird sichtbar« (2,7), »er zieht voran« (2,9) und »er bleibt stehen« (2,9b).
Beim Erblicken des Sterns über dem Aufenthaltsort des Kindes reagieren die Magier mit überwältigender Freude. Vieles spricht dafür, dass der Text seine Leserinnen und Leser einladen will, diese Stimmung der Freude auf sich übergreifen zu lassen, da die Formulierung im Griechischen so überbordend ist.
Den Höhepunkt erreicht die Erzählung mit dem Eintritt der Weisen in das Haus (2,11). Jetzt schauen sie nicht mehr auf den Stern, sondern auf das Kind mit Maria, seiner Mutter. Nur hier ist Maria mit Namen genannt, ansonsten findet sich in Mt 2 die stets wiederkehrende Wendung »*das Kind und seine Mutter*« (2,11.13f.20f). Dadurch, dass das Kind immer vor der Mutter genannt wird, macht Matthäus deutlich, wer im Mittelpunkt des Erzählinteresses steht.
Mit der Huldigung – dem Sich-Niederwerfen (griech. *Proskynese*) der Magier vor dem Kind – wird angezeigt, dass sie das in 2,2 angegebene Ziel erreicht haben. Sie bringen Geschenke dar, die den Aspekt der Anbetung und Würde unterstreichen: Die beiden Harze Weihrauch und Myrrhe sind sehr teure Importartikel und drücken zusammen mit dem dargereichten Gold aus, dass die Magier die drei kostbarsten Geschenke der antiken Welt überreichen. Das ganze Geschehen weckt königliche Assoziationen. Zudem klingt erneut die Zukunftsvision von Jes 60,3–6 an: Wenn Zion in neuem Glanz erscheint, werden die Könige der Völker kommen, um ihren Reichtum – Gold und Weihrauch! – als Gabe zu bringen (vgl. Jes 45,14f; Zef 3,10; Tob 13,13): Das ist das Bild von der eschatologischen (endzeitlichen) Wallfahrt der Heiden und ihrer Könige zum Zion (Jes 60; Ps 72).
Nach diesem Höhepunkt bricht die Geschichte ab, aber der sich anbahnende Konflikt zwischen dem »König Herodes« und dem »König Jesus« wird erzählerisch vorbereitet. Denn den Magiern wird durch einen Traum signalisiert, dass sie nicht zu Herodes zurückkehren, sondern auf einem anderen Weg in ihr Land ziehen sollen. An ihrem weiteren Schicksal ist die Erzählung jedoch nicht interessiert: Die Magier gehorchen und begegnen fortan nicht mehr. Zusammenfassend lässt sich sagen, dass die göttliche Führung, die sich in der Geschichte Israels (1,2–17) und dem persönlichen Schicksal Josefs (1,18–25) erwiesen hat, in den Heiden aus dem Osten eine geglückte Fortführung findet.

13 Als sie nun entwichen waren –
siehe!
Ein Bote des Herrn erscheint Josef im Traum
und sagt:
Steh auf,
nimm das Kind und seine Mutter
und flieh nach Ägypten
und bleib dort,
bis ich zu dir spreche!
Herodes will nämlich das Kind suchen,
um es zu vernichten.

14 Da stand er auf,
nahm noch in der Nacht das Kind und seine Mutter
und entwich nach Ägypten.

15 Und dort war er
bis zum Ende des Herodes –
damit erfüllt werde
das Gesagte des Herrn durch den Propheten,
der sagt:
Aus Ägypten rief ich meinen Sohn!

4. Bedrohung und Rettung (2,13–23)

Mit dem Abgang der Magier ist zwar eine gewisse Zäsur erreicht, aber der Konflikt zwischen Herodes und dem neu geborenen Kind schwelt weiter. In drei kurzen Szenen, die jeweils mit einem Erfüllungszitat schließen (2,15.18.23), werden die Verfolgung und die durch das Eingreifen Gottes erfolgte Rettung des göttlichen Kindes Jesus erzählt. Die erste (vgl. 4.1) und die dritte (vgl. 4.3) Szene beginnen fast wortgleich mit einem Botenspruch an Josef, während der zweifache Hinweis auf das »*Ende des Herodes*« (2,15.19) den Aufenthalt der Familie in Ägypten zeitlich begrenzt.

4.1 Die Flucht nach Ägypten (2,13–15)

Zum zweiten Mal begegnet ein Bote bzw. ein Engel des Herrn Josef im Traum und erteilt ihm einen Auftrag. Der Traum ist das Medium, durch das Gott mit Josef kommuniziert. Alle vier Träume in Mt 2 dienen dabei demselben Ziel: Der Rettung Jesu. Der Traum der Frau des Pilatus an späterer Stelle ist in der gleichen Weise zu verstehen (27,19).

Umgehend – noch in der Nacht – erfüllt Josef den Auftrag und vertraut sich der Führung Gottes stillschweigend an. Dass Josef in der gesamten Erzählung kein einziges Wort spricht, gehört zu seiner Charakterisierung als Gerechter: Gerechte sind keine Schwätzer, sondern Menschen der Tat. So wie Noah, der in der Sintflutgeschichte bis zum Bundesschluss nicht spricht, sondern einfach tut, was Gott ihm aufträgt, und dadurch die Menschheit rettet, ebenso rettet auch Josef stillschweigend den »*Retter seines Volkes*« (1,21).

Der Fluchtort Ägypten setzt zwiespältige biblische Erinnerungen frei: Zum einen ist Ägypten das Land der Unterdrückung, das »Sklavenhaus« Israels (Ex 13,3), zum anderen ist es der Ort, an dem Abraham gastliche Aufnahme (Gen 12,10–20) und viele politisch Bedrängte sichere Zuflucht fanden (Jer 26,20–24; 1 Kön 11,40). Das Zitat in 2,15 aus Hos 11,1, das nicht die Flucht *nach*, sondern die Rückkehr *aus Ägypten* im Blick hat, verbindet das Geschick Jesu und seiner Familie mit der Exoduserfahrung Israels. Das bedeutet: Jesus geht den Weg Moses bzw. Israels aus Ägypten und durch die Wüste als dem Ort der Bewährung (4,1–11) nach. Jetzt zeigt sich aufs Neue, dass in Jesus, der der »Immanuel« (1,23) genannt wird, Gott wahrhaftig *mit seinem Volk* ist.

Zugleich spricht Gott durch das Wort des Propheten erstmals davon, dass Jesus sein »*Sohn*« ist (2,15). Das bedeutet, dass Gott mit seinem eigenen Sohn beginnt, sein Volk wiederherzustellen.

16 Damals,
als Herodes sah,
dass er von den Magiern lächerlich gemacht worden war,
wurde er überaus zornig
und sandte aus,
um alle Knaben in Betlehem und seiner ganzen Umgegend
zu töten,
vom Zweijährigen an und darunter –
gemäß der Zeit,
die er von den Magiern genau erfragt hatte.

17 Damals erfüllte sich
das Gesagte durch den Propheten Jeremia,
der sagt:
18 *Eine Stimme wurde gehört in Rama,*
Weinen und viel Klagen!
Rahel weint um ihre Kinder
und wollte sich nicht trösten lassen,
weil sie nicht mehr sind!

4.2 Das Wehklagen im Raum Betlehem (2,16–18)

2,16 greift den Erzählfaden von 2,12 wieder auf und berichtet, was sich nach dem Weggang der Magier am Hof des jüdischen Königs ereignet hat. Herodes fühlt sich von den Weisen aus dem Osten vorgeführt und reagiert darauf mit sehr großer Wut. Wie schon in 2,3 wird er damit erneut anhand einer starken Gefühlsregung charakterisiert, die nicht nur in Kontrast zur »*übergroßen Freude*« der Magier angesichts der Geburt Jesu steht (2,10), sondern sich auch in einer grausamen Folgehandlung entlädt: Erst jetzt erschließt sich für die Leserinnen und Leser das wahre Ausmaß der tödlichen Bedrohung, der das Kind ausgesetzt war. Wie bereits bei der Erforschung der Geburtsumstände zeichnet sich Herodes durch ein extrem gründliches Vorgehen aus (2,7f.16): Er lässt nicht nur die Neugeborenen in Betlehem töten, sondern *alle* Knaben bis zu zwei Jahren im *gesamten* Umland.

Zwar passt die hier gezeigte Grausamkeit in das zeitgenössische Bild des Königs Herodes, zumal wir wissen, dass gerade mit zunehmendem Alter die Sicherung seiner Herrschaft fast schon wahnhafte Züge annahm, aber dennoch liegt hier kein historisches Ereignis, sondern eine legendarische Ausgestaltung der Kindheit Jesu vor. Denn ein solch aufsehenerregendes Massaker an Kleinkindern hätte sich dem öffentlichen Gedächtnis tief eingeprägt, so dass es völlig unerklärlich bliebe, warum kein einziger antiker Historiker dies erwähnenswert fand. Die Analogien zur Mose-Erzählung hingegen liegen auf der Hand: Der Pharao von Ägypten ließ alle neugeborenen hebräischen Knaben töten, weil sie so zahlreich wurden, dass sie den Ägyptern in ihrem eigenen Land zur Gefahr wurden (vgl. Ex 1,15–22). Und auch Herodes tötet die Knaben letztlich nur, um seine Vorrangstellung zu erhalten und einer Gefährdung seiner Macht durch einen neuen König rechtzeitig entgegenzuwirken.

Das Erfüllungszitat in 2,18 aus Jer 31,15 lenkt den Blick auf die gesamte Geschichte Israels: Wie bei den Morden in Ägypten sind auch jetzt die Kinder Israels die Leidtragenden. Rahel ist hier passend ausgewählt, weil sie als Stammmutter Israels nicht nur um ihre eigenen Kinder, sondern stellvertretend um *alle* Kinder des Volkes weint. Ein weiteres Detail vervollständigt die geschickte Wahl Rahels: Während alle Erzeltern in Mamre bei Hebron begraben sind, ist Rahel bei Betlehem begraben (Gen 35,19) – dem Ort des hier erzählten Geschehens.

Durch eine kleine Änderung in der Einführungsformel des Zitats wird der Bezug zwischen Prophetie und Ereignis in ein anderes Licht gerückt: Hieß es bislang in den Erfüllungszitaten immer »*damit* erfüllt werde...«. (1,22; 2,15), steht in 2,17 die neue Wendung »*damals* erfüllte sich...« Das bedeutet: Die Tat des Herodes ist gerade nicht die Vollstreckung des Willens Gottes, ist nichts, was sich erfüllen *musste* – wenngleich sie durch den Propheten bereits vorausgesehen wurde.

19 Als es mit Herodes zu Ende war –
siehe!
Ein Bote des Herrn erscheint Josef im Traum in Ägypten
20 und sagt:
Steh auf,
nimm das Kind und seine Mutter
und geh ins Land Israel!
Denn tot sind,
die dem Kind nach dem Leben trachteten!

21 Da stand er auf,
nahm das Kind und seine Mutter
und ging hinein ins Land Israel.

22 Als er aber hörte,
dass Archelaos in Judäa herrschte anstelle seines Vaters Herodes,
fürchtete er sich,
dorthin zu gehen.

Nachdem er aber im Traum unterwiesen worden war,
entwich er in die Gebiete Galiläas.
23 Und er kam
und ließ sich nieder in einer Stadt,
die Nazaret gerufen wird,

so dass erfüllt werde
das Gesagte durch die Propheten:
Nazoräer wird er gerufen werden!

4.3 Der Einzug ins Land Israel (2,19–23)

Nach dem Tod Herodes des Großen erscheint Josef erneut ein Bote des Herrn und weist ihn an, mit seiner Familie von Ägypten nach Israel zu ziehen. Der im Neuen Testament nur hier anzutreffende Ausdruck »*Land Israel*« bezeichnet das seinem erwählten Volk von Gott verheißene Land. Matthäus verwendet den Begriff, um deutlich zu machen, dass Jesus mit dieser »Landnahme« zu seinem Volk zurückkehrt, zu dem er als der davidische Messias gesandt ist. Damit setzt Matthäus, der sein Evangelium nach 70 n. Chr. verfasst hat, ein kleines Hoffnungszeichen: Trotz der katastrophalen Kriegsfolgen nach dem jüdisch-römischen Krieg (66–70 n. Chr.), der mit der Zerstörung des Jerusalemer Tempels seinen schrecklichen Höhepunkt fand, hält Matthäus daran fest, dass Israel weiterhin das zugesagte Land und der Mittelpunkt der Sendung Jesu bleibt.

Offensichtlich geht Josef zunächst nach Judäa. Aber aus Furcht vor Archelaos, der nach dem Tod Herodes des Großen als Ethnarch (»Volksherrscher«) von Judäa regierte (4 v. Chr.– 6 n. Chr.) und eine so fürchterliche Schreckensherrschaft ausübte, dass er nach zehn Jahren von Kaiser Augustus abgesetzt werden musste, kehrt Josef nicht nach Betlehem zurück. Durch die etwas umständliche Erklärung, dass Archelaos »*anstelle seines Vaters Herodes herrschte*« (2,22), zeigt sich das Bemühen, die herodianischen Verwandtschaftsverhältnisse vor Augen zu führen. Auch wer nicht mit den Details der jüdischen Geschichte vertraut ist, weiß damit genug: Wo ein Sohn des Kindermörders Herodes des Großen herrscht, ist das Kind Jesus ebenfalls weiterhin akut gefährdet und die Furcht Josefs (2,22) hinreichend begründet.

Aufgrund eines göttlichen Eingriffs (Traum) zieht Josef nach Galiläa und lässt sich in Nazaret, einem kleinen Dorf im galiläischen Bergland, nieder. Und so wird Nazaret zur »*Vaterstadt*« Jesu (13,54) und gilt auch in anderen christlichen Überlieferungen als seine Heimatstadt (Mt 21,11; Apg 10,38; Joh 1,45).

Das Erfüllungszitat am Schluss – »*Nazoräer wird er gerufen werden!*« – greift diesen Aspekt auf, obwohl sein Sinn dunkel bleibt: Zum einen lässt sich nirgendwo bei den Propheten ein solches Zitat ausmachen, zum anderen ist die Ableitung »Nazoräer« von »Nazaret« sprachlich äußerst schwierig.

Eine mögliche Spur zum Verständnis findet sich in Apg 24,5, denn dort werden mit dem Plural »Nazoräer« die Anhänger Jesu bezeichnet. Möglicherweise war »Nazoräer« also eine geläufige Bezeichnung für die Christinnen und Christen in einem bestimmten Gebiet, wahrscheinlich in Syrien. Indem Matthäus nun die Herkunft Jesu aus Nazaret mit einem Prophetenzitat erklärt, macht er deutlich, dass sich der Name der Christusgläubigen nicht allein auf den Heimatort Jesu zurückführen lässt, sondern von tieferer Bedeutung ist: Hinter allen Geschehnissen steht Gottes planvolle und leitende Hand.

3,1 In jenen Tagen findet sich Johannes der Täufer ein
und verkündet in der Wüste Judäas
2 und sagt:
Kehrt um!
Denn nahe gekommen ist die Königsherrschaft der Himmel!

3 Dieser ist nämlich der Angesagte
durch den Propheten Jesaja,
der sagt:
Stimme eines Rufenden in der Wüste:
Bereitet den Weg des Herrn!
Macht gerade seine Straßen!

4 Er aber, Johannes,
hatte seine Kleidung aus Kamelhaar
und einen ledernen Gürtel um seine Hüfte.
Seine Nahrung waren Heuschrecken und wilder Honig.

5 Damals gingen hinaus zu ihm
Jerusalem und ganz Judäa und das ganze Umland des Jordans;
6 und sie ließen sich im Jordanfluss taufen von ihm,
ihre Sünden bekennend.

5. Täufer und Taufe (3,1–17)

5.1 Johannes der Täufer (3,1–6)

Die Leserinnen und Leser werden nun in die Wüste zu Johannes dem Täufer geführt. Dadurch, dass das Auftreten der Magier (2,1) und die Ankunft Jesu bei Johannes (3,13) mit genau derselben Vokabel umschrieben werden (hier übersetzt mit: »*sich einfinden*«), werden alle Szenen formal sehr gut zusammengehalten.
Johannes der Täufer tritt in der Wüste auf, was Erinnerungen an den Wüstenaufenthalt Israels wachruft. Die Wüste, eigentlich ein Ort des Todes und der Hoffnungslosigkeit, wird durch das Befreiungshandeln Gottes zu einem Ort des Neubeginns für sein Volk, der nicht nur eine vergangene Erinnerung ist, sondern als endzeitliche Wiederherstellung Israels für die Zukunft erhofft werden darf. Gerade indem die Wüste explizit als »*judäische Wüste*« bezeichnet wird, lässt sich die Ausrichtung der Botschaft des Täufers auf Israel erkennen: Die Jerusalemer Stadtbevölkerung sowie alle Menschen aus Judäa und der Jordangegend machen sich auf den Weg in ihre Wüste (3,5) und signalisieren damit die Bereitschaft, an diesem Neubeginn durch Umkehr aktiv mitzuwirken (3,6).
Johannes selbst wird als ein Wüstenheiliger charakterisiert: Er ist Prophet, Asket, Bußprediger. Sein Aufenthalt in einsamer Abgeschiedenheit, seine Bekleidung, aber auch die karge Nahrung und die Verkündigung einer sehr konkreten Botschaft rufen Assoziationen an die großen eschatologischen Propheten des Alten Bundes, besonders an Elija (2 Kön 1,8; 1 Kön 19), wach. Jeder Prophet hat einen klar umrissenen Auftrag. Der Auftrag des Johannes, der in Anlehnung an Jes 40,3 formuliert ist, ist das Bereiten des Weges für Gott. Bevor Gott selbst kommt, kommt Elija, heißt es in Mal 3,23f. Wenn nun aber Johannes in Analogie zu Elija gezeichnet wird, dann ist er der Bote Gottes selbst! Das ist eine theologische Erhöhung des Täufers sondergleichen.
Und so entspricht auch die Botschaft des Täufers bis in den Wortlaut hinein der Botschaft Jesu (4,17), welche auch die Jünger weitertragen sollen (vgl. 10,7): »*Kehrt um! Denn nahe gekommen ist die Königsherrschaft der Himmel!*« Durch diese feinen Linien werden Johannes und Jesus aufs Engste verbunden.
Aber anders als die Markusvorlage (Mk 1,4) streicht Matthäus die sündenvergebende Kraft der Johannestaufe (Mt 3,6) und ergänzt sie stattdessen beim Kelchwort des Abendmahls (26,28). Das heißt: Obwohl Johannes Jesus stark angeglichen wird, bleibt er ihm nachgeordnet: Allein durch Jesus können Sünden vergeben werden (1,21), und diese Vollmacht ist an seinen Tod gebunden. Zugleich wird sie zu einem sich wiederholenden Sakrament umgestaltet (Abendmahl).

7 Als er aber sah,
dass viele Pharisäer und Sadduzäer zu seiner Taufe kommen,
sprach er zu ihnen:
Giftschlangenbrut!
Wer unterwies euch,
dem kommenden Zorn zu entfliehen?

8 Bringt also Frucht,
würdig der Umkehr!
9 Und meint nicht,
euch selbst zuzusagen:
Wir haben Abraham zum Vater!
Denn ich sage euch:
Gott kann aus diesen Steinen dem Abraham Kinder erwecken!

10 Schon ist die Axt an die Wurzel der Bäume gelegt:
Jeder Baum nun,
der nicht gute Frucht bringt,
wird abgehauen
und ins Feuer geworfen!

11 Ich taufe euch im Wasser zur Umkehr.
Der nach mir Kommende aber
ist stärker als ich.
Ich bin nicht genug,
ihm die Sandalen zu tragen.
Er wird euch taufen in heiligem Geist und Feuer.

12 In seiner Hand ist die Wurfschaufel,
und er wird seine Tenne durchreinigen
und sein Getreide in die Scheune sammeln.
Die Spreu aber wird er verbrennen
in unlöschbarem Feuer.

5.2 Das kommende Gericht (3,7–12)

Als weitere neue Figurengruppe werden die Pharisäer und Sadduzäer eingeführt, die »*zu seiner Taufe kommen*«. Dies darf jedoch nicht so verstanden werden, dass sie die Absicht haben, sich taufen zu lassen – vielmehr wollen sie sich ein Bild von den Geschehnissen am Jordan machen. Weil sie aber im Gegensatz zum Volk nicht umkehrwillig sind, trifft sie die harsche Gerichtspredigt des Johannes, die anders überhaupt keinen Sinn machen würde: Denn warum sollte Johannes diejenigen kritisieren, die gerade die Bußtaufe empfangen wollen? Deutlich stehen sich somit das einfache Volk und die Führungsschicht am Jordan gegenüber. Diese Opposition wird für das Evangelium bestimmend bleiben.
Matthäus spannt die Gegner Jesu gerne in – historisch recht unwahrscheinliche – Zweiergruppen zusammen. Durch diese mangelnde Differenzierung drückt er aus, dass die gesamte jüdische Führungsschicht – egal in welcher Zusammensetzung – fundamental versagt hat.
Die Gerichtspredigt des Täufers (3,7–10) beginnt mit einem scharfen Angriff, der auf die Bosheit und Verschlagenheit der Pharisäer und Sadduzäer abzielt. Wer nicht umkehrt, den wird das Gericht (»*Zorn*«) Gottes treffen. Jeder Heilsautomatismus (»*Kinder Abrahams*«), jede religiöse Selbstsicherheit, die man als Erwählter bemühen könnte, nützen dann gar nichts mehr. Hier zeigt sich erneut, was schon bei den Magiern aus dem Osten (2,1–12) deutlich wurde: Nicht mehr die (jüdische) Herkunft ist entscheidend für die Rettung, sondern einzig und allein der Glaube und die durch die Taufe rituell und symbolisch vollzogene »Lebenskehre«.
Mit zwei Bildworten aus dem landwirtschaftlichen Bereich (3,10–12) malt Johannes die Radikalität des kommenden Gerichts aus: Die Bäume, die vielleicht auf das traditionelle Motiv von Israel als »*Pflanzung*« Gottes verweisen (Jes 61,3; 5,1–8), werden umgehauen und vernichtet, wenn sie keine gute Frucht bringen. Dass die Axt bereits an die Wurzel der Bäume gelegt ist, deutet auf die kurze Frist hin, die für die Umkehr noch bleibt.
Im Bild vom Worfeln wird die Unumstößlichkeit dieses Gerichts präzisiert: Nach dem Einbringen des gedroschenen Getreides auf die Tenne wird die Spreu von den Körnern getrennt, indem beides mit einer Schaufel in die Höhe geworfen wird. Die Spreu wird vom Wind zur Seite getragen, und das Korn sammelt sich am Boden. So wie die gefällten Bäume wird auch die nutzlose Spreu im Gerichtsfeuer (vgl. Mal 3,18f) verbrannt.
Johannes macht bei all dem unmissverständlich deutlich, dass Jesus der Stärkere ist, ja dass er selbst nicht einmal würdig sei, einen Sklavendienst (»*Sandalen tragen*«) für ihn zu verrichten, denn Jesus wird die Heiden nachösterlich mit »heiligem Geist« (28,19) taufen, so dass *allen* – sowohl den mit Wasser zur Umkehr getauften *Juden* als auch den mit Geist getauften *Heiden* – die »*Feuertaufe*« des Gerichts droht. Die Bewährung im Glauben steht noch aus.

3,13–17

13 Da findet sich Jesus von Galiläa am Jordan bei Johannes ein,
um sich von ihm taufen zu lassen.

14 Johannes aber wollte ihn abhalten
und sagte:
Ich habe es nötig,
mich von dir taufen zu lassen –
und du kommst zu mir?

15 Jesus antwortete
und sprach zu ihm:
Lass es jetzt zu!
Denn so gehört es sich für uns,
alle Gerechtigkeit zu erfüllen.

Da lässt er ihn.

16 Als Jesus getauft war,
stieg er sofort aus dem Wasser herauf –
und siehe!
Die Himmel öffneten sich ihm,
und er sah den Geist Gottes herabsteigen wie eine Taube
und auf sich kommen –
17 und siehe!
Eine Stimme aus den Himmeln,
die sagt:
Dieser ist *mein geliebter Sohn,*
an dem ich Gefallen fand!

5.3 Die Taufe Jesu (3,13–17)

Jesus kommt aus Galiläa zu Johannes an den Jordan in der Absicht, sich wie alle anderen (3,5f) taufen zu lassen. Das ist wohl eines der sicheren historischen Daten des Lebens Jesu und zugleich ein theologisches Problem, da das Sündenbekenntnis als festes Element zur Johannestaufe gehörte. Darüber hinaus stellt sich die Frage, wie derjenige, der zukünftig mit »*Geist und Feuer*« taufen wird, sich von einem »*Geringeren*« taufen lassen kann – müsste es nicht umgekehrt sein?

Genau diese Probleme bringt Johannes skeptisch ins Wort und wird damit zum Sprachrohr für alle Anfragen der Leserinnen und Leser, die in diese Richtung gehen könnten.

In seiner Antwort – dem ersten Wort, das Jesus im Evangelium spricht und das darum besondere Bedeutung hat – begründet Jesus die Notwendigkeit seiner Taufe mit den Worten, dass nur so »*alle Gerechtigkeit erfüllt werden*« könne. Gleich zwei matthäische Vorzugsvokabeln begegnen hier: »Gerechtigkeit« und »erfüllen«.

»*Gerechtigkeit*« meint die Übereinstimmung des Tuns mit dem Willen Gottes, der als Heilswille zu verstehen ist. Aus diesem Grunde wurde auch Josef als »*gerecht*« bezeichnet (1,19) und werden an späterer Stelle die Jünger und das Volk zu einer »*überfließenden Gerechtigkeit*« angehalten (5,20).

Für den Täufer besteht die Gerechtigkeit darin, dass er Jesus tauft (»*da lässt er ihn*«, 3,15), für Jesus darin, sich taufen zu lassen. Beide, Johannes und Jesus, werden mit dem Begriff »Gerechtigkeit« kunstvoll miteinander verbunden: In ihrem bereitwilligen Tun »erfüllt« sich Gottes Heilswille.

Denn »*Erfüllung*« meint die von Gott verheißene und sich in Jesus vollendende Heilszusage und ist darum eng mit dem Begriff der Gerechtigkeit verknüpft. Durch sein gesamtes Wirken in Wort und Tat »erfüllt« Jesus den Willlen Gottes (5,17; 6,10; 26,42) – bis hin zu seinem Tod, der »*zum Erlass der Sünden*« geschieht (26,28).

Der Vorgang der Taufe selbst wird erzählerisch stark zurückgedrängt, denn die Offenbarung Jesu als »*Sohn Gottes*« ist keine unmittelbare Wirkung der Taufe, sondern wird durch eine Himmelsstimme proklamiert (3,17). Ob nur Jesus selbst oder auch die Anwesenden diese Stimme hören, ist unklar. Da sich aber die Himmel ausschließlich »*für Jesus*« öffnen (3,16) und ihm allein eine Vision zuteil wird (»*er sah*«), ist es wahrscheinlicher, dass es um die Beglaubigung Jesu für die Leserinnen und Leser des Mt-Ev geht. Auch die 3. Person, in welcher die Himmelsstimme von Jesus spricht (»*dieser ist...*«), unterstreicht diese Deutung.

Die Stimme, die in Anlehnung an Jes 42,1 und Ps 2,7 formuliert, stellt die Gottessohnschaft Jesu unmissverständlich klar. Und genau diese Gottessohnschaft wird in der darauffolgenden Szene sogleich einer Bewährung unterzogen.

4,1 Da wurde Jesus vom Geist hinaufgeführt in die Wüste,
um vom Teufel versucht zu werden.
2 Und nachdem er vierzig Tage und vierzig Nächte gefastet hatte,
hungerte ihn zuletzt.

3 Und der Versucher trat zu ihm und sprach:
Wenn du Gottes Sohn bist,
sprich,
dass diese Steine Brote werden!

4 Er aber antwortete und sprach:
Es ist geschrieben:
Nicht von Brot allein wird der Mensch leben,
sondern von jedem Wort,
das hinausgeht durch den Mund Gottes!

5 Da nimmt ihn der Teufel mit in die heilige Stadt
und stellte ihn auf die Spitze des Heiligtums
6 und sagt zu ihm:
Wenn du Gottes Sohn bist,
wirf dich hinab!
Denn es ist geschrieben:
Seinen Boten wird er befehlen deinetwegen,
und auf Händen werden sie dich tragen,
damit du deinen Fuß nicht an einen Stein anstößt.

7 Sprach Jesus zu ihm:
Wieder ist geschrieben:
Du sollst den Herrn, deinen Gott,
nicht versuchen!

6. Die Bewährung in der Wüste (4,1–11)

Die bereits in 1,18–25 eingeführte Gottessohnschaft Jesu, die in der Proklamation durch die Himmelsstimme in 3,13–17 ihren Höhepunkt findet, ist die christologische Basis der Versuchungserzählung. Es geht nicht darum, dass Jesus seinen Status als Sohn »erweisen« müsste, dieser ist hier vielmehr vorausgesetzt: »*Wenn du Gottes Sohn bist*« (4,3.6) meint somit keineswegs eine Infragestellung der Gottessohnschaft Jesu, sondern zielt auf eine eigenmächtige Demonstration der damit verbundenen Vollmacht. Da eine solche jedoch dem Willen Gottes widersprechen würde, handelt es sich um eine »Versuchung«. Die verschiedenen Begriffe für »Teufel« verdeutlichen dies: Während *diabolos* (4,1.5.8.11) wörtlich übersetzt »Durcheinanderwerfer«, »Verwirrer« oder »Verdreher« meint, bedeutet *Satan* (4,10) soviel wie »Widersacher« oder »Gegner«.
In drei Anläufen »*versucht*« der Teufel Jesus, der seinerseits darauf jeweils mit direkten Zitaten aus dem Buch Deuteronomium antwortet.
In der *ersten Versuchung* (4,3) zielt der Teufel auf die Vollmacht des Sohnes Gottes, Steine in Brot zu verwandeln. Dies könnte Jesus problemlos tun. Da es aber der Geist war, der ihn in die Wüste geführt hat, entspricht sein vierzigtägiges Fasten dem Willen Gottes. Diese Bindung an den Willen Gottes würde somit aufgegeben, wenn Jesus sich dem Hungergefühl durch eine spektakuläre Machttat entziehen würde.
Dass Jesus vierzig Tage und vierzig Nächte fastete, weckt Assoziationen an Mose (Ex 34,28; Dtn 9,9) und Elija (1 Kön 19,8). Die Zahl Vierzig erinnert zudem an den vierzigjährigen Aufenthalt Israels in der Wüste (Num 14,34). Anders als das Volk Israel, das den Versuchungen erliegt und um das goldene Kalb tanzt (Ex 32), besteht Jesus diese – und zwar nach Ablauf der vierzig Tage! Die Antwort Jesu in 4,4, die ein Zitat aus Dtn 8,3 ist, drückt es so aus: Jesus »*lebt von jedem Wort, das von Gott ausgeht*«, d.h. er ist gehorsam.
Eine ähnliche Aussageabsicht steht hinter der *zweiten Versuchung*. Der Teufel führt Jesus in die »*heilige Stadt*«, d.h. nach Jerusalem, wo er sich vom höchsten Punkt des Tempels herunterstürzen soll, um ein Rettungswunder Gottes zu provozieren. Besonders »teuflisch« ist es, dass der Versucher dazu ein Schriftwort aus Ps 91,11f bemüht, Jesus sozusagen mit »seinen eigenen Waffen« schlagen will.
Es widerspräche völlig der Bindung des Sohnes an den Vater, wenn er diesen durch eine mutwillig herbeigeführte Aktion zwingen würde, schützend und rettend einzugreifen. Ein solches Beglaubigungs- oder Schauwunder benötigt Jesus nicht – und weist diese Versuchung, die letztlich eine Versuchung Gottes ist, mit einem Schriftwort aus Dtn 6,16 zurück (4,7). Am Horizont leuchtet bereits die Kreuzigungsszene auf: Auch der Aufforderung jüdischer Passanten: »*Wenn du Gottes Sohn bist, steig herab vom Kreuz!*« (27,40), wird Jesus im Gehorsam gegenüber Gott eine Absage erteilen.

8 Wieder nimmt ihn der Teufel mit auf einen sehr hohen Berg
und zeigt ihm alle Königreiche der Welt
und ihre Herrlichkeit
9 und spricht zu ihm:
Dies alles werde ich dir geben,
wenn du niederfällst und mir huldigst!

10 Da sagt Jesus zu ihm:
Hinweg! Satan!
Denn es ist geschrieben:
Dem Herrn, deinem Gott,
sollst du huldigen,
und ihn allein verehren!

11 Da lässt ihn der Teufel –
und siehe!
Boten traten hinzu und dienten ihm.

6. Die Bewährung in der Wüste

Die *dritte Versuchung* schließlich ist etwas anders ausgerichtet und nicht nur in lokaler Hinsicht der »Höhepunkt« der Versuchungsszene. Der Teufel verzichtet hier auf die Bemühung der Gottessohnschaft Jesu und bietet ihm unverhohlen die Weltherrschaft an. Als Gegenleistung soll Jesus seine Bindung an Gott aufgeben und stattdessen den Teufel anbeten, indem er sich ihm »fußfällig« unterwirft.
Dazu führt der Teufel Jesus auf einen sehr hohen Berg. Der »*Berg*«, den Matthäus immer dann bemüht, wenn er besondere Begebenheiten der Geschichte Jesu herausstellen will (vgl. etwa 5,1; 17,1; 24,3), weist an dieser Stelle voraus auf die Erscheinung des Auferstandenen in 28,16–20: Dort, am Ende der Erzählung, begegnet Jesus auf einem Berg in Galiläa seinen Jüngern und erweist sich als mit aller Vollmacht auf Erden *und* im Himmel ausgestattet. Diese Vollmacht ist ihm von Gott selbst übertragen worden – dem einzigen, der dazu überhaupt die Macht besitzt!
Entfernt erinnert das Gebaren des Teufels an die Moseerzählung: Wie Gott Mose von einem Berg aus das verheißene Land Kanaan zeigt (Dtn 34,1–4), so zeigt der Teufel Jesus alle Weltreiche – und verspricht sie ihm, ohne die eigentliche Verfügungsgewalt darüber zu haben. Damit entlarvt er sich selbst. Konsequenterweise schickt Jesus ihn dann auch mit einem Scheltwort fort: »*Hinweg! Satan!*«
Mit denselben Worten wird Jesus später auch Simon Petrus zurückweisen (16,23), der sich seiner Passion entgegenstellen will: Petrus, der Jesus vom Leiden abzuhalten versucht, hat den Weg des Gottessohnes, der durch das Kreuz zur Auferstehung und Weltenherrschaft führen muss, nicht verstanden. Jesus aber erweist sich hier wie dort als gehorsamer Sohn Gottes: Er widersteht der Verlockung weltlicher Macht (Teufel) genauso wie der Versuchung, dem Leiden zu entgehen (Petrus).
Jesus gibt dem Teufel ein letztes Bibelzitat aus Dtn 6,13 mit auf den Weg, welches die Bewährung des Sohnes Gottes in der gesamten Versuchungsszene nochmals verdichtet: Jesus ist einzig Gott gehorsam, denn »*ihm allein*« gebühren Verehrung und Anbetung. Durch den Begriff »*allein*« (griech. *mónos*) klingt an dieser Stelle zugleich das Grundbekenntnis Israels, der »Ein-Gott-Glaube« (»Monotheismus«), an.
Zuletzt gibt sich der Teufel geschlagen und lässt von Jesus ab. Gott selbst jedoch bestätigt Jesu Bewährung und schickt ihm Boten bzw. Engel (vgl. 4,6!), die ihm »*dienen*«. Aller Wahrscheinlichkeit nach deutet der Begriff »dienen« auch das Hinzubringen von Nahrung an (vgl. 4,3!). Dann wären die Versuchungen des Teufels am Ende auf eine ganz andere Art und Weise tatsächlich von Gott eingelöst worden: Jedoch nicht erzwungenermaßen, sondern als freiwillige Bestätigung Gottes.

12 Als er aber gehört hatte,
dass Johannes ausgeliefert worden war,
entwich er nach Galiläa.

13 Und er verließ Nazara
und kam
und ließ sich nieder in Kafarnaum, dem am Meer,
in der Umgegend von Sebulon und Naftali,

14 damit erfüllt werde
das Gesagte durch den Propheten Jesaja,
der sagt:
15 *Land Sebulon und Land Naftali,*
Straße am Meer,
jenseits des Jordan,
Galiläa der Völker!

16 *Das in Finsternis sitzende Volk*
sah ein großes Licht,
und den im Land und Schatten des Todes Sitzenden
ging ein Licht auf!

7. Einlösung der Prophetie (4,12–16)

Jesus hört – von wem, wissen wir nicht –, dass Johannes der Täufer verhaftet wurde, was ihn zur Rückkehr nach Galiläa motiviert. Dadurch, dass für die Gefangennahme des Täufers dasselbe Verb Verwendung findet, mit welchem auch die Auslieferung Jesu bezeichnet wird (»*ausliefern*«, vgl. etwa 10,4), werden beide Figuren einander zum wiederholten Male stark angenähert. Das theologische Passiv der Formulierung macht zudem deutlich, dass die Überlieferung des Täufers ebenso wie das ganze bisherige Geschehen zutiefst Gottes Plan entspricht.

»*Nazara*«, eine eigenartige Form von Nazaret (vgl. Lk 4,16), wird eigentlich nur erwähnt, um in Anknüpfung an 2,22f Jesu Fortgang von dort zu erzählen: Jesus zieht weg und lässt sich in Kafarnaum nieder. Von nun an ist Kafarnaum seine Lieblingsstadt (9,1): Von dort aus wird er ausziehen, um in ganz Galiläa zu verkündigen; immer wieder kehrt er nach Kafarnaum zurück (8,5; 17,24).

Kafarnaum selbst wird beschrieben als am »*Meer*« – d.h. am See Gennesaret – und in der Nähe der Stammesgebiete von Sebulon und Naftali liegend. Beide geographischen Hinweise verdanken sich dem folgenden Erfüllungszitat in 4,15f. Mithilfe des Zitats, einer matthäischen Bearbeitung von Jes 8,23 und 9,1, verknüpft Matthäus die beiden Orte Nazaret und Kafarnaum: Während Nazaret im Gebiet Sebulon liegt, befindet sich Kafarnaum im Stammesland Naftali, in der Nähe der »*Straße am Meer*«, d.h. der *via maris*, einer der wichtigsten antiken Handelsrouten. Der Ortswechsel Jesu bekommt somit im Licht der Schrift einen Sinn und erweist sich als Einlösung der Prophetie.

Mit der Bezeichnung »*Galiläa der Völker*« ist nun nicht gemeint, dass Galiläa zur Zeit Jesu vorwiegend heidnisch war, wenngleich dort seit der assyrischen Deportation im 8. Jh. v. Chr. und dem Untergang des Nordreichs eine Mischbevölkerung ansässig war. Aber darum geht es nicht. Vielmehr ist die Wendung »*Galiläa der Völker (= Heiden)*« ein vorausdeutendes Signal, das auf die Ausweitung der Sendung Jesu und der Jünger zielt, die sich nachösterlich ereignen wird (28,16–20).

Zunächst ist Jesus jedoch das »*Licht*« für das in Finsternis sitzende Volk. Mit »*Volk*« (griech. *laós*) ist das Volk Israel gemeint. Und zu diesem Volk – und zunächst einmal nur zu diesem Volk – weiß sich Jesus gesandt (10,5f; 15,24). Aber die Heilsaussage 4,16 wird eine Ausweitung erfahren: Zu dem »Volk Israel« werden »die Völker« hinzukommen. Vielleicht ist das »*Aufgehen des Lichts*«, das an das »*Aufgehen des Sterns*« in der Magierperikope 2,2 zurückdenken lässt, ebenfalls als ein solch feines Signal zu lesen.

17 Von da an begann Jesus zu verkünden und zu sagen:
Kehrt um!
Denn nahe gekommen ist
die Königsherrschaft der Himmel!

Zweiter Hauptteil: Aktion – Die Verkündigung Jesu in Wort und Tat (4,17–16,20)

Mit dem Erfüllungszitat 4,15f endet die Vorgeschichte Jesu. Die Leserinnen und Leser wissen nun über seine »horizontale (1,1–17) und »vertikale«, d.h. über seine irdische (menschliche) und himmlische (göttliche) Herkunft (1,18–25) Bescheid, sie kennen die Dimensionen seiner Sendung als »*Erfüllung der Schrift*« und haben verstanden, dass Jesus der bestätigte »*Sohn Gottes*« ist (3,17).
Von nun an ist Jesus auf der geschichtlichen Ebene die handelnde Hauptfigur. Während der erste Abschnitt 4,17–11,1 vom Wirken Jesu in Israel und der Beauftragung der Jünger erzählt, werden im zweiten Abschnitt 11,2–16,20 die Reaktionen auf seine Verkündigung beschrieben, die von der erbitterten Feindseligkeit der jüdischen Autoritäten bis zum Bekenntnis der Jünger reichen, welches zur Bildung der Gemeinde als der wahren Familie Jesu (12,46–50) führt. Höhepunkt des zweiten Abschnittes ist das Messiasbekenntnis des Petrus (16,13–20).

1. Der Beginn (4,17–25)

1.1 Die Botschaft (4,17)

Mit einem Signalvers wird das Kapitel der Verkündigung Jesu eröffnet. Die stereotype Formulierung »*Von da an begann Jesus...*«, die in 16,21 wiederkehrt und dort den zweiten Hauptabschnitt des Evangeliums, die »Passion« eröffnet, deutet im Vorgriff an, um was es im Folgenden gehen wird: Um den Aufruf zur Umkehr und die Verkündigung des nahen Reiches Gottes.
Die Botschaft, mit der Jesus seine Verkündigung eröffnet, nimmt die Botschaft des Täufers wortwörtlich auf (3,2). Jesus predigt somit inhaltlich kein anderes Evangelium als der große Prophet der Zeitenwende.
Die »*Königsherrschaft der Himmel*« – eine matthäische Besonderheit des sonst üblichen Begriffs »*Königsherrschaft Gottes*« bzw. »*Reich Gottes*«, durch den die Universalität und weltumspannende Macht des Herrschens Gottes betont wird, das sich vom Himmel ausgehend über die ganze Welt erstreckt –, steht zwar noch aus, ist nun aber drängend nahe gekommen. Der auffordernde Ruf zur Umkehr, mit dem Jesus seine öffentliche Verkündigung eröffnet, steht wie ein Vorzeichen über allem weiteren: Die Herrschaft Gottes wird sich im Tun der größeren Gerechtigkeit realisieren – dazu muss man umkehren.

18 Als er umherging entlang dem Meer von Galiläa,
sah er zwei Brüder,
Simon, der Petrus genannt wird,
und Andreas, seinen Bruder,
die ein Wurfnetz in das Meer warfen.
Sie waren nämlich Fischer.

19 Und er sagt zu ihnen:
Kommt! Hinter mich!
Und ich werde euch zu Fischern von Menschen machen!

20 Sofort ließen sie die Netze
und folgten ihm nach.

21 Und als er weiterging von dort,
sah er zwei andere Brüder:
Jakobus, den des Zebedäus,
und Johannes, seinen Bruder,
im Boot mit Zebedäus, ihrem Vater,
die ihre Netze bereiteten.

Und er rief sie.

22 Sofort ließen sie das Boot und ihren Vater
und folgten ihm nach.

1.2 Die ersten Berufungen (4,18–22)

Jesus beginnt seine Tätigkeit mit der Sammlung der ersten Jünger, die er aus dem Volk in die Nachfolge ruft. Nur in Gemeinschaft gibt es Glauben.
Exemplarisch wird die Berufung von zwei Brüderpaaren, Simon und Andreas sowie Jakobus und Johannes, erzählt. Nur der Zöllner Matthäus (10,3) wird ebenfalls durch eine eigene Erzählung gewürdigt (9,9). Ansonsten setzt Matthäus ab 10,1 den Zwölferkreis stillschweigend voraus und setzt ihn nicht offiziell ein, wie dies etwa bei Markus der Fall ist (vgl. Mk 3,13–19).
Der Gattung nach liegt hier eine idealtypische Berufungserzählung vor, wie wir sie auch aus dem Alten Testament kennen (vgl. etwa den Elija-Elischa-Zyklus in 1 Kön 19,19–21). Charakteristisch ist das starke Autoritätsgefälle zwischen Berufendem und Adressaten des Rufs: Jesus geht vorbei und »sieht« Personen – die aufgrund von Namensnennung und Verwandtschaftsverhältnissen »identifizierbar« sind – bei einer typischen Berufsausübung. Er wendet sich ohne große Erklärungen mit einem direkten und vollmächtigen Befehl an die Betreffenden, woraufhin diese dem schweigend und umgehend (»*sofort*«) Folge leisten. Diese Unmittelbarkeit ist unbedingt notwendig, denn angesichts der Nähe der Königsherrschaft der Himmel ist Eile geboten und ein Aufschub der Nachfolge nicht möglich.
Dass Jakobus und Johannes ihren leiblichen Vater verlassen, weist auf den radikalen Anspruch Jesu hin (vgl. auch 8,21!). Zugleich deutet sich an, dass die Jünger zusammengerufen werden zu einer neuen »Familie« (12,46–50). Möglicherweise schwingt dieser Aspekt auch in der Auswahl der erzählten Berufungen mit: Die zwei Brüderpaare können durchaus transparent werden für die geforderte Geschwisterlichkeit in der matthäischen Gemeinde.
Der Berufungsauftrag korrespondiert häufig mit der Berufstätigkeit: Simon und Andreas, die gerade beim Fischen sind, werden von dieser Arbeit weggerufen, da sie von nun an »*Menschenfischer*« sein sollen.
Auch wenn der Begriff »Menschenfischer« negative Assoziationen wecken kann (vgl. Jer 16,16), ist er hier positiv gemeint. »Fischen« ist ein Begriff aus der frühen Missionssprache und bedeutet so viel wie »vor dem Verderben retten, dem wahren Glauben zuführen«. Im Rahmen des Mt-Ev deutet sich damit bereits hier die missionarische Ausrichtung der Jüngerexistenz an, zu der diese in 9,36–11,1 offiziell eingesetzt werden.
Simon, der »*erste*« unter den Jüngern (vgl. 10,2), wird schon bei seiner Berufung mit dem Beinamen »*Petrus*« eingeführt, obwohl sich der Name erst aufgrund von 16,16–18 erschließt. Auch wenn »Petrus« an dieser Stelle nur als Beiname fungieren mag, wird Simon dadurch von Anfang an als besonderer Jünger herausgestellt.

4,23–25

23 Und er zog umher in ganz Galiläa,
lehrte in ihren Synagogen
und verkündete das Evangelium der Königsherrschaft
und heilte jede Krankheit
und jede Schwäche im Volk.

24 Und sein Ruf ging hinaus in das ganze Syrien.
Und sie brachten zu ihm alle, denen es schlecht ging,
die von vielerlei Krankheiten und Qualen Niedergedrückten,
von Dämonen Besessene
und Mondsüchtige
und Gelähmte –
und er heilte sie.

25 Und es folgten ihm nach große Volksmengen von Galiläa
und der Dekapolis
und Jerusalem
und Judäa
und von jenseits des Jordan.

1.3 Wirken und Wirkung Jesu (4,23–25)

In einer verdichteten Zusammenfassung (»Summarium« oder »Sammelnotiz«) werden das Wirken Jesu in Galiläa sowie die unterschiedlichen Reaktionen darauf beschrieben. Was in 4,23 summarisch zusammengezogen ist, wird in den darauffolgenden Kapiteln erzählerisch entfaltet: Dabei wird der Inhalt dessen, *was* Jesus »*lehrt und verkündet*«, in der »Rede auf dem Berg« (Mt 5–7) dargestellt; *wie* Jesus »*jede Krankheit im Volk heilte*«, erzählen im Anschluss daran seine *Wundertaten* (Mt 8–9). Durch ein fast gleichlautendes Summarium in 9,35 wird der ganze Block gerahmt. Dadurch ist das Zusammenspiel von Verkündigung und Wundertätigkeit fest verankert: Nur beides gemeinsam konkretisiert die Botschaft von der Himmelsherrschaft.

Der Wirkungskreis Jesu ist »*ganz Galiläa*«, d.h. Jesus ist im Gegensatz zum Täufer, der sich in der Wüste aufhält und zu dem man sich eigens aufmachen muss, als »Wanderprediger« unterwegs. Dabei wird deutlich, dass der erste Adressat der Tätigkeit Jesu das Volk Israel ist: Jesus tritt nicht nur in den »*Synagogen*« Galiläas als Lehrender auf, sondern er heilt auch jede Krankheit »*im Volk*« (4,23). Der Terminus »*Volk*« ist auf dem Hintergrund der bisherigen Begriffsverwendung zu lesen: Jetzt beginnt Jesus mit dem, was nach 1,21 und 2,6 seine Aufgabe ist und worauf 4,16 ausblickt: Er wird Gottes Volk »*retten*« und es »*weiden*«: Dadurch wird diesem Volk »*ein großes Licht aufgehen*«.

Zum ersten Mal bei Matthäus begegnet hier der Begriff »*Evangelium*«. Im Profangriechischen meint »*euangélion*« den »Lohn für die Überbringung einer guten Botschaft« bzw. »die gute Botschaft« selbst. Als christlicher Missionsbegriff ist diese Bezeichnung dann zur »frohen Botschaft« *über* Jesus geworden (vgl. 1 Kor 15,1–8; Röm 1,1–4). An einer Stelle wie dieser ist jedoch die Botschaft gemeint, die Jesus selbst verkündet (4,17), nämlich die Ansage der nahen Königsherrschaft Gottes, die durch Wort und Tat sichtbar und erfahrbar wird.

In 4,24f werden die Reaktionen des Volkes beschrieben: Bis nach Syrien, wo wahrscheinlich die Gemeinde des Matthäus beheimatet ist (in Antiochien am Orontes), breitet sich die Kunde von Jesus aus (4,24). Aber von einer dezidierten »Nachfolge« kann dort, im heidnischen Gebiet, zu diesem Zeitpunkt noch keine Rede sein.

Es sind hingegen die »Volksmengen« aus dem gesamten Siedlungsgebiet der zwölf Stämme Israels bis zum nördlichen Gebiet der ostjordanischen Stämme (Dekapolis), welche Jesus »*nachfolgen*« (4,25): Das Volk, das positiv auf Jesu Evangelium reagiert, wird somit als eine Größe verstanden, die sich aus ganz Israel zusammensetzt. Israel ist der erste Adressat Jesu.

5,1 Als er aber die Volksmengen sah,
stieg er auf den Berg.
Und als er sich gesetzt hatte,
traten seine Jünger zu ihm.
2 Und er öffnete seinen Mund
und lehrte sie und sagte:

2. Die Rede auf dem Berg (5,1–8,1)

Die Rede auf dem Berg in Galiläa ist die große Eröffnungspredigt Jesu, die nicht nur deswegen grundlegenden Charakter besitzt.
Matthäus gestaltet die »Bergpredigt« als überaus kunstvolle Ringkomposition: Den äußeren Rahmen bilden Jesu Herauf- (5,1) bzw. Herabsteigen vom Berg (8,1) sowie Redeeinleitung (5,2) bzw. -abschluss (7,28). Aber auch der Redekomplex selbst (5,3–7,27) ist konzentrisch aufgebaut, wobei das Vaterunser (6,9–13) im Zentrum steht.

»es folgten ihm große Volksmengen nach« (4,25)

»er stieg auf den Berg« (5,1)

»er lehrte sie und sagte« (5,2)

Rede auf dem Berg (5,3–7,27)

»als Jesus beendet hatte diese Worte« (7,28)

»als er herabgestiegen war von dem Berg« (8,1)

»es folgten ihm große Volksmengen nach« (8,1)

Die Bergpredigt hat zwei Hörerkreise: Die Jünger und das Volk (5,1; 7,28). Sie ist somit keine reine Jüngerethik, sondern richtet sich an alle, die Jesus bis dahin nachgefolgt sind (4,25). Jesus erweist sich hier entsprechend 4,17 und 4,23 als der lehrende davidische Messias.

2.1 Einleitung zur Rede (5,1f)

Die Formulierung »*er stieg auf einen Berg*« weckt Assoziationen an den Aufstieg Moses zum Sinai (vgl. Ex 19,3; 24,15; 34,1–4). Das signalisiert, dass Gott nun durch Jesus erneut grundlegend zum Volk Israel sprechen wird.
Die sitzende Haltung, die Jesus dazu einnimmt, unterstreicht seine Autorität und erinnert an einen Lehrer in der Synagoge (vgl. Mt 23,2.8.10). Da ist es passend, dass hier zum ersten Mal der Begriff »*Jünger*« begegnet, den man auch mit »*Schüler*« übersetzen kann. Jesus aktualisiert die Tora und die Weisheitstraditionen Israels und nimmt damit die genuine Aufgabe eines Lehrers wahr. Durch den feierlichen Ausdruck »*er öffnete seinen Mund*«, der biblische Sprache realisiert (vgl. Ps 78,2), wird der Szene zusätzliches Gewicht verliehen.

3 Glückselig die Bettelarmen im Geist –
ihrer ist die *Königsherrschaft der Himmel*!

4 Glückselig die Trauernden –
sie werden getröstet werden!

5 Glückselig die Sanften –
sie werden das Land erben!

6 Glückselig die Hungernden und Dürstenden nach der Gerechtigkeit –
sie werden gesättigt werden!

7 Glückselig die sich Erbarmenden –
sie werden Erbarmen erfahren!

8 Glückselig die Reinen im Herzen –
sie werden Gott schauen!

9 Glückselig die Friedenmachenden –
sie werden Söhne (und Töchter) Gottes gerufen werden!

10 Glückselig die Verfolgten wegen der Gerechtigkeit –
ihrer ist die *Königsherrschaft der Himmel*!

11 Glückselig seid ihr,
wenn sie euch schmähen
und verfolgen
und alles Böse über euch sagen – lügend – wegen mir:
12 Freut euch
und jubelt:
Euer Lohn ist groß in den Himmeln!
Denn so jagten sie auch die Propheten, die vor euch waren.

2.2 Die Glückseligpreisungen (5,3–12)

Die neun Glückseligpreisungen bilden eine durchdachte Komposition: Die erste (5,3) und achte Preisung (5,10) werden durch die »*Königsherrschaft der Himmel*« gerahmt, während die vierte und achte durch das im Vordersatz nachklappende Stichwort »*Gerechtigkeit*« (5,6.10) besonders hervorgehoben werden. Es ergibt sich eine Gliederung in zwei Viererstrophen (5,3–6.7–10). Die neunte Preisung ist länger als die anderen und ist auch durch den Wechsel von der 3. in die 2. Person Plural sowie das Hervortreten des Sprechers (»*wegen mir*«) formal abgesetzt.
Gattungsmäßig liegt hier eine »Makarismenreihe« vor. Makarismen (von griech. *makários* = glücklich, glückselig) begegnen in weisheitlicher (Ps 1,1: »*Glückselig der Mann, der nicht dem Rat der Frevler folgt!*«) und apokalyptischer Literatur (äthHen 58,2: »*Glückselig ihr Gerechten und Auserwählten, denn herrlich wird euer Erbteil sein!*«), sind somit der bibelkundigen Zuhörerschaft wohlvertraut. Der »Sitz im Leben«, d.h. die Verwendungssituation der Gattung, ist der Glückwunsch im Alltag. Hier wird mithilfe eines solchen Glückwunsches das Heil angesichts der nahen Königsherrschaft Gottes prophetisch zugesprochen. Zuspruch und Anspruch Jesu werden mit bekannten biblischen Bildern poetisch ins Wort gebracht und zielen auf die christliche Praxis.
Die ersten acht Preisungen handeln von Grundhaltungen vor Gott, die sich in entsprechendem Tun ausdrücken. Wörtlich sind es die »*Bettelarmen*«, die in 5,3 glückselig gepriesen werden und die die Reihe eröffnen, aber anders als in der parallelen Lukasstelle (Lk 6,20) spiritualisiert Matthäus die Aussage: Nicht die materiell Armen, sondern die Armen »*im Geist*« werden seliggepriesen. Demnach geht es um die innere Einstellung eines Armseins vor Gott, das sich der völligen Angewiesenheit auf seine Hilfe bewusst ist. Dasselbe gilt für diejenigen, die hungern und dürsten »*nach Gerechtigkeit*«.
Aber Haltungen führen zum Tun: Die »*Sanften*«, die gemäß Ps 37,11 den Frevlern gegenüberstehen, zeichnen sich durch eine Demut aus, die sich in Freundlichkeit äußert. Diejenigen, die sich im Hier und Jetzt erbarmen, die ein reines Herz haben und Frieden stiften, werden im Übermaß von Gott belohnt: Sie werden die enge Gemeinschaft mit Gott erfahren.
Die beiden letzten Glückseligpreisungen behandeln das Thema der Verfolgung und führen direkt in die konkreten Leiderfahrungen der matthäischen Gemeindemitglieder hinein: Diese teilen das Geschick der Propheten Israels, die ebenfalls verfolgt und gehasst wurden. Trotz der Verleumdung und Schmähung um Jesu willen haben sie aber Grund zum Jubeln: Denn der endzeitliche Lohn im Himmel ist ihnen gewiss!

13 Ihr seid das Salz der Erde!
Wenn aber das Salz dumm wird,
womit wird man salzen?
Zu nichts hat es mehr Kraft,
außer hinausgeworfen
und von den Menschen zertreten zu werden.

14 Ihr seid das Licht der Welt!
Nicht kann eine Stadt verborgen bleiben,
die oben auf einem Berg liegt.

15 Und auch nicht zündet man eine Lampe an
und stellt sie unter das Getreidemaß,
sondern auf den Leuchter:
Und sie leuchtet allen im Haus.

16 So soll leuchten euer Licht vor den Menschen,
damit sie eure guten Taten sehen
und euren Vater in den Himmeln preisen!

2.3 Salz – Licht – Lampe (5,13–16)

Mit der fortgeführten direkten Anrede schließen die drei Bildworte unmittelbar an das Vorherige an. Die Identität der Angeredeten, ihre Wirksamkeit (»*Salz der Erde*«) und ihre universale Ausstrahlung (»*Licht der Welt*«, »*Stadt auf dem Berg*«) sollen an ihren »*guten Taten*« erkennbar werden, damit alle Menschen zum Lobpreis Gottes geführt werden.

Mit den »*guten Taten*« wird die ideale Haltung zusammengefasst, die in den Glückseligpreisungen dargestellt wurde. Welche Taten damit jedoch konkret gemeint sind, bleibt an dieser Stelle vorerst offen. Erst in 5,17–20 und in den sich anschließenden sog. »Antithesen« (5,21–48) wird deutlich werden, dass es um die von der Tora (= fünf Bücher Mose) geforderten Verhaltensweisen geht.

Mit der Rede vom Salz, das – so heißt es wörtlich im Griechischen – »*dumm*« wird, wird ein Unding ins Wort gebracht: Salz kann nicht fade werden, es kann sich höchstens auflösen. Und somit zielt das Bild auf den unmöglichen Fall, dass das Salz einmal nicht mehr Salz sein könnte: Ein Witz! Falls es gegen jede Vernunft doch so kommen sollte, greift das Gericht umso drastischer: Wie die unfruchtbaren Bäume abgeschlagen (3,10; 7,19) und die Ärgernis bereitenden Körperteile ausgerissen (5,29f; 18,8f) und vernichtet werden, so geschieht es auch dem Salz, das kein Salz mehr ist, also seine Identität verloren hat: Es wird hinausgeworfen und von den Menschen zertreten.

Auch das Bildwort vom »*Licht der Welt*« bringt zunächst zur Sprache, was völlig unmöglich erscheint: Eine auf einem Berg gelegene Stadt kann sich nicht verbergen, da sie auch nachts für alle sichtbar von Fackeln erleuchtet wird. Nimmt man die letzte Glückseligpreisung als Interpretationsrahmen hinzu, dann lautet die Aussage: Auch wenn ihr verfolgt werdet oder Repressalien ausgesetzt seid, könnt und sollt ihr euch nicht verstecken, denn ihr strahlt etwas Positives aus: Licht in der Finsternis!

Eine frühchristliche Parallele findet sich im Thomasevangelium (Logion 32), wo es heißt: »*Jesus spricht: Eine Stadt, auf einem hohen Berg erbaut und befestigt, kann nicht fallen, noch wird sie verborgen sein können.*«

Eine ähnliche Logik verfolgt auch das dritte Bildwort von der *Öllampe*: Es gibt keinen alternativen Stellort zur Erleuchtung des Hauses als auf einem Leuchter. Wenn man ein Gefäß darüberstülpt, geht die Lampe aus. Dann hätte man sie erst gar nicht anzünden müssen, so dass dies eine völlig ausgeschlossene Alternative ist.

Wie in den anderen Sprüchen geht es auch hier um die Aufforderung der Angesprochenen, ihre positive Wirksamkeit als Jüngerinnen und Jünger, als Christinnen und Christen, zu entfalten, im Bild gesprochen: ihr Licht leuchten zu lassen vor den Menschen und damit Licht für andere zu sein.

17 Meint nicht,
dass ich kam,
das Gesetz oder die Propheten aufzulösen:
Nicht um aufzulösen, kam ich,
sondern um zu erfüllen!

18 Denn Amen, ich sage euch:
Bis der Himmel und die Erde vergehen,
wird auch nicht ein Jota
oder ein Häkchen vom Gesetz vergehen,
bis alles geschieht.

19 Wer also ein einziges dieser geringsten Gebote auflöst,
und so die Menschen lehrt:
Der Geringste wird er gerufen werden
in der Königsherrschaft der Himmel!
Wer sie aber tut
und so lehrt:
Groß gerufen werden wird er in der Königsherrschaft der Himmel!

20 Ich sage euch nämlich:
Wenn eure Gerechtigkeit nicht überfließt –
mehr als die der Schriftgelehrten und Pharisäer –,
werdet ihr nicht in die Königsherrschaft der Himmel hineingehen!

2.4 Vorspruch: Gesetz und Propheten erfüllen (5,17–20)

Die Thematik der »*guten Taten*« (5,16) führt unmittelbar zur Frage nach der Tora, d.h. nach der Gültigkeit des mosaischen Gesetzes und dessen prophetischen Aktualisierungen. Wie sieht es aus mit der Gesetzestreue Jesu und seiner Anhängerinnen und Anhänger – und mehr noch: Wie sollen sich vor allem die Adressaten des Evangeliums, die Christinnen und Christen der matthäischen Gemeinde, in Bezug auf das Judentum positionieren?

In vier einzelnen Sprüchen (= Logien) wird dies schrittweise entfaltet.

In Form einer Grundsatzerklärung macht Jesus noch vor seinen Ausführungen unmissverständlich deutlich, dass die gesamten heiligen Schriften des Judentums, deren Kern die Offenbarung des Gesetzes am Sinai ist, absolute Gültigkeit besitzen und die bleibende verbindliche Forderung Gottes an sein Volk sind. Jesus »*erfüllt*« das alttestamentliche Gesetz, d.h. wörtlich, er »*macht es voll*«, er »*verwirklicht es*«, ja führt es zu seiner Eigentlichkeit. Der Gedanke der Erfüllung der Schrift wurde bislang anhand von Schriftzitaten deutlich (1,22f; 2,5f.15.17f.23; 3,3; 4,14–16). Nun bestätigt Jesus dies ausdrücklich selbst (5,17).

Jesus bringt somit kein neues Gesetz, das das alte außer Kraft setzen würde, sondern betont, dass auch nicht der kleinste Buchstabe des hebräischen (Jod) oder griechischen Alphabets (Jota) verändert werden darf (vgl. Dtn 4,2; 13,1): Alles bleibt unantastbar gültig »*bis der Himmel und die Erde vergehen*« – und das bedeutet an dieser Stelle: es bleibt gültig für immer (5,18)!

Mit Hilfe eines kasuistischen Rechtssatzes (»*Wer also... tut, der...*«) werden in 5,19 möglicherweise diejenigen in der Gemeinde ermahnt, die eine laxere Haltung zum Gesetz vertreten und lehren. Sie werden nicht zu den »*Großen*«, und das meint hier wohl zu den »*Gerechten*« (vgl. 5,20), vor Gott gehören. Dabei ist die Abfolge von »*Tun*« und »*Lehren*« zentral: Den Vorrang hat entsprechend Ex 24,7 das Tun der Gebote, was ganz auf der Linie von Mt 7,16 liegt: »*An ihren Früchten werdet ihr sie erkennen!*«

Das Ganze erfährt dann eine nochmalige Ausweitung: *Jeder* soll die Gerechtigkeit erfüllen (vgl. 3,15!), indem er sie tut, d.h. indem er sein Leben am Wort Gottes ausrichtet. In 5,20 wird dies mit dem Bild vom »*Überfließen der Gerechtigkeit*« ausgedrückt, die in 5,47f auch für Gottes grenzenlose Zuwendung zu allen Menschen kennzeichnend ist.

Mit der Nennung der Schriftgelehrten und Pharisäer wird dabei ein Konflikthorizont aufgespannt, in welchem es im Verlauf des Evangeliums immer wieder um das rechte Verständnis der Tora gehen wird (5,20).

Alles in allem fungiert 5,17–20 als großes Vorzeichen vor den folgenden »Antithesen«. Diese können keineswegs als Bruch mit dem Erbe Israels gedeutet werden, sondern ganz im Gegenteil: Sie leiten zu dessen Erfüllung an!

21 Ihr habt gehört,
dass zu den Alten gesagt wurde:
Morde nicht!
Wer aber mordet,
wird dem Gericht verfallen sein.

22 Ich nun sage euch:
Jeder, der seinem Bruder zürnt,
wird dem Gericht verfallen sein!
Wer aber zu seinem Bruder spricht:
    Hohlkopf! –
wird dem Synhedrion verfallen sein!
Wer aber spricht:
    Narr! –
wird der Feuerhölle verfallen sein!

23 Wenn du nun hinbringst deine Gabe zum Altar
und dich dort erinnerst,
dass dein Bruder etwas gegen dich hat,
24 lass deine Gabe dort vor dem Altar
und geh zuerst weg,
versöhne dich mit deinem Bruder,
und dann komm
und bring deine Gabe.

25 Sei wohlgesonnen deinem Rechtsgegner –
schnell, solange du mit ihm auf dem Weg bist,
damit der Rechtsgegner dich nicht dem Richter ausliefert
und der Richter dem Gerichtsdiener
und du ins Gefängnis geworfen wirst.
26 Amen, ich sage dir:
Nicht wirst du von dort herauskommen,
bis du zurückgegeben hast den letzten Cent.

2.5 Jesu Erschließung des Willens Gottes (5,21–48)

Mit dem klassischen Begriff »Antithesen« wird die ethische Weisung Jesu bezeichnet, die in antithetische Form (These: »*Ihr habt gehört...*«, bzw. »*Es ist gesagt worden...*« – Gegenthese: »*Ich nun sage euch...*«) gekleidet ist. Dabei wird in sechs Angängen die Weisung Jesu bestimmten alttestamentlichen Geboten bzw. deren Auslegungen gegenübergestellt, so dass diese eine Radikalisierung (lat. *radix* = Wurzel) erfahren nach dem Motto: »*nicht erst..., sondern schon...*« Das Besondere ist, dass Jesus mit großer Autorität seine Auffassung von der in der Tora und den Propheten niedergelegten Willenskundgabe Gottes darlegt. Kennt man in der rabbinischen Literatur durchaus den Schulstreit zwischen zwei Auslegern nach dem Motto »*Rabbi X sagt, Rabbi Y sagt, wir aber sagen...*«, so knüpft Jesus hier direkt an die Sinaioffenbarung an. Paraphrasiert heißt das: Den »Alten«, d.h. der Mosegeneration, ist von Gott Folgendes gesagt worden, und ich erschließe euch, was der Wille Gottes ist, der darin für euch zum Ausdruck kommt.

Vom Morden (5,21–26)

Ein Überschreiten des fünften Dekaloggebots (»*Morde nicht!*«, vgl. Ex 20,13; Dtn 5,17) bedroht die jüdische Rechtsordnung mit der Todesstrafe (Ex 21,12; Lev 24,17). In einer dreigliedrigen Ausführung verschärft Jesus dieses Gebot (5,22) und stellt nicht nur den heimtückischen Mord, sondern auch jedes Verhalten, das den Mitmenschen schädigt, unter das Verdikt. Dabei kann man eine Steigerung erkennen: Nach den irdischen Strafen für Zürnen (»*Gericht*«) und Beschimpfung des Mitbruders als »*Hohlkopf*« (Jerusalemer Synhedrion = Hoher Rat) steht als äußerste Strafe über allen Zornestaten die endzeitliche Feuerhölle.

Die öffentliche Beschämung des Nächsten ist nun auch in rabbinischen Texten ein Vergehen, das scharf verurteilt wird, da im Zorn die Wurzel für spätere Bluttaten zu sehen ist: »*Wer seinen Nächsten hasst, siehe, er gehört zu den Blutvergießern!*« (DER 11,15). Es gilt generell: Wehret den Anfängen!

Bemerkenswert ist, dass Jesus überhaupt nicht danach fragt, ob der Zorn gegen den Bruder eventuell gerechtfertigt ist. Die Weisung gilt uneingeschränkt, also gerade auch für die, die sich – menschlich beurteilt – zu Recht provoziert fühlen könnten.

Trotzdem – und damit gelangen wir in die Gemeindesituation – müssen auch etwaige Störenfriede angesprochen werden. 5,23f interpretiert das Gebot positiv im Blick auf die gestörte Beziehung: Der Bruder oder die Schwester, die »*etwas gegen dich hat*«, mit dem oder der ist aktiv die Versöhnung zu suchen. Es geht nicht nur um das Vermeiden von »tödlichen« Worten, sondern um echte Versöhnung, d.h. um die Liebe zur Schwester und zum Bruder.

27 Ihr habt gehört,
dass gesagt wurde:
Brich nicht die Ehe!

28 Ich nun sage euch:
Jeder, der eine Frau ansieht,
um sie zu begehren,
brach schon die Ehe mit ihr in seinem Herzen!

29 Wenn nun dein rechtes Auge dir Anstoß erregt,
reiß es aus und wirf es von dir!
Es nützt dir nämlich mehr,
wenn eines deiner Körperteile vernichtet wird,
als dass dein ganzer Leib in die Gehenna geworfen wird.

30 Und wenn deine rechte Hand dir Anstoß erregt,
hau sie ab und wirf sie von dir!
Es nützt dir nämlich mehr,
wenn eines deiner Körperteile vernichtet wird,
als dass dein ganzer Leib in die Gehenna hingeht.

31 Es wurde gesagt:
Wer seine Frau entlässt,
gebe ihr einen Scheidebrief.

32 Ich nun sage euch:
Jeder, der seine Frau entlässt –
außer aufgrund von Unzucht –,
macht,
dass sie die Ehe bricht.
Und wer eine Entlassene heiratet,
bricht die Ehe.

Vom Ehebruch (5,27–30)

Im zweiten Beispiel wird das sechste der Zehn Gebote (Ex 20,14; Dtn 5,18) ausgelegt. Im alttestamentlichen Kontext zielt dieses Gebot nicht primär auf ein moralisches oder sexuelles Fehlverhalten, sondern es geht um viel mehr: Um die Lebenssicherung des Nächsten und seiner Familie, die bei einer Übertretung auf dem Spiel stand. In einer patriarchalen Gesellschaftsform kann nur ein Mann die Ehe eines anderen Mannes brechen. Da damit die Legitimität der Nachkommen sowie der Erhalt des ganzen Hausstandes und des Grundbesitzes infrage gestellt waren, sieht die frühe jüdische Gesetzgebung drastische Strafen dafür vor (vgl. Lev 20,10).
Jesus wendet sich wie das Dekaloggebot auch an den Mann, der eine andere Ehefrau mit dem Ziel des Ehebruchs ansieht. Es gibt zahlreiche frühjüdische und nichtjüdische Parallelen, in denen der Zusammenhang von »Augen« – »Begierde« – »Ehebruch« aufscheint, so zum Beispiel bei dem Stoiker Epiktet: »*Heute sah ich eine schöne Frau, aber ich sagte nicht bei mir selbst: Könnte ich doch bei ihr sein! Oder: Wie beneidenswert ist ihr Gemahl! Denn wenn ich so gesprochen hätte, dann hätte ich eigentlich auch schon gesagt: Wie beneidenswert ist doch der Ehebrecher, den sie begünstigt*« (Diss. II 18,14f). Jesu Auslegung zielt in dieselbe Richtung: Der Ehebruch soll unter allen Umständen von Anfang an vermieden werden. Auge und Hand – und zwar jeweils die rechten, also die besonders wichtigen und kostbaren – sollen, wenn sie als Instrumente der Sünde dienen, radikal vernichtet werden. Der Gerichtshorizont (5,29: *Gehenna* = Strafort, Hölle; vgl. auch die Erklärung zu 10,28) betont dabei eindrücklich die Kompromisslosigkeit der geforderten Lebenspraxis.

Von der Ehescheidung (5,31f)

Thematisch eng an das Vorherige anschließend, formuliert auch 5,31f aus der Sicht des Mannes. Jedoch wird kein Dekaloggebot zitiert, sondern auf die Scheidebriefregelung aus Dtn 24,1–4 angespielt. Diese zielt darauf, dass ein Mann seine entlassene Ehefrau, d.h. sein Ex-Frau, nicht erneut heiraten darf.
In Jesu Auslegung wird das so präzisiert: Ein Mann, der seine Frau entlässt und ihr ermöglicht, eine neue Verbindung einzugehen, macht sie zur Ehebrecherin ihm gegenüber. Wenn er selbst aber eine entlassene Frau heiratet, bricht er ihrem ersten Mann gegenüber die Ehe. Damit plädiert Jesus an dieser Stelle für ein absolutes Scheidungsverbot. Es gibt nur eine Ausnahme, das wohl die Praxis in der matthäischen Gemeinde widerspiegelt: Das Scheidungsverbot gilt nicht im Falle von »*Unzucht*« (5,32; 19,9; vgl. Dtn 24,1: »etwas Anstößiges«). Was genau darunter zu verstehen ist, bleibt etwas unklar. Aller Wahrscheinlichkeit nach geht es aber um Ehebruch.

33 Wiederum habt ihr gehört,
dass zu den Alten gesagt wurde:
Schwör nicht falsch!
Erfülle dem Herrn deine Eide!

34 Ich nun sage euch:
Überhaupt nicht schwören!
Weder beim Himmel
denn er ist Gottes Thron,
35 noch bei der Erde,
denn sie ist Schemel seiner Füße,
noch bei Jerusalem,
denn sie ist des großen Königs Stadt,
36 noch bei deinem Haupt schwöre,
denn nicht kannst du ein Haar weiß machen oder schwarz.
37 Euer Wort soll sein:
Ja ein Ja, Nein ein Nein!
Was aber mehr ist als dieses, ist vom Bösen.

38 Ihr habt gehört,
dass gesagt wurde:
Auge für Auge und Zahn für Zahn!

39 Ich nun sage euch:
Dem Bösen nicht widerstehen!
Sondern: Welcher dich auf die rechte Backe schlägt,
ihm wende auch die andere zu!

40 Und dem, der mit dir einen Rechtsstreit will
und dein Untergewand nehmen,
lass ihm auch den Mantel!

41 Und welcher dich zwingt zu einer Meile,
geh mit ihm zwei!

42 Dem dich Bittenden gib!
Und den, der von dir leihen will,
weise nicht ab!

Vom Schwören (5,33–37)

Die Ausführungen zur Wahrhaftigkeit knüpfen an biblische Bestimmungen zum Schwören (Lev 19,12; Sach 8,17) und zur Erfüllung von Eiden (Num 30,3–16; Dtn 23 24) an.
Jesus vertritt ein uneingeschränktes und grundsätzliches Eidverbot, d.h. er wendet sich nicht nur gegen den Missbrauch des Eides als Beglaubigungsfloskel im Alltag, sondern generell dagegen, Gott in die menschlichen Geschäfte herabzuziehen. Dabei gilt das Verbot auch bei Ersatzformeln, die den Gottesnamen umschreiben (»*beim Himmel*«, »*bei der Erde*«, »*bei Jerusalem*«). Auch der Schwur »*bei meinem Haupt*« geht in dieselbe Richtung, denn der ganze Mensch steht in der Verfügungsgewalt seines Schöpfers (vgl. 6,27; 10,30).
Vers 5,37 fasst zusammen, worum es hier geht: Um die absolute Wahrhaftigkeit. Wer vorbehaltlos wahrhaftig ist, für den sind Schwüre und Beglaubigungsfloskeln überflüssig (vgl. Jak 5,12). Man kann gut darauf verzichten.

Von der Vergeltung (5,38–42)

Die alttestamentliche Regelung (Ex 21,24; Lev 24,20; Dtn 19,21, sog. »Talionsprinzip«) ordnet die Vergeltung – nach dem Motto nur *ein* Auge für *ein* Auge, d.h. Gleiches mit Gleichem zu vergelten – und ist als eine Einschränkung blindwütiger und maßloser Rache hoch einzuschätzen. Dieses Prinzip wird nun anhand verschiedener Lebenssituationen aktualisiert und konkretisiert: Es gilt, dem Bösen, dem, der einem schaden will, nachzugeben, auf sein »gutes« Recht zu verzichten und entgegenkommend zu handeln.
Der Schlag auf die rechte Backe, eine extreme *öffentliche Beleidigung* und Schmähung, zumal da er – wenn wir von einem Rechtshänder ausgehen – mit dem Handrücken ausgeführt wird, soll dadurch pariert werden, dass man sich offensiv gleich nochmals entehren lässt. In einem *Pfändungsprozess*, in welchem das Untergewand gepfändet werden soll, lautet die radikale Zuspitzung: Gib den wertvolleren Mantel gleich dazu, der nach alttestamentlichem Recht gar nicht gepfändet werden durfte, sondern als Decke für die Nacht spätestens am Abend zurückzugeben war (Ex 22,25f). Auch der *Frondienst*, zu welchem einen die Besatzermacht, z.B. die römischen Soldaten, die mit schwerem Marschgepäck unterwegs waren, zwingen durften, wird dadurch konterkariert, dass man mehr tut als gefordert und so auf subversive Art die Souveränität über eine durchaus nicht ungefährliche Alltagssituation behält.
In 5,42 ist die Radikalität des Vorhergehenden abgemildert und es kommt die Gemeindesituation des Matthäus in den Blick. Im Zuge jüdischer Mahnungen zur Wohltätigkeit soll man demjenigen, der in Not ist, die Hilfe nicht verwehren.

5,43–48

43 Ihr habt gehört,
dass gesagt wurde:
Liebe deinen Nächsten
und hasse deinen Feind!

44 Ich nun sage euch:
Liebt eure Feinde
und betet für die, die euch verfolgen,
45 so dass ihr Söhne eures Vaters in (den) Himmeln werdet:
Der lässt aufgehen seine Sonne
über Böse und Gute
und lässt regnen über Gerechte und Ungerechte.

46 Denn wenn ihr die liebt,
die euch lieben,
welchen Lohn habt ihr?
Tun dasselbe nicht auch die Abgabenpächter?

47 Und wenn ihr nur eure Brüder grüßt,
was tut ihr Überfließendes?
Tun dasselbe nicht auch die Völker?

48 Seid nun vollkommen,
wie euer himmlischer Vater vollkommen ist!

Von der Nächstenliebe (5,43–48)

Die letzte beispielhafte Ausführung Jesu zählt sicherlich zu den schwierigsten überhaupt. Immer wieder wurde der Vorwurf erhoben, dass die Feindesliebe eine christliche Konfliktscheu einfordere, die auf psychischer und sozialer Ebene fatale Folgen nach sich zieht. Wie soll eine Praxis überhaupt aussehen, die sich an einem so hohen Ideal orientiert? Muss man daran nicht zwangsläufig christlicherseits scheitern?

Der erste Teil der These, man solle »*seinen Nächsten lieben (wie sich selbst)*«, findet sich in Lev 19,18 und wird in Mt 22,39 nach der Liebe zu Gott als das zweitwichtigste Gebot eingeordnet. Aber der zweite Teil von 5,43, dass man seinen Feind hassen soll, findet sich nirgendwo in der Tora, sondern höchstens in Aktualisierungen derselben, wie etwa in den Qumrantexten vom Toten Meer (1 QS 1,9).

Zwar wird das Gebot der Feindesliebe zum Ureigenen des christlichen Glaubens gezählt, »*über das sich die Heiden wundern*« (2 Clem 13,4), aber dass es gänzlich neu ist, kann man nun auch nicht behaupten. Es gibt alttestamentliche Forderungen, die der Feindesliebe schon recht nahe kommen, wenngleich das Stichwort »Liebe« – vielleicht aus naheliegenden realistischen Erwägungen – vermieden wird. So heißt es etwa in Spr 25,21: »*Wenn dein Feind Hunger hat, gib ihm Brot zu essen, und wenn er Durst hat, gib ihm Wasser zu trinken!*«

Die Auslegung Jesu ist zweigliedrig: Die Feinde soll man lieben, für die Verfolger beten. Das schließt die Liebe zu den Nächsten natürlich nicht aus, sondern übersteigt sie vielmehr, indem die Frage, *wer* überhaupt der Nächste ist, bis ins Extrem ausgeweitet wird: Alle fallen unter das Gebot der Nächstenliebe, auch die Feinde. Wer auch immer den Adressatinnen und Adressaten der Lehre auf dem Berg feindlich entgegentritt, soll im Gegenzug auf Liebe und Fürbitte stoßen. Begründet wird ein solches Verhalten mit einem Verweis auf das Handeln Gottes: Gott unterscheidet in der Fürsorge und Großzügigkeit gegenüber seinen Geschöpfen nicht zwischen Bösen und Guten – und genauso sollen es die Angesprochenen tun und sich dadurch als wahre »*Kinder Gottes*« erweisen.

Bevor Matthäus dazu aufruft, Gottes überfließende Zuwendung »*vollkommen*« nachzuahmen (5,48) und damit die gesamte Thesenreihe abschließt, präzisiert er, dass die eingeforderte Liebe und Freundlichkeit die Gruppengrenzen überschreiten muss: Die Gerechtigkeit »*fließt nicht über*« (5,20), wenn man nur den Mitbruder oder die Mitschwester liebt – denn das tun alle, auch die Heiden oder die Abgabenpächter (Zöllner). Die Tora »*zu tun*«, d.h. in den alltäglichen Lebensvollzug zu integrieren, ist die hier geforderte Aufgabe. Und wenn das wirklich ernstgenommen und praktiziert wird, dann gibt es keine Grenzen mehr.

6,1 Achtet darauf,
eure Gerechtigkeit nicht vor den Menschen zu tun,
um von ihnen betrachtet zu werden,
sonst habt ihr keinen Lohn bei eurem Vater in den Himmeln!

2 Wenn du nun eine Wohltat tust,
trompete es nicht vor dir her
wie die Heuchler es tun in den Synagogen und in den Gassen,
damit sie gepriesen werden von den Menschen.
Amen, ich sage euch:
Sie haben ihren Lohn erhalten!

3 Wenn du nun eine Wohltat tust,
lass deine Linke nicht erkennen,
was deine Rechte tut,
4 damit deine Wohltat im Verborgenen ist.
Und dein Vater,
der im Verborgenen sieht,
wird dir vergelten.

2.6 Weisungen zur Frömmigkeitspraxis (6,1–18)

Mit spezifischen Weisungen zur Heiligung des Alltags für diejenigen, die ihr Leben auf Gott hin ausrichten und damit biblisch gesprochen zu den »*Gerechten*« zählen (vgl. 6,1 und 6,33 als große Klammer), wird die Rede auf dem Berg weitergeführt. Nun wird jedoch nicht mehr so stark toratheologisch argumentiert, sondern der Abschnitt ab 6,1 ist eher weisheitlich geprägt. Die Weisungen zur Frömmigkeitspraxis gliedern sich dabei in drei thematische Einheiten, die allesamt zum klassischen religiösen Lebensvollzug eines »Gerechten« gehören: Wohltätigkeit, Gebet und Fasten. Alle drei Einheiten sind strukturgleich aufgebaut, wobei manche Sätze wortwörtlich wiederholt werden; auf diese Weise wird der Abschnitt erkennbar zusammengehalten.

Zur Wohltätigkeit (6,1–4)

Der Eingangsvers ist als eine Art Überschrift für die folgenden drei Einzelweisungen zu verstehen. Mit »*Gerechtigkeit*« ist ein menschliches Handeln gemeint, das dem Willen Gottes entspricht. Indem aber dezidiert von »*eurer Gerechtigkeit*« die Rede ist, wird im Anschluss an 5,20 und im Vorausgriff auf 23,2–5 deutlich, dass die entscheidende Gegengröße, die in 6,1–18 anvisiert wird, die Pharisäer und Schriftgelehrten sind. Dies erschließt sich der Leserin und dem Leser zwar noch nicht bei der Erstlektüre, aber spätestens dann, wenn man das Evangelium als Ganzes in den Blick nimmt. Der Vorwurf der »*Heuchelei*« (6,2.5.16), der in den Ausführungen eine große Rolle spielt, wird nämlich an anderer Stelle gezielt auf die Schriftgelehrten und Pharisäer angewendet (23,13–29). Diese Negativzeichnung der jüdischen Führungselite ist eine Hauptstoßrichtung des Matthäus und erschließt sich nur auf dem Hintergrund der Gemeindesituation (s. Einleitung).

Das primäre Anliegen des Textes ist jedoch die Ermahnung, die Werke der Gerechtigkeit nicht zur Schau zu stellen und vordergründig dafür zu nutzen, bei den Mitmenschen Eindruck zu schinden.

Wer eine »*Wohltat*« (wörtlich: »*Barmherzigkeit*«) tut, d.h. wer Almosen gibt, erfüllt den Willen Gottes und wird seinen Lohn empfangen. Allerdings entspricht der Lohn der inneren Ausrichtung des wohltätigen Handelns: Wer es vor den Menschen tut, um von ihnen gepriesen zu werden, erhält den Lohn der Menschen. Wer es vor Gott tut, erhält den ungleich höheren Lohn Gottes.

Dies entspricht der prophetischen Mahnung zur Verantwortung gegenüber den Armen: »*Wer Erbarmen hat mit dem Ärmsten, leiht dem Herrn, und seine Wohltat wird er ihm vergelten*« (Spr 19,17). Durch die Selbstlosigkeit des Gebens wird zudem eine Beschämung des Notleidenden vermieden.

5 Und wenn ihr betet,
seid nicht wie die Heuchler,
denn sie lieben es,
in den Synagogen und an den Straßenecken zu beten,
damit sie den Menschen aufscheinen.
Amen, ich sage euch:
Sie haben ihren Lohn erhalten!

6 Du aber, wenn du betest,
geh hinein in dein Zimmer,
verschließe die Tür
und bete zu deinem Vater, der im Verborgenen ist.
Und dein Vater, der im Verborgenen sieht,
wird dir vergelten.

7 Wenn ihr aber betet,
plappert nicht wie die Völker!
Die meinen nämlich,
sie werden wegen ihrer Vielrederei erhört.
8 Macht euch ihnen nicht gleich!
Es weiß nämlich euer Vater,
was ihr nötig habt – bevor ihr ihn bittet!

9 So also betet:
Unser Vater in den Himmeln,
geheiligt werde dein Name!
10 Kommen soll deine Königsherrschaft!
Geschehen soll dein Wille,
wie im Himmel auch auf Erden!
11 Unser notwendiges Brot gib uns heute!
12 Und erlass uns unsere Schuldigkeiten,
wie auch wir erließen unseren Schuldnern!
13 Und führe uns nicht in Versuchung,
sondern rette uns von dem Bösen!

14 Wenn ihr nämlich den Menschen erlasst ihre Übertretungen,
wird auch euch erlassen euer himmlischer Vater.
15 Wenn ihr aber den Menschen nicht erlasst,
wird auch euer Vater nicht erlassen eure Übertretungen.

Zum Beten (6,5–15)

Die Ausführungen zum Gebet haben denselben Tenor wie das Vorherige: Man soll das Gebet nicht zur Selbstdarstellung missbrauchen, ansonsten ist es nichts als »*Heuchelei*«. Es geht hier nicht darum, das gemeinsame Gebet in der Öffentlichkeit generell anzuprangern: In der Kritik steht lediglich das unredliche Beten, das eingesetzt wird, um die eigene Frömmigkeit zur Schau zu stellen. Erneut soll dabei durch die negative Gegenfolie anderer Gruppierungen wie der Pharisäer, die in 6,5 mit den »Heuchlern« gemeint sind, und der Nichtjuden (6,7) die eigene Identität gestärkt werden.

Eingeleitet mit »*So also betet*« fügt Matthäus den Wortlaut des Vaterunsers an. Möglicherweise wird mit der Einführungsformel angedeutet, dass mehrere Versionen des Gebets im Umlauf waren, aber die hier niedergelegte in der Gemeinde favorisiert werden soll.

Das Vaterunser, das wegen seiner jesuanischen Herkunft auch als »*Herrengebet*« bezeichnet wird und im Zentrum der Rede auf dem Berg steht, liegt uns in drei Versionen vor: In einer Kurzfassung mit fünf Bitten (Lk 11,2–4) und in zwei miteinander verwandten Langfassungen mit jeweils sieben Bitten (Mt 6,9–13; Did 8,2f, Didache = eine frühchristliche Kirchenordnung, um 100 n. Chr.).

Insgesamt weist das Vaterunser große Parallelen zum jüdischen *Achtzehnbittengebet*, den 18 Lobpreisungen Gottes, sowie dem *Kaddisch*, einem Gebet, das täglich gesprochen wird, auf. Dort heißt es: »*Erhoben und geheiligt werde sein großer Name auf der Welt, die nach seinem Willen von Ihm erschaffen wurde – sein Reich erstehe in eurem Leben in euren Tagen und im Leben des ganzen Hauses Israel, schnell und in nächster Zeit, sprecht: Amen! Sein großer Name sei gepriesen in Ewigkeit und Ewigkeit der Ewigkeiten.*«

Man kann das Vaterunser in zwei »Tafeln« gliedern: Die erste Tafel umfasst drei »Du«-Bitten, die sich direkt an Gott richten (6,9f), die zweite Tafel beinhaltet drei »Wir«-Bitten (6,11–13), welche die ganz konkreten existentiellen Nöte der Menschen im Blick haben.

Die »Du«-Bitten zielen darauf, dass Gott seine Heiligkeit, seine Herrschaft und die Verwirklichung seines Willens heraufführen möge, was auf Seiten der Gemeinde jedoch keine Passivität bedeutet, sondern ein aktives Mitwirken einschließt. In den »Wir«-Bitten geht es um das Handeln Gottes im Blick auf die lebenswichtigen Anliegen des Menschen. Auch hier ist das Ineinander vom erbetenen Tun Gottes und der Entsprechung auf Seiten des Menschen zentral.

Das zutiefst jüdische Gebet Jesu verbindet somit zwei Anliegen, die die Lehre auf dem Berg insgesamt prägen: Die Beziehung zu Gott (Gottesliebe) und das Zusammenleben in der Gemeinschaft (Nächstenliebe).

6,16–18

16 Wenn ihr aber fastet,
werdet nicht wie die trübselig schauenden Heuchler!
Denn sie machen ihre Gesichter unscheinbar,
damit sie den Menschen als Fastende aufscheinen.

Amen, ich sage euch:
Sie haben ihren Lohn erhalten!

17 Du aber, wenn du fastest,
salbe dein Haupt und wasche dein Gesicht,
18 damit du den Menschen nicht aufscheinst als fastend,
sondern deinem Vater,
der im Verborgenen ist.

Und dein Vater, der im Verborgenen sieht,
wird dir vergelten.

Zum Fasten (6,16–18)

Wie das Beten (vgl. 6,5f), so wird auch das Fasten unter dem Aspekt der Verborgenheit verhandelt. Alle äußerlich sichtbaren Anzeichen des Fastens sollen vermieden werden, d.h. wer fastet, soll eben nicht »in Sack und Asche« gehen, sondern eine innere aufrichtige Haltung einnehmen.

Matthäus unterstreicht dies durch ein schönes Wortspiel: Das »*unscheinbar*« bzw. »*unkenntlich*« machen des Gesichts (griech. *aphanízein*) dient dem Heuchler dazu, »*aufzuscheinen*«, d.h. erkennbar zu werden in der eigenen Fastenanstrengung (griech. *phaínesthai*). Und das ist eine Pervertierung dessen, um was es geht.

Aufschlussreich ist, dass das Fasten selbst hier als geläufige Frömmigkeitspraxis von Matthäus unhinterfragt vorausgesetzt wird. Denkt man an die ältere Jesustradition und damit etwa an eine Stelle wie Mt 11,18f, wo Jesus als »*Fresser und Weinsäufer*« tituliert wird (also offenkundig zu Lebzeiten auf den ersten Blick nicht immer als ein großer Asket erkennbar war), so zeigt sich hier eine spätere Traditionsstufe: In der Gemeinde des Matthäus gehörte das Fasten zu den selbstverständlichen Werken »der Gerechtigkeit«, womit sie sich ganz in der Tradition des Judentums bewegte (vgl. z.B. Lev 16,29–31; Sach 7,5f).

Die schon angesprochene frühchristliche Kirchenordnung, die Didache (vgl. den Kommentar zu 6,5–15), geht dann sogar noch einen Schritt weiter: Sie grenzt das eigene christliche Fasten vom Fasten der »Heuchler« nicht durch die innere Haltung (christlicherseits) bzw. das Zurschaustellen der eigenen Frömmigkeit (jüdischerseits) ab, sondern durch unterscheidbare Fasttage.

In Did 8,1 heißt es: »*Eure Fasttage sollen nicht mit den Heuchlern gemeinsam sein! Sie fasten nämlich am Montag und am Donnerstag; ihr aber sollt am Mittwoch und Freitag fasten!*«

In der Didache wird damit eine spätere Stufe der Institutionalisierung des Fastens deutlich, das sogar zu einem äußerlich sichtbaren Unterscheidungskriterium zwischen Christen und Juden geworden ist. Die innere Haltung, die man bei dieser Frömmigkeitsübung laut Mt 6,16–18 einnehmen soll, tritt dabei völlig in den Hintergrund.

19 Sammelt euch nicht Schätze auf der Erde,
wo Motte und Insekt zerstören
und wo Diebe einbrechen und stehlen!
20 Sammelt euch aber Schätze im Himmel,
wo weder Motte noch Insekt zerstören
und wo Diebe weder einbrechen noch stehlen!
21 Wo nämlich dein Schatz ist,
dort wird auch dein Herz sein!

22 Die Lampe des Leibes ist das Auge.
Wenn nun dein Auge einfach ist,
wird dein ganzer Leib licht sein.
23 Wenn aber dein Auge böse ist,
wird dein ganzer Leib finster sein.
Wenn nun das Licht in dir Finsternis ist,
wie groß (ist) die Finsternis!

24 Keiner kann zwei Herren dienen.
Denn entweder wird er den einen hassen
und den anderen wird er lieben,
oder er wird dem einen anhängen
und den anderen wird er verachten.
Ihr könnt nicht Gott dienen und Mammon!

2.7 Weisheitliche Weisungen (6,19–7,11)

In Form einer Sammlung weisheitlich geprägter Weisungen wendet sich Matthäus nun stärker als zuvor der Gemeinde und ihrer Existenz in der Welt zu. Worauf kommt es an, wenn man in der Welt bestehen will? Was ist wichtig, welche konkreten Sorgen haben die Christinnen und Christen und wie sind diese im Horizont der anbrechenden Königsherrschaft Gottes einzuordnen?
»Weisheit« ist durch Erfahrung gesättigtes Wissen über die Zusammenhänge der Welt. Weisheitliche Argumentation basiert auf Beobachtungen und Erkenntnissen, denen jeder wache Zeitgenosse nur zustimmen kann. Diese Beobachtungen werden dann zum Ausgangspunkt, um die daraus resultierenden Konsequenzen plausibel zu machen und Übereinstimmung zu erzielen.
In einem ersten größeren Abschnitt, 6,19–34, werden vornehmlich Fragen des irdischen Besitzes behandelt, wobei alles Gesagte auf den Spitzensatz in 6,33 zuläuft. 7,1–11 umfasst weitere Weisungen zu christlichen Grundhaltungen.

Von der wahren Ausrichtung (6,19–24)

Mit drei Bildworten (6,19–21.22f.24) verdeutlicht Matthäus, welche einfach vor Augen geführten Grundsätze eine klare Grundhaltung nach sich ziehen.
Im ersten Angang geht es um das Sammeln von Schätzen. Die Handlungsanweisung basiert auf der Erkenntnis: »*Wo dein Schatz ist, dort wird auch dein Herz sein*«. Wenn man bedenkt, dass Reichtum zwar glücklich machen kann, jedoch zutiefst vergänglich ist und damit nur eine trügerische Sicherheit verspricht (vgl. Spr 23,4f), liegt die Konsequenz für jeden nachvollziehbar auf der Hand: Einzig die Schätze im Himmel sind unvergänglich, so dass nur eine »himmlische Versicherung« der irdischen Existenz wirkliche Sicherheit zu geben vermag.
Das zweite Bildwort vom Auge als der Lampe des Leibes basiert auf der volkstümlichen Überzeugung, dass das menschliche Auge ein eigenes Licht enthält (vgl. Dan 10,6), welches das Sehen auch in Dunkelheit überhaupt erst ermöglicht. Hier ist es als Bild zu verstehen: Wenn das Auge »*einfach*«, d.h. »lauter« oder »klar« ist, dann erkennt man daran die Lauterkeit des ganzen Leibes, und das bedeutet: Wie der Mensch wirklich ist. Nur ein innerlich »leuchtender« Mensch kann das »*Licht der Welt*« (5,14–16) sein. Dies äußert sich dann in der Art und Weise, wie man seine Mitmenschen »ansieht«, d.h. ihnen gegenüber eine wohlwollende oder missgünstige Haltung einnimmt.
Der Aspekt der »Lauterkeit« wird im dritten Bildwort verlängert: Ganz und gar kann man nur einem Herren dienen. Da JHWH als der *eine* Gott keine Götter neben sich duldet (Dtn 6,4; Ex 20,3), gibt es zu ihm keine Alternative.

25 Deswegen sage ich euch:
Sorgt euch nicht um euer Leben,
was ihr essen oder was ihr trinken sollt,
und nicht um euren Leib,
was ihr anziehen sollt!
Ist nicht das Leben mehr als die Nahrung
und der Leib mehr als die Kleidung?

26 Betrachtet die Vögel des Himmels:
Nicht säen sie, nicht ernten sie, nicht sammeln sie in Scheunen!
Und euer himmlischer Vater ernährt sie!
Unterscheidet ihr euch nicht durch ein Mehr von ihnen?

27 Wer aber von euch kann sorgend
zu seiner Lebenszeit eine einzige Elle hinzulegen?
28 Und was sorgt ihr euch um Kleidung?
Beobachtet die Lilien des Ackers,
wie sie wachsen:
Nicht mühen sie sich, nicht spinnen sie!
29 Aber ich sage euch:
Nicht einmal Salomo in seiner ganzen Herrlichkeit
war gekleidet wie eine von diesen!
30 Wenn aber Gott das Gras des Ackers,
das heute da ist und morgen in den Ofen geworfen wird,
so bekleidet –
wieviel mehr nicht euch, Kleingläubige!

31 Sorgt euch also nicht und sagt:
Was sollen wir essen?
Oder: Was sollen wir trinken?
Oder: Womit sollen wir uns bekleiden?
32 Nach all diesem suchen nämlich die Völker!
Es weiß aber euer himmlischer Vater,
dass ihr dies alles nötig habt.

33 Sucht zuerst die Königsherrschaft Gottes und ihre Gerechtigkeit,
und dieses alles wird euch hinzugefügt werden!

34 Sorgt nicht für das Morgen!
Denn morgen wird für sich selbst sorgen!
Es ist genug, dass ein Tag sein eigenes Übel hat!

Von der wahren Suche (6,25–34)

Die irdischen und im Prinzip durchaus berechtigten Gedanken, die ein Mensch sich um seine Grundbedürfnisse – Nahrung und Kleidung – machen kann, werden mithilfe von Beobachtungen aus dem Naturbereich in ihrer Wertigkeit neu bestimmt. Es geht nicht darum, diese zum Überleben notwendigen Bedürfnisse selbstverleugnend außer Acht zu lassen, sondern Matthäus will den Stellenwert solcher Sorgen ausloten: Angstbesetzte Sorge und durch Verunsicherung und Kummer geprägte Lebensgestaltung sind schlechte Ratgeber und bringen letztlich doch nichts ein: Man wird das Leben auch nicht um die kleinste Zeitspanne verlängern können (6,27).

Stattdessen erinnert Matthäus an den schöpfungstheologischen Grundsatz, den die Bibel immer wieder herausstellt: Gott erhält das Leben, das er geschaffen hat (Ijob 12,10; Ps 147,7–9). Zwei bildliche Vergleiche aus den Tätigkeitsbereichen von Mann (»*säen – ernten – sammeln*«) und Frau (»*sich mühen – spinnen*«) illustrieren dies: Gott ernährt die Vögel, obwohl sie selbst keine Sorge dafür tragen, und er kleidet in verschwenderischer Schönheit die Pflanzenwelt trotz ihrer zeitlich so knapp bemessenen Blütezeit. Nicht einmal König Salomo, der in der Bibel als das Paradebeispiel für Reichtum und Pracht gilt (1 Kön 10; 2 Chr 9), war schöner anzusehen als die Blumen auf dem Feld!

Da aber die Angesprochenen offensichtlich zweifeln und sich Sorgen um ihre Existenzsicherung machen, werden sie als »*Kleingläubige*« bezeichnet. »Kleingläubige« sind im Mt-Ev diejenigen, die Jesus nachfolgen, aber auf ihrem Weg verunsichert werden und darum einen Glauben, dem Angst beigemischt ist, an den Tag legen (vgl. 8,26; 14,31). Genau diese »Kleingläubigen«, die meinen, auf sich allein gestellt zu sein, werden zum unbedingten Vertrauen in Gottes Güte aufgerufen. Ähnlich wie in der Brotbitte des Vaterunsers (6,11) klingt damit die neue Grundhaltung an, die einzuüben ist. Wer das nicht tut, verhält sich wie die Heiden, die tatsächlich auf sich allein gestellt sind und ihre »Ver-Sicherung« in der irdischen Welt finden müssen (6,21). Ihnen bleibt eigentlich nur die Konsequenz, dem »*Mammon zu dienen*« (»*Mammon*« kommt ursprünglich aus dem Aramäischen, bedeutet wörtlich »das, worauf man vertraut« und meinte damals schon soviel wie »Vermögen«, »Besitz«).

Der Spitzensatz findet sich schließlich in 6,33: Es gilt, das eigene Tun und Lassen auf Gott hin auszurichten und die Königsherrschaft Gottes und deren Gerechtigkeit zu suchen (vgl. 5,20).

Durch die Wiederaufnahme des Stichwortes »*Gerechtigkeit*« schwingt noch eine andere Nuance mit: Während Johannes der Täufer und Jesus nach 3,15 durch ihr Tun »*alle Gerechtigkeit erfüllen*«, befinden sich die Angesprochenen noch auf dem Weg dorthin: Sie sollen genau diese »*Gerechtigkeit suchen*« und damit den Spuren der großen Vorbilder nachfolgen.

7,1 Richtet nicht,
damit ihr nicht gerichtet werdet!
2 Denn mit dem Gericht, mit dem ihr richtet,
werdet ihr gerichtet werden,
und mit dem Maß, mit dem ihr messt,
wird euch gemessen werden!

3 Was aber siehst du den Splitter im Auge deines Bruders,
den Balken in deinem Auge aber bemerkst du nicht?
4 Oder wie wirst du deinem Bruder sagen:
Lass, ich will den Splitter aus deinem Auge herausnehmen!
Und siehe –
der Balken ist in deinem Auge!

5 Heuchler!
Nimm zuerst heraus den Balken aus deinem Auge,
und dann wirst du klar genug sehen,
um herauszunehmen den Splitter aus dem Auge deines Bruders!

Vom wahren Richter (7,1–5)

Die sehr kunstvoll arrangierten Verse handeln von der Selbsterkenntnis und dem Verhalten anderen gegenüber. Während 7,1f das Grundthema formuliert, bietet 7,3–5 eine zugespitzte Ausbuchstabierung auf das Miteinander in der Gemeinde hin.

Ein typisch weisheitliches Konzept ist der sog. »Tun-Ergehen-Zusammenhang«. Hier bedeutet er, dass das zukünftige Richten Gottes (»*ihr werdet gerichtet werden...*«) dem jetzigen Gerichtsverhalten der Menschen entsprechen wird (»*mit dem Gericht, mit dem ihr richtet...*«): Wer sich anmaßt, seine Mitmenschen abfällig zu verurteilen und gleichsam »den Stab über sie zu brechen«, der zieht eine ähnlich gelagerte Verurteilung im Endgericht auf sich. Damit greift Matthäus ein Thema auf, das bereits in der ersten »Antithese« angeklungen ist: »*Jeder, der seinem Bruder zürnt, wird dem Gericht verfallen sein!*« (5,22).

Hinter der Warnung vor der Verurteilung anderer steckt die Überzeugung, dass nur Gott allein in das Herz der Menschen blicken und darum auch nur er zu einem gerechten Urteil kommen kann. Ganz ähnlich formuliert das auch Jak 4,12: »*Einer ist der Gesetzgeber und Richter, der retten und vernichten kann. Du aber: Wer bist du, dass du den Nächsten richtest?*«

Wohlgemerkt, es geht Matthäus nicht darum, dass man sich grundsätzlich kein Urteil über Gut und Böse erlauben dürfe, sondern die Frage ist, welches Maß man dazu anlegt: Ist es ein Maß, das wohlwollend und verständnisvoll den Mitmenschen »bemisst«, oder ist es eines, das ihn auf Biegen und Brechen verurteilt – und damit zugleich viele der eigenen Grenzen und Unzulänglichkeiten auf den anderen projiziert, wie die folgenden Verse verdeutlichen.

Mit 7,3–5 bringt Matthäus den konkreten Lebenskontext der Gemeinde ins Spiel, wie es die dreimalige Erwähnung des »*Bruders*« andeutet – wobei damit nach antiker Konvention auch die »*Schwestern*« mit gemeint sind. Mithilfe des Stilmittels der Übertreibung (Hyperbel) wird mit einem überzogenen Bildwort erläutert, warum kein Mensch einen anderen richten kann: Wer selbst keine freie Sicht hat – im Bild gesprochen: »*wer einen Balken im Auge trägt*« –, der kann andere nicht adäquat beurteilen, geschweige denn verurteilen, da er sie ja überhaupt nicht sieht. Mit einem Balken im Auge ist man blind!

Maßt man sich aber dennoch eine Verurteilung des anderen an, disqualifiziert man sich damit selbst als »*Heuchler*« und ist keinen Deut besser als die Pharisäer, die im Mt-Ev ebenfalls als »*Heuchler*« (23,13–29) und »*blinde Blindenführer*« (15,14) bezeichnet werden. Matthäus betont damit eindrücklich, wie zentral die hier geforderte Selbsterkenntnis ist.

6 Gebt nicht das Heilige den Hunden
und werft nicht eure Perlen vor die Schweine,
damit sie sie nicht mit ihren Füßen zertrampeln
und sich umwendend euch zerreißen!

7 Bittet –
und gegeben werden wird euch!
Sucht –
und finden werdet ihr!
Klopft an –
und geöffnet werden wird euch!
8 Jeder Bittende nämlich empfängt,
und der Suchende findet,
und dem Anklopfenden wird geöffnet werden.

9 Oder wer von euch ist ein Mensch,
den sein Sohn bitten wird um Brot:
Wird er ihm etwa einen Stein geben?
10 Oder er wird auch um einen Fisch bitten:
Wird er ihm etwa eine Schlange geben?

11 Wenn nun ihr,
die ihr böse seid,
wisst, gute Gaben zu geben euren Kindern –
um wieviel mehr wird euer Vater,
der in den Himmeln ist,
denen Gutes geben,
die ihn bitten!

12 Alles also, was ihr wollt,
dass euch die Menschen tun,
das tut auch ihr ihnen!

Denn dieses ist das Gesetz und die Propheten.

Vom wahren Bitten (7,6–11)

Mit einem rätselhaften Spruch (7,6) leitet Matthäus zu seinen Ausführungen zum vertrauensvollen Bitten über. Es ist unklar, was genau mit dem »*Heiligen*« gemeint ist, aber aller Wahrscheinlichkeit nach ist damit die Botschaft der kommenden Königherrschaft Gottes, d.h. das Evangelium selbst gemeint. Da Schweine für Juden als *die* unreinen Tiere schlechthin gelten und – ähnlich wie die Hunde in 15,26f – auf die heidnische Sphäre zielen, wird hier Folgendes ausgesagt: Gottes Gerechtigkeit – das »*Heilige*« – soll nicht durch ein falsches Verhalten seitens des Menschen infrage gestellt und zerstört werden. Da die Leserinnen und Leser an diesem Punkt der Rede auf dem Berg durch die vorangegangenen Weisungen recht genau wissen, wie ein der Gerechtigkeit Gottes entsprechendes Verhalten auszusehen hat und was dementsprechend zu vermeiden ist, kann 7,6 als eine Art einschärfende Zusammenfassung verstanden werden. Auch die Fortsetzung in 7,7f wiederholt bereits mehrfach Gesagtes – man denke etwa an die Weisungen zum Beten (6,5–15) – und führt nun positiv aus, worum es geht: Die Angesprochenen sollen ihr Leben Gott ganz anvertrauen – er wird sie nicht enttäuschen, denn er ist der »*Geber des Guten*« (7,11).

Erneut wird dieser Gedanke mit einem Beispiel aus dem Familienleben illustriert. Es ist eine nicht zu hinterfragende Selbstverständlichkeit, dass jeder Vater und jede Mutter für die eigenen Söhne und Töchter sorgt. Um wieviel mehr – so die Logik – wird Gott selbst, der himmlische Vater, für seine Kinder sorgen!

2.8 Die Goldene Regel (7,12)

Mit dem als »Goldene Regel« bezeichneten Spruch werden die Weisungen Jesu zusammengefasst: Die *ideale* Forderung an den Mitmenschen soll zum Maßstab des eigenen *realen* Verhaltens gemacht werden.

Damit bewegt sich Matthäus ganz auf jüdischem Boden. Zumeist ist die Regel negativ formuliert und hat sich bis heute in unserem Sprichwort »*Was du nicht willst, das man dir tu, das füg auch keinem anderen zu*« erhalten. Ähnliches findet sich in Tob 4,15: »*Was du verabscheust, tue keinem anderen an!*«

Und auch die rabbinische Tradition kennt diese Regel. So ist von Rabbi Hillel (um 20 v. Chr.) folgender Ausspruch überliefert: »*Was dir verhasst ist, das tue deinem Nächsten nicht an! Das ist die ganze Tora. Alles andere ist Auslegung. Gehe und lerne!*« (bSchab 31a).

In genau dieser Linie bewegt sich Matthäus, wenn er die goldene Regel als Quintessenz von »*Gesetz und Propheten*« bezeichnet (7,12). Zugleich ist damit ein Bogen zu 5,17 geschlagen.

13 Geht hinein durch das enge Tor!
Denn weit ist das Tor und breit der Weg,
der in das Verderben führt,
und es sind viele,
die auf ihm hineingehen.
14 Wie eng ist das Tor und eingeengt der Weg,
der in das Leben führt,
und es sind wenige,
die ihn finden!

15 Achtet auf die Pseudopropheten,
welche zu euch kommen in Schafskleidern –
innen aber sind sie reißende Wölfe!

16 An ihren Früchten werdet ihr sie genau erkennen:
Sammelt man etwa von Dornen Trauben oder von Disteln Feigen?
17 So bringt jeder gute Baum schöne Früchte,
aber der morsche Baum bringt schlechte Früchte.
18 Weder kann ein guter Baum schlechte Früchte bringen,
noch ein morscher Baum schöne Früchte bringen.
19 Jeder Baum, der nicht schöne Frucht bringt,
wird abgehauen und ins Feuer geworfen.

20 Nun denn:
An ihren Früchten werdet ihr sie erkennen!

21 Nicht jeder, der zu mir sagt:
Herr, Herr!
wird hineingehen in die Königsherrschaft der Himmel,
sondern der Täter des Willens meines Vaters in den Himmeln!
22 Viele werden zu mir sagen an jenem Tag:
Herr, Herr!
prophezeiten wir nicht in deinem Namen
und warfen wir nicht Dämonen heraus in deinem Namen
und taten wir nicht viele Krafttaten in deinem Namen?
23 Und dann werde ich ihnen bekennen:
Niemals kannte ich euch!

Weicht von mir, ihr Arbeiter der Gesetzlosigkeit!

2.9 Abschließende Mahnungen (7,13–27)

Der Textabschnitt gliedert sich in drei Teile: die Zwei-Wege-Lehre (13f), die Unterscheidung von wahren und falschen Propheten (15–23) und das Gleichnis vom Hausbau (24–27). Dabei ist die gesamte Passage vor allem durch Gegenüberstellungen charakterisiert: »weit« – »eng«, »viele« – »wenige«, »Verderben« – »Leben«, »Wölfe« – »Schafe«, »gut« – »schlecht«, »falsch« – »wahr«, »Sagen« – »Tun«, »Fels« – »Sand«, »standhalten« – »einstürzen«, »hören« – »hören und tun«.

Die zwei Wege (7,13f)

Das Wort von den zwei Toren und Wegen ist ein klassischer Topos der antiken Literatur, man denke nur an die Erzählung von Herakles am Scheideweg. Aber auch in der weisheitlichen Unterweisung ist diese Metapher bekannt: »*Der Weg der Sünder ist geebnet, frei von Steinen, und an seinem Ende ist die Grube der Unterwelt*« (Sir 21,10).
Im Alten Testament wird das Motiv der beiden alternativen Wege (»Segen oder Fluch«, »Leben oder Tod«, »Gerechtigkeit oder Gesetzlosigkeit«, vgl. Dtn 11,26–28; 30,15–20; Jer 21,8; Ps 1,1–6) auf das Tun der Tora angewendet: Immer ist es der engere, d.h. der schwierigere und mit Nachteilen verbundene Weg, der das Halten der Weisung Gottes bedeutet.
An unserer Stelle geht es um dasselbe: Die Zwei-Wege-Lehre bezieht sich auf die gesamte Tora-Aktualisierung Jesu (5,21–7,12). In der griechischen Bezeichnung für »*eingeengt*« (*tethlimménos*, 7,14) klingt zudem das Wort für »*Bedrängnis*« oder »*Mühsal*« (*thlípsis*, vgl. 13,21!) an. Das bedeutet, dass Matthäus hier wohl auf ganz konkrete Leiderfahrungen der Gemeinde anspielt: Die Alternative der zwei Wege ist kein intellektuelles Glasperlenspiel, sondern kann mit realen und durchaus leidvollen Erfahrungen und Konsequenzen in den eigenen Lebensalltag hineinwirken.

Die Pseudopropheten (7,15–23)

Wie sich aus 7,21f ablesen lässt, gehören die falschen Propheten, vor denen gewarnt wird, zu den Christusanhängern. Es ist schwer, eine klare Unterscheidung zu treffen, da sich die Lügenpropheten gut zu tarnen wissen, weshalb in letzter Instanz das Endgericht entscheiden wird (7,22f). Aber das von Matthäus hier an die Hand gegebene Unterscheidungskriterium ist ein zentraler Grundsatz: Es sind allein die »*Früchte*«, die ein Urteil möglich machen! Das heißt: Nicht die frommen Reden sind entscheidend, sondern das eigene Verhalten. Keine noch so beeindruckende Wunderbegabung gibt den Ausschlag, sondern die Übereinstimmung von Bekenntnis, Haltung und Tat.

24 Jeder nun,
welcher diese meine Worte hört
und sie tut,
wird gleichen einem klugen Mann,
welcher sein Haus auf den Felsen baute.
25 Und es fiel herab der Regen,
und es kamen die Flüsse,
und es bliesen die Winde
und fielen jenes Haus an,
und es fiel nicht zusammen,
denn es war auf den Felsen gegründet.

26 Und jeder,
der diese meine Worte hört
und sie nicht tut,
wird gleichen einem dummen Mann,
welcher sein Haus auf den Sand baute.
27 Und es fiel herab der Regen,
und es kamen die Flüsse,
und es bliesen die Winde
und stießen jenes Haus an,
und es fiel,
und sein Fall war groß.

28 Und es geschah,
als Jesus beendet hatte diese Worte,
gerieten die Volksmengen aus der Fassung über seine Lehre,
29 denn er lehrte sie wie einer,
der Vollmacht hat,
und nicht wie ihre Schriftgelehrten.

8,1 Als er aber herabgestiegen war von dem Berg,
folgten ihm große Volksmengen nach.

Das Tun der Worte (7,24–27)

Mit dem durch ein Gleichnis einprägsam weitergeführten Gedanken, dass der Botschaft Taten folgen müssen, wird die gesamte Rede auf dem Berg abgeschlossen (»*diese meine Worte*«, 7,24).

Das Nebeneinander von Hören und Tun ist in der jüdischen Tradition fest verankert, etwa in Dtn 31,12: »*Versammle das Volk [...], damit sie hören und damit sie lernen und den Herrn, euren Gott, fürchten und darauf achten, alle Worte dieses Gesetzes zu tun!*«

In der rabbinischen Auslegung heißt es ganz analog: »*Und nicht das Studieren ist die Hauptsache, sondern das Tun. Und jeder, der viele Worte macht, heimst Sünde ein*« (Abot I 17).

Mit dem Gleichnis vom Hausbau, das sich von selbst erschließt und für jeden Leser und jede Leserin nachvollziehbar ist, wird dies sinnbildlich vor Augen geführt: Das Fundament, auf dem man baut, ist für die Zukunft entscheidend. Gerade weil das Bild so sprechend ist, hat sich wohl bis heute die Redewendung »auf Sand bauen« erhalten.

Indirekt wird durch die Futurform (»*er wird gleichen einem Mann...*«, 7,24.26) auf das Endgericht angespielt. Dieselbe Assoziation wecken auch das Sturmmotiv und der »*große Fall*«. In der Spruchweisheit ist das Bestehen im Sturm zudem ein Erkennungsmerkmal für das Leben der Gerechten (Spr 10,25; 12,7) und erinnert an die Mühsal des engen Weges (Mt 7,13f).

Indem die gesamte Unterweisung Jesu mit der Rede vom »großen Fall« endet (7,27), erhält die Schlusswarnung eine starke Betonung (sog. »Achtergewicht«) und macht den Ernst der Lage unmissverständlich deutlich: Jeder Gesinnungsethik ohne Praxis wird eine endgültige Absage erteilt. Allein an seinen »Früchten« muss man sich messen lassen und diese entscheiden über das Bestehen oder den Fall im Gericht.

2.10 Abschluss und Wirkung der Rede (7,28–8,1)

Mit einer erzählerischen Überleitung fasst Matthäus das Ende der Rede auf dem Berg zusammen, wobei ihm besonders an den Reaktionen des Volkes gelegen ist. Und dieses reagiert angemessen: Die Volksmengen geraten »*außer sich*« über Jesu vollmächtige Lehre, womit eine positive Verwunderung ausgedrückt wird.

Neben den jüdischen Eliten, die in einem polemischen Nebensatz Erwähnung finden (7,29), werden die Volksmengen deutlich als eigenständige und von den Schriftgelehrten unterscheidbare Größe etabliert. Die geglückte Nachfolge des Volkes aus »*ganz Israel*« (8,1; vgl. 4,25!) deutet an, dass Jesu Rede auf dem Berg diesbezüglich ein Erfolg war.

2 Und siehe!
Es trat ein Aussätziger hinzu,
fiel nieder vor ihm
und sagte:
Herr, wenn du willst,
kannst du mich reinigen!

3 Und er streckte die Hand aus,
berührte ihn
und sagte:
Ich will!
Werde gereinigt!

Und sofort wurde gereinigt sein Aussatz.

4 Und Jesus sagt ihm:
Schau,
dass du zu niemandem sprichst,
sondern geh weg,
zeig dich dem Priester
und bring hin die Gabe, die Mose verordnete –
ihnen zum Zeugnis!

3. Die Machttaten in Israel (8,2–9,35)

Mit der Darstellung der Lehre Jesu ist der erste Teilbereich seines angekündigten Wirkens (4,23–25) ausbuchstabiert worden. Nun folgt konsequenterweise die erzählerische Ausgestaltung des zweiten Aspekts: »*er heilte jede Krankheit und jede Schwäche im Volk*« (4,23).
Dazu stellt Matthäus systematisch zehn Wunder zusammen, die er als »*Machttaten*« (griech. *dynameis*) bezeichnet, in drei Dreiergruppen arrangiert (die Erzählungen von der Jairustochter und der blutflüssigen Frau sind miteinander verzahnt) und mit summarischen Notizen und Dialogen anreichert, in denen bereits die Konturen der Jüngergemeinschaft sichtbar werden: Nachfolge, Sündenvergebung, Tischgemeinschaft, Fastenverhalten.

I	8,2–4		Heilung eines Aussätzigen
	8,5–13		Heilung des Sohnes eines Hauptmanns
	8,14f		Heilung der Schwiegermutter des Petrus
		8,16f	*Sammelnotiz*
		8,18–22	*Nachfolge-Dialoge*
II	8,23–27		Stillung des Seesturms
	8,28–9,1		Heilung zweier Besessener
	9,2–8		Heilung eines Gelähmten
		9,9–13	*Berufung und Sünden-Dialog*
		9,14–17	*Fasten-Dialog*
III	9,18–26		Heilung zweier Frauen
	9,27–31		Heilung zweier Blinder
	9,32–34		Heilung eines besessenen Taubstummen
		9,35	*Sammelnotiz*

3.1 Ein Aussätziger (8,2–4)

Eröffnet wird der Wunderzyklus durch die Erzählung der Heilung eines Aussätzigen. Dieser spricht Jesus als »*Herr*« (griech. *kyrios*) an, ein christologischer Hoheitstitel, der das Bekenntnis zu Jesu Heilungsvollmacht beinhaltet. Durch den Kniefall, der an das Niederfallen der Magier aus dem Osten (2,11) erinnert, macht der Aussätzige deutlich, dass er sich ganz der Souveränität Jesu unterwirft: Wenn Jesus »*will*«, dann kann er ihn heilen. Der Schweigebefehl Jesu zielt darauf, dass der Geheilte die Torabestimmungen einhält. Erst wenn diese erfüllt sind, kann das Wunder wahrhaftig bezeugt werden.

8,5–13

5 Als er nach Kafarnaum hineinging,
trat ein Zenturio bittend zu ihm
6 und sagte:
Herr, mein Sohn liegt gelähmt im Haus,
fürchterlich gequält!

7 Und Jesus sagt zu ihm:
Soll ich etwa kommen und ihn heilen?

8 Der Zenturio aber antwortete und sprach:
Herr, ich bin nicht genug,
dass du unter mein Dach hineingehst!
Aber sprich nur ein Wort,
und mein Sohn wird geheilt werden!
9 Denn auch ich bin ein Mensch unter Vollmacht
und habe Soldaten unter mir!
Und ich sage diesem: Geh hin! – und er geht.
Und einem anderen: Komm! – und er kommt.
und meinem Knecht: Tu dieses! – und er tut es.

10 Als Jesus es hörte,
wunderte er sich und sprach zu den Nachfolgenden:
Amen, ich sage euch:
Bei keinem in Israel fand ich so großen Glauben!
11 Ich sage euch aber:
Viele werden von Osten und Westen kommen und sich zu Tisch legen mit
Abraham und Isaak und Jakob im Königtum der Himmel,
12 aber die Söhne des Königtums werden hinausgeworfen werden in
die äußerste Finsternis: Dort wird Weinen und Zähneknirschen sein!

13 Und Jesus sprach zu dem Zenturio:
Geh weg! Wie du glaubtest, geschehe dir!

Und sein Sohn wurde geheilt in jener Stunde.

3.2 In Kafarnaum: Ein römischer Zenturio (8,5–13)

Die zweite Wundererzählung ist für die Gesamtkonzeption des Mt-Ev zentral: Denn der Zenturio (lat. *centurio* ist ein »Hauptmann«, d.h. der Anführer einer Hundertschaft), dessen Dienstherr Herodes Antipas gewesen sein muss, gehört zur römischen Besatzungsmacht und zählt damit für die Leserinnen und Leser, die bereits über die Verkommenheit der Herodesdynastie informiert sind (2,1–23), zu den Gegnern Jesu; dies setzt sich in den anderen Figuren fort: So wird Herodes Antipas in 14,1–12 den Täufer enthaupten, Pilatus Jesus unschuldig den Prozess machen (27,11–26) und die Soldaten werden den »*König der Juden*« verspotten und misshandeln (27,27–37).

Aber es kommt noch ein weiteres Detail hinzu, das man direkt aus dem Munde Jesu erfährt: Der Hauptmann ist ein Heide (8,10). Und das ist an dieser Stelle durchaus überraschend, denn laut 4,23 erzählt der Wunderzyklus, wie Jesus *im Volk* »alle Gebrechen« heilt. Dass aber bereits die zweite erzählte Heilung an einem Heiden geschieht, lässt aufmerken.

In mehrfacher Hinsicht überschreitet der Hauptmann Grenzen: Als Römer erhofft er sich Hilfe von einem Israeliten, als Heide von einem Juden, als Vertreter des Römischen Reiches von einem Künder des Gottesreiches. Zugleich vollzieht er einen fundamentalen Funktionswechsel: Er wird vom Kommandeur zum Bittsteller! Zweimal spricht der Zenturio Jesus mit »*Herr*« an, mit der Anrede eines Menschen, der alles von Jesus erwartet. Er weiß, dass Jesus eigentlich zu Israel gesandt ist (8,8), aber glaubt dennoch, dass Jesus durch das Wort ein Fernwunder bewirken kann. Es braucht keine großen Gesten, keine Zauberei oder Magie. Das Wort allein genügt.

Damit signalisiert der Zenturio, dass er auf die universale, auch räumlich unbegrenzte Wirkmacht des Wortes Jesu vertraut. Und eben dieser Glaube ist es, der nicht nur Jesus in Erstaunen versetzt, sondern den Glauben ganz Israels in den Schatten stellt (8,10): Nicht das Vertrauen, dass Jesus allein durch das Wort heilen kann, lässt den Glauben des Hauptmanns so hervorstrahlen, denn auch die jüdische Volksmenge im Gefolge Jesu vertraut auf die Wirkmacht seines Wortes (8,16). Das Besondere am Glauben des römischen Zenturios ist, dass die Qualität seiner Erkenntnis mit der Universalität verbunden ist, die er Jesus zumisst: Jesu Vollmacht (griech. *exousía*) reicht weit über Israel hinaus! Das erkennt der Hauptmann und das unterscheidet ihn von den anwesenden Volksmengen.

Mit der Weissagung in 8,11 klingt zugleich eine Perspektive an, die am Ende der Wirksamkeit Jesu für Israel stehen wird: das Heil für die Heiden (28,19). Für die Mitglieder der matthäischen Gemeinde wird der Hauptmann damit zur Identifikationsfigur mit Signalcharakter, die die Öffnung auf die Völkerwelt begründet, ohne die primäre Sendung zu Israel aufzugeben.

14 Und Jesus kam in das Haus des Petrus,
sah dessen Schwiegermutter
fiebernd liegen.

15 Und er berührte ihre Hand,
und das Fieber ließ sie.

Und sie stand auf
und diente ihm.

16 Als es aber Abend geworden war,
brachten sie ihm viele von Dämonen Besessene.
Und er warf hinaus die Geister durch ein Wort,
und heilte alle, denen es schlecht ging,
17 so dass erfüllt werde
das Gesagte
durch den Propheten Jesaja,
der sagt:
Er nahm unsere Schwächen und die Krankheiten trug er!

3.3 Die Schwiegermutter des Petrus (8,14f)

Auch die dritte Heilung ist die Heilung einer »Randfigur«: Nach einem Aussätzigen und einem Heiden heilt Jesus nun eine Frau, was in einer patriarchalen Gesellschaft keine Selbstverständlichkeit ist. Jesus geht alleine zu ihr ins Haus – auch das ist sicherlich kein der Norm entsprechendes Verhalten – und heilt sie aus eigenem Impuls, d.h. ohne eine Bitte seitens der Frau oder einer ihrer Verwandten. Das ist im Mt-Ev ein einmaliger Vorgang und hebt diese Heilung besonders hervor.

Während die Fernheilung des Sohnes des Hauptmanns die längste matthäische Wundergeschichte war, folgt direkt darauf die kürzeste, die gerade durch ihre Gestrafftheit zu einer reinen Jesusgeschichte wird. Anders als in der vorherigen Erzählung, wo das Gewicht auf dem Dialog zwischen Jesus und dem Hauptmann lag, wird hier kein Wort gesprochen. Jesus »*sieht*« und heilt durch eine sehr reduzierte Berührung der Hand der Darniederliegenden die Kranke. Dass die Frau tatsächlich geheilt wurde, wird im Anschluss durch ihr Aufstehen und »*Dienen*« (8,15) demonstriert.

Es ist zu überlegen, ob die Schwiegermutter des Petrus durch dieses »*Dienen*« (griech. *diakonein*), das in 27,55 explizit mit der Nachfolge von Frauen verknüpft wird, die Jesus von Galiläa bis nach Jerusalem gefolgt sind, als Jüngerin charakterisiert wird. Die Wahl des Imperfekts, welcher die Dauer des Dienens ausdrückt, würde diese Deutung unterstreichen.

3.4 Sammelnotiz (8,16f)

Mit einer Sammelnotiz deutet Matthäus die Universalität des Handelns Jesu an: Anders als bei Markus, bei dem davon die Rede ist, dass Jesus »*viele*« heilt (Mk 1,32–34), spricht Matthäus davon, dass Jesus »*alle* heilt, denen es schlecht geht« (Mt 8,16). Das passt exakt zu den drei bislang erzählten Wundergeschichten, die darum exemplarischen Charakter haben: Jesus heilt ausnahmslos »alle«, die Hilfe benötigen: Reine und Unreine, Juden und Heiden, Männer und Frauen. Jesu Erbarmen macht keine Unterschiede und zieht keine Grenzen.

Ein Erfüllungszitat aus Jes 53,4 bestätigt, dass das vollmächtige Handeln Jesu im Volk und an dessen Rändern dem geweissagten Heilsplan Gottes entspricht. Aus dem sog. Gottesknechtslied des Jesajabuches wird der Teil, der vom stellvertretenden Leiden spricht, weggelassen (Jes 53,3–5). Stattdessen erweist ein Blick auf Jes 53,11f, dass es hier um Universalität geht (»*viele*«). Auf diese Weise weitet Matthäus die Ansage aus Mt 4,23 (»er heilte *im Volk*«) aus und öffnet sie für diejenigen, die nicht zum Volk Israel gehören: Alle, die an die Wirkmacht Jesu glauben, werden gerettet werden.

18 Als Jesus die Volksmenge um ihn sah,
befahl er,
ans andere Ufer zu fahren.

19 Und ein Schriftgelehrter trat hinzu
und sprach zu ihm:
Lehrer,
ich werde dir nachfolgen,
wo du auch hingehst!

20 Und Jesus sagt zu ihm:
Die Füchse haben Höhlen
und die Vögel des Himmels Nester,
aber der Menschensohn hat nichts,
wo er den Kopf hinlegt.

21 Ein anderer aber von seinen Jüngern sprach zu ihm:
Herr,
erlaube mir,
zuerst wegzugehen
und meinen Vater zu begraben!

22 Jesus aber sagt ihm:
Folge mir nach!
Und lass die Toten ihre Toten begraben!

3.5 Die Überfahrt ans andere Ufer (8,18–27)

Zwei Nachfolgesprüche (8,18–22)

Matthäus verknüpft die Seesturmerzählung mit zwei Dialogen zum Thema Nachfolge, so dass die Wundergeschichte zur Jüngererzählung wird.
Zunächst kommt ein einzelner Schriftgelehrter zu Jesus und spricht ihn an. Als geübte Leserin oder Leser vermutet man: Jetzt kommt eine Falle! Jetzt stellt ein Gegner Jesus auf die Probe. Doch es kommt anders: Denn der Schriftgelehrte will Jesus nachfolgen.
Die eigentliche Charakteristik erhält diese Bitte durch die Parallelisierung mit einer weiteren Nachfolgeszene (8,21f). Bei allen Ähnlichkeiten, die diese Erzählungen aufweisen, sind vor allem die Unterschiede interessant: Äußert nämlich in der ersten Episode ein Schriftgelehrter, der noch kein Jünger ist, seinen Nachfolgewunsch, bittet in der zweiten Episode ein Jünger, der bereits zu Jesus gehört, um einen kleinen zeitlichen Aufschub, um eine Pietätspflicht zu erfüllen. Redet ihn der eine als »*Lehrer*« an, so der andere als »*Herr*«. Dass der Titel »Lehrer« noch keinen Glauben impliziert, zeigt die sonstige Verwendung dieser Anrede im Mt-Ev: Anders als bei Markus reden die Jünger Jesus niemals als »Lehrer« an, sondern diese Adresse ergeht immer nur von Außenstehenden (12,38; 17,24; 19,16; 22,16.24.36). Dadurch wird der Schriftgelehrte – wenn dies nicht schon durch seine Berufsbezeichnung für die Leserinnen und Leser des Mt-Ev deutlich geworden wäre – als Außenstehender qualifiziert.
Die Pointe dieser beiden parallel laufenden Erzählungen liegt nun darin, dass beide – Schriftgelehrter wie Jünger – Rollenerwartungen durchkreuzen. Der Schriftgelehrte als Gegner Jesu formuliert einen Nachfolgewunsch. Das ist radikal. Und Jesus macht in seiner Antwort die damit einhergehende Radikalität deutlich: Wer nachfolgt, bezahlt dies mit dem Preis der Heimatlosigkeit (8,20). Der Jünger, der bereits ein Nachfolgender ist, bittet um zeitlichen Aufschub oder um eine Unterbrechung, hat also noch nicht wirklich begriffen, wie dringlich die Verkündigung von der Herrschaft Gottes ist, was Radikalität bedeutet und dass die Heimatlosigkeit wörtlich zu nehmen ist. Jesus antwortet ihm mit einer Aufforderung: »*Folge mir nach!*« (8,22). Das kann durchaus so gelesen werden, als würde der Jünger es noch nicht tun (oder noch nicht richtig tun). Es klingt damit wie eine nochmalige Berufung!
Zentral ist, dass beide Erzählungen am Ende offen bleiben. Eine Reaktion der Fragesteller auf die jeweiligen Antworten Jesu wird gerade nicht mehr erzählt. Möglich, dass der Schriftgelehrte ein Jünger wird; möglich, dass der Jünger für immer zu seiner Familie zurückkehrt. Wir wissen es nicht.
Aber vielleicht soll gerade diese offensichtliche Leerstelle die Leserinnen und Leser des Evangeliums zu einer eigenen Reaktion – bezogen auf ihre Nachfolge Jesu – ermuntern.

23 Und nachdem er das Boot bestiegen hatte,
folgten ihm seine Jünger nach.

24 Und siehe!
Ein großes Beben geschah im Meer,
so dass das Boot von den Wellen verhüllt wurde –
er aber schlief.

25 Und sie traten zu ihm,
weckten ihn
und sagten:
Herr! Rette!
Wir werden vernichtet!

26 Und er sagt ihnen:
Was seid ihr feige, Kleingläubige?

Dann stand er auf,
herrschte die Winde und das Meer an,
und es geschah eine große Stille.

27 Die Menschen aber wunderten sich
und sagten:
Was ist dieser für einer,
dass auch die Winde und das Meer ihm gehorchen?

Stillung des Seesturms (8,23–27)

Unmittelbar nach den Nachfolgesprüchen wird es konkret: Jetzt zeigt sich, was passieren kann, wenn man Jesus »*nachfolgt*« (8,23), und dass das spürbare Konsequenzen nach sich zieht.

Mit drastischen Worten wird das »*große Beben*« im Meer geschildert und erinnert dabei zugleich an die Beben, die sich beim Tod Jesu (27,54) und seiner Auferweckung (28,2) ereignen. Im Alten Testament ist ein derartiges Beben Kennzeichen des Erscheinens Gottes, der sog. »*Theophanie*« (Ex 19,18; Ps 68,8f). Zugleich gehört das Beben der Erde zu den typischen *Wehen der Endzeit* (vgl. 24,7; Offb 6,12; 8,5), durch welches die kosmischen Umwälzungen angezeigt werden.

Bei der Gestaltung der Seesturmgeschichte sind Anklänge an Jona 1, aber auch an Ps 107,23–32 nicht zu überhören: Hier wie dort ist der Glaube zentral für die Rettung aus Seenot.

Während Jesu absolute Souveränität über die Elemente durch sein Schlafen ungeachtet der bereits ins Boot schlagenden Wellen deutlich wird, wecken die Jünger in ihrer Panik mit der aus dem Gottesdienst bekannten Gottesanrede »*Herr!*« und der Gebetsbitte »*Rette!*« Jesus und bitten ihn um Hilfe.

Jesus reagiert darauf nicht sofort mit der Stillung des Seesturms, sondern zunächst mit einem Tadel (anders Mk 4,39f). Dadurch verstärkt Matthäus die exemplarische Bedeutung der Erzählung für die Nachfolgerinnen und Nachfolger Jesu: Kritisiert und zurückgewiesen wird die Angst vor dem Untergehen und die Furcht, auf sich allein gestellt zu sein. Und genau aus diesem Grund bezeichnet Jesus die Jünger als »*Kleingläubige*«.

Wie an einer späteren Stelle in ähnlicher Situation, als Petrus unterzugehen droht (14,31), werden die Jünger »kleingläubig« genannt, weil sie nicht vorbehaltlos auf Jesus vertrauen, sondern sich allein im Boot wähnen. Zwar sind die Jünger bereits Glaubende – und damit transparent für die matthäischen Gemeindemitglieder –, aber eine Stelle wie diese zeigt, dass ihr Glaube noch nicht genug gefestigt ist und sich durch Erschütterungen allzu leicht verunsichern lässt. Dahin zielt die Kritik und die implizite Aufforderung Jesu, nicht feige zu sein, sondern zu vertrauen.

Das Wunder selbst wird knapp geschildert: Jesus steht auf (vgl. Auferstehung!) und stillt den Sturm durch sein Wort. Das »*Anherrschen*«, das ansonsten auch im Rahmen von Dämonenaustreibungen verwendet wird (17,18), deutet an, dass hier ein erweiterter Exorzismus vorliegt: Jesus besitzt die Vollmacht über die Chaosmächte nicht nur im Kleinen (Besessene), sondern auch im ganz großen Stil (Seesturm). Das ist eine Macht, die im Alten Testament nur dem Schöpfergott zukommt, der Wind und Meer »*anherrscht*« (Ps 18,16f; 104,6f). Die Wundererzählung endet mit einer offenen Frage: »*Was ist dieser für einer?*« Erst beim Abschluss der Seewandelgeschichte in 14,33 wird diese Frage eine Antwort finden: »*Wahrhaftig! Du bist Gottes Sohn!*«

28 Und als er an das andere Ufer in das Land der Gadarener kam,
begegneten ihm zwei Besessene,
die aus den Grabmälern herauskamen
– sehr gefährliche –
so dass niemand auf jenem Weg vorbeizugehen vermochte.

29 Und siehe!
Sie schrien und sagten:
Was haben wir mit dir (zu schaffen),
Sohn Gottes?
Bist du vor der Zeit hierher gekommen,
uns zu quälen?

30 Es war aber weit von ihnen eine Herde von vielen Schweinen,
die weidete.
31 Die Dämonen aber baten ihn und sagten:
Wenn du uns hinauswirfst,
schick uns in die Herde von Schweinen!

32 Und er sprach zu ihnen:
Hinweg!

Sie aber kamen heraus
und gingen weg in die Schweine.

Und siehe!
Die ganze Herde stürmte den Abhang hinunter in das Meer,
und sie starben in den Wassern.

33 Die sie aber weideten,
flohen und gingen weg in die Stadt
und vermeldeten alles – auch das von den Besessenen.
34 Und siehe!
Die ganze Stadt kam heraus zur Begegnung mit Jesus,
und als sie ihn sahen,
baten sie,
dass er aus ihrer Umgegend fortgehen möge.

9,1 Und Jesus stieg in ein Boot
und setzte über und kam in die eigene Stadt.

3.6 Im heidnischen Land: Zwei Besessene (8,28–9,1)

Jesu Vollmacht erweist sich jetzt auch im heidnischen Land, im Gebiet des sog. »Zehn-Städte-Bundes« (Dekapolis), einem Zusammenschluss von hellenistischen Städten östlich des Jordangrabens, an der Ostseite des Sees Gennesaret. Und so muss Jesus mit dem Boot übersetzen, um in die Gegend von Gadara zu gelangen (8,28). Durch den vorgeschalteten Seesturm scheint es geradezu so, als ob sich selbst die Natur gegen sein Ansinnen empöre, in heidnisches Land vorzustoßen. Und in der Tat: Das Gebiet im Umkreis der Stadt Gadara wird durch die Motive der Grabmäler, der menschenleeren Gegend sowie der Präsenz von Dämonen und Schweinen als Prototyp heidnischer Unreinheit gezeichnet (vgl. Jes 65,4f). Gemäß 4,25 befindet sich Jesus somit nun auch geographisch an den Rändern Israels.

Die Dämonen, die naturgemäß mit übernatürlichem Wissen ausgestattet sind und so etwas wie den Menschen besetzt haltende zerstörerische Kräfte sind, erkennen Jesus als »*Sohn Gottes*« und werden durch die Begegnung mit ihm von gefährlichen Parasiten zu Bittstellern. Zweimal sprechen sie Jesus an (8,29.31), bevor dieser mit nur einem einzigen Wort das Problem löst: »*Hinweg!*«

Allerdings erweist sich die Gewährung ihrer Bitte, in den Schweinen einen neuen »Wirt« zugewiesen zu bekommen, nur vordergründig als Konzession Jesu an die Dämonen. Denn es widerfährt ihnen letztlich doch, was sie vermeiden wollten: Sie werden um ihre Bleibe in einem Lebewesen gebracht, denn die Schweine jagen ins Meer und kommen darin grausam um.

Es ist aufschlussreich, dass dieser Exorzismus (= Dämonenaustreibung), der zugleich die Heilung der beiden Besessenen bedeutet, ohne jedes positive Echo bei denen bleibt, die davon erfahren: Der Ausflug ins heidnische Ostjordanland zieht keine vorösterliche Mission und keinen Glauben nach sich. Vielmehr fordert die Stadtbevölkerung von Gadara Jesus auf, ihre Gegend wieder zu verlassen. Umgehend steigt Jesus ins Boot und setzt über nach Galiläa.

Die Art der Darstellung, die deutlich von der markinischen Vorlage abweicht (Mk 5,1–20), lässt eigentlich nur den Schluss zu, dass Matthäus keine vorösterliche Heidenmission Jesu verankern will, sondern die Zuwendung zu den Völkern ganz konsequent erst nach Ostern beginnen lässt (Mt 28,16–20).

Ein weiteres Detail bestätigt dies: Die Dämonen stellen die seltsame Frage, ob Jesus »*vor der Zeit gekommen sei, sie zu quälen*« (8,29). Das kann man durchaus so verstehen, dass sie als diejenigen, die über ein besonderes Wissen verfügen, ebenfalls erkennen, dass die rechte Zeit (griech. *kairós*) eigentlich noch nicht da ist. Denn erst mit Tod und Auferstehung Jesu (vgl. 28,18!) öffnet sich seine Sendung auch für die Völker. Die beiden Exorzismen geschehen also quasi »außer der Reihe«.

2 Und siehe!
Sie brachten zu ihm einen Gelähmten,
der auf einem Bett lag.
Und Jesus sah ihren Glauben
und sprach zu dem Gelähmten:
Hab Mut, Kind!
Deine Sünden werden erlassen!

3 Und siehe!
Einige der Schriftgelehrten sprachen bei sich:
Dieser lästert!

4 Und Jesus sah ihre Gedanken
und sprach:
Weshalb denkt ihr Böses in euren Herzen?
5 Was ist denn müheloser,
zu sprechen:
Deine Sünden sind erlassen?
oder zu sprechen:
Steh auf und geh umher?
6 Damit ihr aber wisst,
dass der Menschensohn Vollmacht hat,
auf der Erde Sünden zu erlassen –

sagt er dem Gelähmten:
Steh auf!
Nimm dein Bett und geh weg in dein Haus!

7 Und er stand auf und ging weg in sein Haus.
8 Als aber die Volksmengen es sahen,
fürchteten sie sich
und verherrlichten Gott,
der den Menschen solche Vollmacht gegeben hat.

3.7 Die Gedanken der Schriftgelehrten (9,2–8)

Nachdem Jesus von Gadara über den See gesetzt und nach Kafarnaum (»*die eigene Stadt*«, 9,1) zurückgekommen ist, muss er nun offiziell den Anspruch seines vollmächtigen Tuns rechtfertigen. Die Volksmengen und die Jünger, die Jesu Lehre auf dem Berg gehört haben, aber auch die Kranken und Hilfesuchenden, denen sich Jesus zugewendet hat, zweifelten nicht an dieser Vollmacht. Aber jetzt begegnet Jesus zum ersten Mal direkt den Schriftgelehrten (9,3) und Pharisäern (9,11.34), die in der Bergpredigt nur indirekt als negative Folie vorkamen (5,20; 7,29). Und so dreht sich die in den folgenden Szenen dargestellte Auseinandersetzung im Kern um die theologische Bewertung der Vollmacht Jesu.

Die Heilungs- und Sündenvergebungserzählung, die Matthäus aus Mk 2 übernommen und stark gekürzt hat, konfrontiert die Schriftgelehrten mit dem Anspruch Jesu, die Vergebung der Sünden ohne Umkehrforderung, ohne Strafandrohung und ohne kultischen Rahmen zuzusprechen.

Dabei ist der Wortlaut zentral: Jesus vergibt nicht selbst die Sünden – nirgendwo sagt er »*Ich* erlasse dir deine Sünden« –, aber er spricht die Sündenvergebung durch Gott als sich gegenwärtig vollziehendes Geschehen mit großer Autorität zu: »*Deine Sünden werden erlassen*« ist eine passivische Formulierung, d.h. das Subjekt der Vergebung ist *Gott*, und es ist eine präsentische Formulierung, d.h. der Sündenerlass geschieht *jetzt* in diesem Augenblick des Zuspruchs und ist an keine Vorleistung seitens des Menschen geknüpft.

Die an dieser Stelle von Jesus ausgesprochene Vergebung geht somit der Umkehr zeitlich voraus. In dieser Perspektive ist Umkehr nicht Voraussetzung der Vergebung, sondern deren Folge: Umkehr bedeutet, aus der Vergebung zu leben. Dieser letzte Aspekt ist dabei äußerst ernstzunehmen und bedeutet in keiner Weise eine »Vereinfachung« oder »Aufweichung« der Umkehrforderung (vgl. 4,17!).

Die Schriftgelehrten fragen sich nun, ob dies als Gotteslästerung zu verstehen sei. Es ist noch keine offene Frontstellung gegen Jesus, aber dieser erkennt ihre »*bösen Gedanken*« (9,4). Die »*Bosheit*« der Schriftgelehrten (12,39; 16,4; 22,18; 3,7–10) wird darin sichtbar, dass sie sich einer zentralen Aufgabe des Messias verweigern, nämlich »*sein Volk von seinen Sünden zur retten*« (1,21). Diese Würde wollen sie Jesus absprechen. Und sie verhalten sich damit genauso wie später in der Passionserzählung: Auch dort erheben sie den Vorwurf der Gotteslästerung (26,65), die sich der Menschensohn (9,6; 26,64) anmaßt.

Jesus unterstreicht seine Autorität durch das Heilungswunder. Die Volksmengen erweisen sich dabei übrigens als klüger als ihre Schriftgelehrten: Sie verherrlichen Gott als den eigentlichen Geber von Sündenerlass und Heilung und verstehen, dass Jesus mit Gottes Vollmacht ausgestattet worden ist.

9 Und als Jesus weiterging von dort,
sah er einen Menschen am Zoll sitzen,
der Matthäus genannt wird,
und er sagt ihm:
    Folge mir nach!

Und er stand auf
und folgte ihm nach.

10 Und es geschah,
als er zu Tisch lag in dem Haus –
und siehe!
Viele Zöllner und Sünder kamen
und lagen zu Tisch mit Jesus und seinen Jüngern.

11 Und als die Pharisäer es sahen,
sagten sie zu seinen Jüngern:
    Weswegen isst euer Lehrer mit den Zöllnern und Sündern?

12 Als er es aber hörte,
sprach er:
    Nicht nötig haben die Starken einen Arzt,
    sondern die, denen es schlecht geht!

13 Geht aber hin und lernt,
    was es ist:
    Erbarmen will ich und kein Opfer!

    Denn ich kam nicht,
    Gerechte zu rufen,
    sondern Sünder!

3.8 Das Problem der Pharisäer (9,9–13)

Die nächste Szene verknüpft eine Anfrage der Pharisäer an Jesu Verhalten mit einer weiteren Berufungserzählung, der Berufung des Zöllners Matthäus. Dadurch, dass Matthäus hier entgegen der Markusvorlage, die von einem wohl weithin unbekannten Zöllner namens Levi spricht (Mk 2,14), den Jünger Matthäus einführt (vgl. auch Mt 10,3), wird der Eindruck erweckt, das Mt-Ev sei auf einen Augenzeugen aus dem Jüngerkreis zurückzuführen (s. Einleitung).

In dieser ideal geschilderten und auf die elementarsten Informationen reduzierten Berufungsszene korrespondiert auf symbolträchtige Weise das »*Sitzen*« an der Zollstelle mit dem »*Aufstehen*« zur Nachfolge: Nachfolge geschieht nie im Sitzen, sondern erfordert, den eigenen Standpunkt zu verlassen und sich auf den Weg ins Neue und Unbekannte zu machen.

Durch den Stichwortzusammenhang »*Zoll*« (9,9.10.11) wird die Berufungsgeschichte (9,9) mit einer anstößigen Mahlszene (9,10) verknüpft, die den Widerspruch der Pharisäer hervorruft und die in 9,2–8 aufgeworfene Thematik der Sündenvergebung weiterführt: Jesus liegt zu Tisch mit »*Zöllnern und Sündern*«.

Im Vergleich zur vorherigen Szene, in welcher die Schriftgelehrten ihre Frage noch nicht offen stellten (9,3f), liegt hier eine leichte Steigerung vor, insofern die Pharisäer die Frage laut formulieren – mit der Einschränkung, dass sie sie nicht direkt an Jesus, sondern an seine Jünger richten (9,11). Erst in der nächsten Szene werden die Johannesjünger Jesus direkt befragen (9,14).

Die Pharisäer sehen in der ihrer Ansicht nach wahllosen Mahlgemeinschaft Jesu mit ethisch zweifelhaften Personen einen Konflikt mit den jüdischen Reinheitsgeboten und stellen sein Verhalten in Frage. Jesus reagiert darauf mit einem Bildwort und setzt inhaltlich die Mahlgemeinschaft in einen Zusammenhang mit der Sündenvergebung. Der Gattung nach liegt hier ein sog. »Apophthegma« (= »Ausspruch«) vor, das idealerweise aus einer kurzen dreigliedrigen Szene besteht: *Situation* (9,10) – *Frage* (9,11) – *Antwort* mit einem Spruch bzw. Bildwort (9,12f). Häufig werden dabei gängige Spruchweisheiten mit einer bestimmten Hauptperson verknüpft. In diesem Fall ist es das Bildwort vom Arzt, das in der Antike allseits bekannt war.

Die ganze Szene läuft inhaltlich auf das »*Rufen der Sünder*« zu. Es wird ausformuliert, was das Vorzeichen der Sendung Jesu nach 1,21 ist und was in seinem Tod für die Vielen (26,28) den Höhepunkt finden wird: Jesus weiß sich zu den »*verlorenen Schafen des Hauses Israel*« (15,24) gesandt. Ein Zitat aus Hos 6,6 (Mt 9,13) wird dabei zur Anklage an die Pharisäer: Sie sind es, die die Schrift »lernen« müssen, die also ihre »Hausaufgaben zu erledigen haben«, welche ihnen der »Lehrer Jesus« (9,11) aufgibt: »*Erbarmen will ich!*« (9,13). Dieses Erbarmen praktiziert Jesus für alle sichtbar, während die Pharisäer offensichtlich hinter dem Willen Gottes zurückbleiben.

14 Da kommen die Jünger des Johannes zu ihm
und sagen:
Weswegen fasten wir und die Pharisäer viel,
deine Jünger aber fasten nicht?

15 Und Jesus sprach zu ihnen:
Können denn die Söhne des Brautgemachs trauern,
solange der Bräutigam bei ihnen ist?
Kommen aber werden Tage,
wenn ihnen weggenommen wurde der Bräutigam –
und dann werden sie fasten!

16 Keiner aber setzt ein Stück ungewalkten Tuchs auf einen alten Mantel!
Denn das Aufgesetzte reißt vom Mantel,
und schlimmer wird der Riss!

17 Auch schüttet man nicht jungen Wein in alte Schläuche!
Wenn aber doch,
zerreißen die Schläuche,
und der Wein wird ausgegossen,
und die Schläuche werden vernichtet!
Sondern man schüttet jungen Wein in neue Schläuche,
und beide werden bewahrt.

3.9 Die Frage der Johannesjünger (9,14–17)

Als letzte Gruppierung, die Anfragen an Jesus vorbringt, treten schließlich die Jünger des Täufers, der als Asket lebte (3,4; 11,18), an ihn heran. Sie stellen fest, dass das private Fasten aus religiösen Motiven weit verbreitet ist, die Jünger Jesu dies aber offenkundig nicht praktizieren. Zugleich schwingt in ihrer Formulierung eine Anfrage an Jesus selbst mit, der – an späterer Stelle des Evangeliums als »*Fresser und Weinsäufer*« (11,18f) tituliert – das Fasten nicht in jeder Lebenslage ausgeübt hat.

In seiner Antwort greift Jesus auf verschiedene Bilder zurück, die allesamt darauf abheben, dass nicht alles, was im Prinzip gut ist, auch zu jeder Zeit gut sein muss. Beide Bilder bezieht er dabei auf seine Person bzw. Verkündigung.

Das Bild aus dem Vorstellungskreis der *Hochzeit* bringt den zeitlichen Aspekt zum Tragen: Während einer Hochzeit, die natürlich zeitlich begrenzt ist, können die »*Söhne des Brautgemachs*« (damit sind die anwesenden Hochzeitsgäste oder Freunde des Bräutigams gemeint) nicht fasten; aber es wird eine Zeit geben, in der der Bräutigam, d.h. Jesus, nicht mehr anwesend ist: Zu diesem Zeitpunkt ist ein Trauerfasten angezeigt.

Jesus wendet sich mit seinem Wort nicht grundsätzlich gegen das Fasten, was auch gar nicht zum Kontext des Mt-Ev passen würde, in welchem das Fasten in der Rede auf dem Berg wie selbstverständlich zu den Frömmigkeitswerken gezählt wird (6,16–18). Insofern läuft die Frage der Jünger des Johannes gewissermaßen ins Leere. Zugleich aktualisiert Jesus durch seine Antwort einen weisheitlichen Grundsatz: Es gibt »*eine Zeit fürs Weinen und eine Zeit fürs Lachen, eine Zeit fürs Klagen und eine Zeit fürs Tanzen*« (Koh 3,4), wobei sich die genannten Gegensätze ebenso ausschließen wie Feiern und Fasten. Der anwesende Messias-Bräutigam Jesus macht die gegenwärtige Zeit zur Fest- und Heilszeit (vgl. Sach 8,19; Jes 61,3.10). Die vielen überlieferten Gastmähler, an denen Jesus teilgenommen hat, deuten darauf hin, dass er diesen Anspruch auch praktiziert hat. Eine Szene wie diese offenbart, dass sein Verhalten von manchen Zeitgenossen als Provokation aufgefasst worden ist. Doch die Logik, die dahinter zu vermuten ist, ist folgendermaßen zu verstehen: Wenn man sich angesichts der nahenden Königsherrschaft Gottes so verhält, als wäre sie bereits da, dann ist sie schon jetzt konkret erfahrbar.

In eine ähnliche Richtung zielen die Bildworte vom *Wein und vom Flicken*: Neu und Alt kann man nicht ungestraft kombinieren, das kann jeder Textil- oder Lederhandwerker bestätigen. Wer Jesus nachfolgen will, muss sich radikal dafür entscheiden. Wenn er das tut, dann wird beides, das Alte und das Neue (9,17; vgl. 13,52!), bewahrt werden können. Auf die Zeit des Mt-Ev bezogen, kann man es vielleicht auch so deuten: Die Christusanhänger (»neu«) und die jüdische Synagoge (»alt«) können *nebeneinander* existieren.

18 Als er dieses zu ihnen redete –
siehe!
Ein Oberer kam und fiel nieder vor ihm
und sagt:
Meine Tochter starb gerade!
Doch komm und leg deine Hand auf sie:
Und sie wird leben!

19 Und Jesus stand auf und folgte ihm nach – seine Jünger auch.

20 Und siehe!
Eine seit zwölf Jahren blutflüssige Frau trat von hinten hinzu
und berührte die Schaufäden seines Mantels,
21 denn sie sagte bei sich:
Wenn ich nur seinen Mantel berühre,
werde ich gerettet werden!

22 Jesus aber wandte sich um, sah sie
und sprach:
Hab Mut, Tochter!
Dein Glaube hat dich gerettet!

Und gerettet war die Frau von jener Stunde an.

23 Und Jesus kam in das Haus des Oberen,
sah die Flötenspieler und die aufgebrachte Volksmenge
24 und sagt:
Entweicht!
Denn das Mädchen starb nicht, sondern schläft.

Und sie lachten ihn aus.

25 Als aber die Volksmenge hinausgeworfen worden war,
ging er hinein und ergriff ihre Hand:
Und das Mädchen wurde auferweckt.

26 Und diese Kunde ging hinaus in jenes ganze Land!

3.10 Die Tochter des Oberen und eine Frau (9,18–26)

Noch während Jesus mit den Zöllnern und Sündern zu Tisch liegt, kommt eine nicht näher definierte Amtsperson – ein Vorsteher oder Oberer –, wirft sich vor ihm nieder und bittet ihn, seine gerade verstorbene Tochter wieder zum Leben zu erwecken. Umgehend kommt Jesus dieser Bitte nach und folgt ihm zusammen mit den Jüngern in sein Haus.

Die Erzählung wird durch eine eingeschaltete weitere Wundergeschichte unterbrochen, was aber für den Ausgang der Totenerweckung nicht ins Gewicht fällt, da in dieser Angelegenheit anders als bei einer Krankenheilung keine Eile geboten ist.

Und so wird Jesus auf dem Weg zum Haus des Amtsträgers von einer seit zwölf Jahren an Blutfluss leidenden Frau aufgehalten, welche die Schaufäden seines Mantels berührt, um dadurch Heilung zu erbitten (vgl. Sach 8,23). Mithilfe der Schaufäden, die sich an den vier Zipfeln des Obergewandes befinden (vgl. Num 15,38–40; Dtn 22,12) und an das Halten des Gesetzes erinnern sollen, wird Jesus als frommer Jude dargestellt. Dass die Frau sich Jesus von hinten nähert, mag mit ihrer Scheu zusammenhängen, denn durch den Blutfluss gilt sie als unrein (vgl. Lev 15,19.25) und könnte durch Berührung diese Unreinheit auf Jesus übertragen.

Geradezu schnörkellos wird die Heilung erzählt: Jesus sieht die Frau und heilt sie durch ein wirkmächtiges Wort. Vom gleichen Moment an ist sie wiederhergestellt und hat damit auch ihren sozialen »Tod« überwunden, da sie nun wieder uneingeschränkt am Leben des Gottesvolkes teilhaben kann. Durch den Begriff »*gerettet*« (9,21f) scheint zugleich eine weitere Dimension auf: Der aktive Glaube der Frau wird transparent für die Rettung aller Christusgläubigen.

Als Jesus daraufhin das Haus des Amtsträgers erreicht, sind dort die üblichen Trauerriten in vollem Gang: Die Flötenspieler, die die Klagegesänge begleiten (vgl. Josephus, Bellum Judaicum 3,437), und die »*aufgebrachte Volksmenge*«, d.h. die Klagefrauen sowie trauernde Nachbarn und Freunde, bezeugen, dass das Kind wirklich tot ist. Doch für Jesus, für den der Tod des Mädchens keine Endgültigkeit hat, schläft das Kind nur (9,24).

Die Auferweckung des Mädchens wird wie der Zuspruch der Sündenvergebung in 9,2 im theologischen Passiv formuliert: Gott ist das Subjekt der Handlung, und er selbst bewirkt die Auferweckung durch Jesus. Ebenso wird es Gott sein, der Jesus auferweckt (28,6f).

Mit der Notiz, dass sich der Ruf Jesu in »*jenem ganzen Land*« (vgl. 9,31) ausbreitet, wird die Aussendung der Jünger in Mt 10 vorbereitet: Auch die Jünger sollen in der Verlängerung des Wirkens Jesu Tote auferwecken: »*Kranke heilt, Tote erweckt, Aussätzige reinigt, Dämonen werft hinaus!*«

27 Und als Jesus von dort weiterging,
folgten zwei Blinde nach, die schrien und sagten:
Erbarme dich unser, Sohn Davids!

28 Als er aber in das Haus kam,
traten die Blinden zu ihm.
Und Jesus sagt ihnen:
Glaubt ihr, dass ich dies tun kann?

Sie sagen ihm:
Ja, Herr!

29 Darauf berührte er ihre Augen und sagt:
Nach eurem Glauben soll euch geschehen!

30 Und geöffnet wurden ihre Augen.
Und Jesus schnaubte sie an und sagt:
Seht zu! Keiner soll es erfahren!

31 Die Herauskommenden aber erzählten über ihn herum
in jenem ganzen Land.

32 Als sie aber herauskommen,
siehe!
Sie brachten zu ihm einen stummen und von einem Dämon besessenen Menschen.

33 Und nachdem der Dämon hinausgeworfen worden war,
redete der Stumme.
Und die Volksmengen wunderten sich und sagten:
Niemals erschien so etwas in Israel!

34 Die Pharisäer aber sagten:
Im Oberen der Dämonen wirft er die Dämonen hinaus!

3.11 Zwei Blinde (9,27–31)

Zwei namenlose Blinde schreien Jesus um Erbarmen an (Parallelgeschichte in 20,29–34). Das Motiv des Erbarmens wird im Mt-Ev sehr betont: Der messianische Sohn Davids wendet sich als Arzt den Kranken und den Sündern zu (9,12f), wobei die darin zutage tretende Barmherzigkeit das zentrale Erkennungsmerkmal ist.

Die beiden Blinden wenden sich mit ihrem Anruf voll Vertrauen an Jesus. Dieses Vertrauen wird durch die Nachfrage Jesu, ob sie auch wirklich »*glauben*«, dass er die Vollmacht zur Heilung besitze, hervorgehoben.

Durch den Dialog zwischen Jesus und den Blinden, in welchem der Glaube das Hauptthema ist, wird die ganze Episode als Glaubensgeschichte erkennbar. Und es ist sicherlich kein Zufall, dass es in 9,27 heißt, dass die zwei Blinden Jesus »*nachfolgen*«. Zwar kann man dieses Nachfolgen zunächst als reine Bewegungsangabe lesen, aber der Begriff wird zutiefst durchlässig für die spätere Verkündigungstätigkeit der beiden Geheilten: Sie »*machten ihn bekannt in jenem ganzen Land*« (9,31). Damit ist gemeint: Der Inhalt ihrer Verkündigung ist keineswegs nur ihre staunenswerte Heilung, sondern der Inhalt ihrer Verkündigung ist die Person Jesu selbst. Damit erweisen sie sich als Glaubende.

3.12 Ein besessener Stummer (9,32–34)

Nachdem Jesus und die beiden Geheilten das Haus verlassen haben, befreit Jesus einen Besessenen von einem Dämon. Dieser Exorzismus wird zum Anknüpfungspunkt für die Kritik der Pharisäer (Parallelgeschichte in 12,22–24). Deutlich kontrastiert Matthäus hier die Volksmengen, die positiv auf Jesus reagieren, mit den Pharisäern, die ihm vorwerfen, er hätte im wahrsten Sinne des Worte einen »Pakt mit dem Teufel« geschlossen. Die Pharisäer meinen, dass nur einer, der sich mit dem »*Oberen der Dämonen*« verbündet, in dieser Weise in das Dämonenreich hineinwirken kann. Vielleicht spiegelt sich darin die antike Wahrnehmung wider, dass Exorzismen und Exorzisten sich in einer Grauzone bewegen konnten oder mussten und klare Abgrenzungen für Außenstehende nicht immer leicht erkennbar waren.

Die Volksmengen reagieren mit positiver Verwunderung und legen damit eine ähnliche Verhaltensweise an den Tag wie beim Abschluss der Rede auf dem Berg (7,28f). Hier ist die Reaktion des Volkes rückblickend auf *alle* Wundertaten zu beziehen, die Jesus in Israel (9,33!) und an seinen Rändern bis dahin vollbracht hat.

Mit der Notiz, dass Jesus beim Volk ein positives Echo hervorruft, bei den Pharisäern hingegen kritische bis feindliche Distanznahme, endet die erzählerische Ausgestaltung der Machttaten Jesu in Israel.

35 Und Jesus zog umher durch alle Städte und die Dörfer,
lehrte in ihren Synagogen
und verkündete das Evangelium der Königsherrschaft
und heilte jede Krankheit
und jede Schwäche.

36 Als er aber die Volksmengen sah,
wurde er im Innersten von Erbarmen ergriffen über sie,
denn sie waren abgemattet und darniederliegend
wie Schafe, die keinen Hirten haben.

37 Da sagt er zu seinen Jüngern:
Die Ernte ist viel,
aber die Arbeiter sind wenige.
38 Bittet darum den Herrn der Ernte,
dass er Arbeiter ausschicke in seine Ernte!

3.13 Rahmende Sammelnotiz (9,35)

Mit einer fast gleich lautenden Wiederholung von 4,23 in 9,35 wird eine große Klammer um das Wirken Jesu gelegt: Die Leserinnen und Leser wissen nun, was die vollmächtige Lehre Jesu (5,1–7,29) inhaltlich besagt und wie sich sein machtvolles Handeln (8,1–9,34) ausdrückt.

4. Die Aussendungsrede (9,36–11,1)

Nach der ausführlichen Darstellung der Wirksamkeit Jesu in Israel folgt eine »personelle« Ausweitung: Jesus bevollmächtigt die Jünger, sein Wirken weiterzutragen. Dies gestaltet Matthäus in Form einer zweiten großen Rede: der sog. »Aussendungsrede«. Adressaten dieser Rede sind ausschließlich die Jünger, insbesondere die Zwölf.

4.1 Die Not des Volkes (9,36–38)

Die Aussendung der Jünger wird in 9,36 durch das tiefe Erbarmen Jesu über den Zustand der Volksmengen motiviert, welche Schafen gleichen, »*die keinen Hirten haben*«. Das Fehlen eines Hirten, der das Volk Israel zusammenhält, ist eine geläufige alttestamentliche Wendung (Num 27,17; 2 Chr 18,16; Jes 13,14; Ez 34,5.8; Sach 10,2; Jdt 11,19) und wird von Matthäus in 10,6 und 15,24 nochmals aufgegriffen.
Der desolate Zustand der Herde (»*abgemattet*«, »*darniederliegend*«) ist nicht nur die Kontrastfolie, vor welcher das Heilshandeln Jesu umso heller aufstrahlt, sondern beinhaltet zugleich eine drastische Kritik an der bestehenden Führungsschicht: Das »*Fehlen eines Hirten*« bedeutet ja nicht, dass es keinen Hirten gibt, sondern besagt vielmehr, dass die »amtierenden« Hirten ihrer Aufgabe in keiner Weise gerecht werden: Die jüdische Führungsschicht, die hier im Blick ist (Pharisäer, Sadduzäer, Schriftgelehrte etc.), hat auf der ganzen Linie versagt. Dass sich die Eliten um das darniederliegende Volk nicht kümmern, haben sie bereits in 9,9–13 gezeigt, wo sie hinter dem Willen Gottes, der »*Erbarmen und keine Opfer will*« (9,13), zurückgeblieben sind, indem sie gegen Jesu Erbarmen aufbegehrten.
Die Größe der Ernte (9,37), die mit der Größe der Not des Volkes korrespondiert, erfordert großen missionarischen Einsatz. Nur wenn Gott selbst für genügend Erntearbeiter sorgt, kann die Evangeliumsverkündigung bewältigt werden.

10,1 Und er rief hinzu seine zwölf Jünger
und gab ihnen Vollmacht über unreine Geister, um sie hinauszuwerfen,
und jede Krankheit und jede Schwäche zu heilen.

2 Die Namen der zwölf Apostel aber sind diese:

Als erster Simon, der Petrus gerufen wird,
und Andreas, sein Bruder,
und Jakobus, der des Zebedäus,
und Johannes, sein Bruder,
3 Philippus
und Bartholomäus,
Thomas
und Matthäus, der Zöllner,
Jakobus, der des Alphäus,
und Thaddäus,
4 Simon, der Kanaanäer,
und Judas, der Iskariot, der ihn auch auslieferte.

5 Diese Zwölf sandte Jesus aus
und gebot ihnen, indem er sagte:
Auf einem Weg der Völker geht nicht weg
und in eine Stadt der Samaritaner geht nicht hinein!

6 Geht hinzu vielmehr zu den zugrunde gerichteten Schafen
des Hauses Israel!
7 Geht und verkündet,
indem ihr sagt:
Nahe gekommen ist die Königsherrschaft der Himmel!

8 Kranke heilt,
Tote erweckt,
Aussätzige reinigt,
Dämonen werft hinaus!

4.2 Die Bevollmächtigten (10,1–4)

Nach der Berufung der ersten beiden Jüngerpaare (4,18–22) und des Zöllners Matthäus (9,9) werden die Jünger stillschweigend mithilfe einer Namensliste zu einer festen Zwölfergruppe ergänzt (10,1). Wie genau Jesus den Zwölferkreis einsetzt, erzählt Matthäus im Gegensatz zu Markus (3,13–19) nicht, sondern belässt es bei dieser erzählerischen Leerstelle.
Wichtiger ist Matthäus die Übertragung der Vollmacht Jesu auf die Apostel (griech. *apóstolos* = »der Gesandte«). Die Bestimmung, »*jede Krankheit und jede Schwäche zu heilen*«, erinnert an die Sammelnotizen 4,23 und 9,35: Die Jünger sollen genau das tun, was Jesus auch getan hat und dadurch sein Wirken »verlängern« und ausweiten.
Die »*Zwölf*«, eine Anspielung auf die zwölf Stämme Israel, ist ein eschatologisches Symbol: Der Zwölferkreis repräsentiert die Hoffnung, dass Israel, dessen Nordstämme zur Zeit Jesu bereits untergangen waren, in der Endzeit als vollständiges Zwölf-Stämme-Volk wiederhergestellt wird (vgl. Sir 36,13f; 48,10). Indem Jesus genau zwölf Jünger in seinen engsten Kreis beruft, macht er seinen Anspruch auf *ganz* Israel deutlich.
Die Namensliste spiegelt die urkirchliche Rangfolge wider, weshalb Simon Petrus betont an erster Stelle steht (10,2). Der Verräter Judas Iskariot wird folgerichtig als Letzter genannt.

4.3 Die Aussendung der Jünger (10,5–15)

Die Sendung der Zwölf zu Israel beginnt mit einer Wegbeschreibung, die Galiläa als Ort der Zuwendung zu Israel festlegt (vgl. 4,14–16). Das Volk Israel – negativ ausgedrückt: *nicht* die heidnischen Völker und *nicht* die Samaritaner – ist der erste Adressat der Botschaft Jesu und damit auch der erste Adressat seiner Nachfolger.
Den »*zugrunde gerichteten*« Schafen des Hauses Israel (9,36) sollen die Jünger dieselbe Botschaft verkünden, die bereits zweimal angeklungen ist (3,2; 4,17): »*Nahe gekommen ist die Königsherrschaft der Himmel!*«
Diese Botschaft ist für die Menschen in Krankenheilungen (4,23; 8,14f u.ö.), in der Reinigung von Aussatz (8,2–4) oder auch in Dämonenbefreiungen (8,28–34; 9,32–34) durch Jesu Wirken konkret erfahrbar geworden.
Die Jünger sollen genauso wirken und im wahrsten Sinne des Wortes Jesu »Nachfolger« sein. Dazu befähigt sind sie zum einen dadurch, dass sie immer in Jesu Nähe waren, d.h. von ihm gelernt haben, aber auch durch die Übertragung seiner Vollmacht: »*und er gab er ihnen Vollmacht...*« (10,1).

8 Umsonst habt ihr empfangen,
umsonst gebt!

9 Erwerbt nicht Gold, nicht Silber, nicht Kupfer in eure Gürtel,
10 nicht eine Vorratstasche für den Weg,
auch nicht zwei Untergewänder,
keine Sandalen,
und keinen Stecken!

Denn der Arbeiter ist seiner Nahrung wert!

11 In welche Stadt oder in welches Dorf ihr aber immer hineingeht,
forscht,
wer darin es wert ist:
Dort bleibt, bis ihr hinausgeht!

12 Wenn ihr aber in das Haus hineingeht,
grüßt es!
13 Und wenn das Haus es wert ist,
soll euer Friede auf es kommen.
Wenn es es aber nicht wert ist,
soll euer Friede zu euch zurückkehren.

14 Und wer immer euch nicht aufnimmt
und eure Worte nicht hört:
Geht hinaus aus jenem Haus oder aus jener Stadt
und schüttelt den Staub eurer Füße ab!

15 Amen, ich sage euch:
Erträglicher wird es dem Land der Sodomer und Gomorrer ergehen
am Gerichtstag
als jener Stadt!

4.3 Die Aussendung der Jünger

Mit zwei sprichwortartigen Sätzen rahmt Matthäus die sog. »Ausrüstungsregel« (10,9f): »*Umsonst habt ihr empfangen, umsonst gebt!*« weist zurück auf die Vollmacht, die Jesus den Jüngern ohne vorgängige Gegenleistung übertragen hat. Der nur auf den ersten Blick widersprüchliche zweite Rahmensatz »*Denn der Arbeiter ist seiner Nahrung wert*« führt diese Linie fort und verdeutlicht, worum es geht: Es ist ausgeschlossen, dass die Jünger für ihre Predigt oder ihre Wundertaten ein Entgelt verlangen. Zwar dürfen sie sich auf ihren Reisen verpflegen lassen, aber ihre Tätigkeit soll nicht zu einem einträglichen Geschäft verkommen. Dies präzisiert die alte »Ausrüstungsregel« (vgl. Mk 6,8f), die historisch gesehen in die Anfangszeit der urchristlichen Wandermissionare führt: Es geht nicht um ein generelles Besitzverbot, d.h. es wird hier nicht gesagt, dass die Boten Jesu all ihr Hab und Gut verkaufen müssen, bevor sie auf Reisen gehen, sondern im Blick ist das Erwerbsverbot in Bezug auf die Verkündigung (»*Erwerbt nicht...*«, 10,9). Auch nicht den kleinsten Cent *(»Kupfer«)* soll man sich »*in den Gürtel hinein verdienen*«, wir würden heute sagen: »ins eigene Portemonnaie stecken«.

Die Jünger sollen stattdessen in absolutem Gottvertrauen gemäß der Vaterunser-Bitte »*Unser notwendiges Brot gib uns heute!*« (6,11) und im Verzicht auf jedes falsche Vorsorgen gemäß 6,25–34 ihrer Aufgabe nachkommen. Der Bezug zu diesen Textstellen dürfte für die Leserinnen und Leser deutlich sein: Wer sonst als die Boten der Königsherrschaft der Himmel sollten die Handlungsanweisungen der Rede auf dem Berg zeichenhaft vorleben?

In einer frühchristlichen Gemeindeordnung, der *Didache* (um 100 n. Chr.), wird Profitstreben im Kontext der Verkündigung sogar zu einem Unterscheidungsmerkmal zwischen echten und falschen Propheten: »*Geht der Apostel weiter, soll er nichts bekommen außer Brot, bis er übernachtet! Wenn er aber Geld nimmt, ist er ein Lügenprophet*« (Did 11,6).

In mehreren Fallbeispielen wird verdeutlicht, wie die Verkündigung abläuft. Es handelt sich um eine Stadt- und Dorfmission (Mt 10,11), die in einem Haus beginnt (10,12), welches als Missionsstützpunkt dient. Wenn die Missionare eine Einladung zum Verweilen im Haus erhalten, heißt das allerdings noch nicht, dass ihre Botschaft auch auf offene Ohren trifft (10,13). Bei der Nichtakzeptanz der Botschaft (10,14) ist ein weiteres Bleiben ausgeschlossen. Entweder es findet sich ein anderes Haus oder die ganze Stadt muss verlassen werden (10,14). Das Staubabschüttteln von den Schuhen ist als ein öffentliches Zeichen für die Aufkündigung der Gemeinschaft zu lesen. Diejenigen, die die Botschaft ablehnen, sind nun alleine für die Folgen verantwortlich. Das Gericht, für das Sodom und Gomorra sprichwörtlich sind (Dtn 29,22; Jes 1,9; Jer 49,18), kennzeichnet deren drastische Dimension.

16 Siehe!
Ich sende euch wie Schafe mitten unter Wölfe!
Seid also klug wie die Schlangen
und arglos wie die Tauben!

17 Achtet aber auf die Menschen,
denn sie werden euch an die Gerichte ausliefern
und in ihren Synagogen werden sie euch auspeitschen.
18 Und zu Statthaltern und Königen werdet ihr geführt werden
wegen mir –
ihnen und den Völkern zum Zeugnis.

19 Wenn sie euch aber ausliefern,
sorgt nicht,
wie oder was ihr reden sollt.
Denn es wird euch in jener Stunde gegeben werden,
was ihr reden sollt.
20 Denn nicht ihr seid die Redenden,
sondern der Geist eures Vaters redet in euch.

21 Es wird aber ausliefern in den Tod ein Bruder den Bruder
und ein Vater das Kind,
und es werden aufstehen Kinder gegen Eltern
und sie werden sie zu Tode bringen.

22 Und ihr werdet von allen Gehasste sein wegen meines Namens.
Wer aber standhält bis zum Ende,
dieser wird gerettet werden!

23 Wenn sie euch aber verfolgen in dieser Stadt,
flieht in die andere!

Denn Amen, ich sage euch:
Ihr werdet mit den Städten Israels nicht zu Ende sein,
bis der Menschensohn kommt.

4.4 Die bevorstehende Bedrängnis (10,16–23)

Eingeleitet mit dem Aufmerksamkeitssignal »*Siehe!*« und abgeschlossen mit dem feierlichen »*Denn Amen, ich sage euch...*« erweist sich dieser Abschnitt als eine Einheit. Inhaltlich geht es nicht mehr nur um die Zurückweisung der Botschaft, sondern um die Folgen für die Boten, welche bis zum Tod reichen können. Damit werden die negativen Erfahrungen ins Wort gebracht, die die Jesus-Boten bis zur Abfassung des Mt-Ev gemacht haben oder die ihnen unmittelbar bevorstehen: Sie werden an die lokalen jüdischen Gerichte ausgeliefert werden und müssen sich vor den von Rom eingesetzten politischen Instanzen (Königen und Statthaltern) verantworten (10,17f). Die Wendung »*wegen mir*« erinnert dabei an die Prophezeiungen in den Glückseligpreisungen (5,11): Um des Namens Jesu willen werden Mitglieder der matthäischen Gemeinde unter Übergriffen durch die sie umgebende Umwelt gelitten haben. An eine organisierte Christenverfolgung ist dabei zu dieser Zeit aber noch nicht zu denken.

Denjenigen, die Verfolgungen ausgesetzt sind, wird hier die Zuversicht verheißen, dass der »*Geist des Vaters*« ihnen beistehen wird: Dieser Beistand wird ihnen helfen, angstfrei aufzutreten.

Nach den »externen« Konflikten werden ab 10,21 »interne« Konflikte thematisiert. Die Sprüche von der Familienspaltung übernimmt Matthäus aus Mk 13,12. Das alttestamentliche Bezugswort findet sich in Mi 7,6 LXX (vgl. Mt 10,35f): »*Denn ein Sohn verabscheut den Vater, eine Tochter steht gegen ihre Mutter auf, eine Braut gegen ihre Schwiegermutter; Feinde eines Mannes sind die Männer, die in seinem Hause sind!*«

Die Auflösung der Familie und die gegenseitige Bekämpfung von Familienmitgliedern gehören zu den prophetischen Schilderungen der Unheilszeit. Indem sie hier auf die Jesus-Boten übertragen werden, erweist sich die Zeit der Jüngeraussendung als unter den Vorzeichen der Endzeit stehend (vgl. 10,23). Mit dem Hinweis auf die Flucht aus einer Stadt aufgrund von Verfolgung wird nicht nur deutlich, dass es sich um einzelne lokale Übergriffe gehandelt haben muss (sonst könnte man nicht in eine andere Stadt fliehen), sondern auch, dass es keineswegs darum gehen soll, das Martyrium aktiv zu suchen.

Die abschließende Ansage des Kommens des Menschensohnes (10,23) will die Gemeinde trösten, aber auch ihre Standhaftigkeit und ihr Durchhaltevermögen stärken. Zugleich klingt hier erneut die Größe der Aufgabe an (9,37f): Bis zur Wiederkunft Christi (Parusie) und dem Endgericht wird die Israelmission noch nicht abgeschlossen sein. Darin läuft die Israelmission parallel zur Völkermission: Beide enden erst mit der Wiederkunft Christi. Das bedeutet aber ebenfalls, dass für Matthäus die Israelmission weiterhin Gültigkeit besitzt – zusammen mit der Heidenmission (28,19f).

24 Ein Jünger ist nicht über dem Lehrer
und ein Knecht nicht über seinem Herrn.
25 Es ist dem Jünger genug,
dass er wird wie sein Lehrer und der Knecht wie sein Herr.
Wenn sie den Hausherrn Beelzebul riefen,
um wie viel mehr seine Hausgenossen!

26 Fürchtet sie also nicht!
Denn nichts ist verhüllt,
was nicht enthüllt werden wird,
und nichts ist verborgen,
was nicht bekannt werden wird!
27 Was ich euch in der Finsternis sage,
sagt im Licht,
und was ihr ins Ohr (gesagt) hört,
verkündet auf den Dächern!

28 Und fürchtet euch nicht vor denen,
die den Leib töten,
aber die Seele nicht töten können!
Fürchtet vielmehr den,
der Seele und Leib vernichten kann in der Gehenna!

29 Verkauft man nicht zwei Spatzen für ein paar Cent?
Und nicht einer von ihnen wird auf die Erde fallen ohne euren Vater!
30 Bei euch aber sind alle Haare auf dem Kopf gezählt!
31 Fürchtet euch also nicht!
Ihr unterscheidet euch durch ein Mehr von den Spatzen!

32 Jeder nun, der sich zu mir bekennen wird vor den Menschen,
zu dem werde auch ich mich bekennen
vor meinem Vater in den Himmeln!
33 Jeder aber, der mich leugnet vor den Menschen,
den werde auch ich leugnen vor meinem Vater in den Himmeln!

4.5 Das Geschick der Jünger (10,24–42)

Der dritte und umfangreichste Teil der Aussendungsrede, der ebenfalls mit einem feierlichen »*Amen, ich sage euch...*« (10,42) endet (vgl. 10,15.23), parallelisiert das Geschick der Jünger mit dem Geschick Jesu. Das große Thema dieses Abschnittes ist die Leidensbereitschaft der Nachfolgerinnen und Nachfolger Jesu, zu denen sich auch die matthäische Gemeinde zählt.

Die beiden Eingangssprüche entstammen dem Schul- und Hausbereich (»Jünger – Lehrer«, »Knecht – Herr«) und verdeutlichen, dass ein Schüler oder Knecht dasselbe Schicksal erleiden kann wie sein Lehrer oder Herr, da das Lebensgeschick beider eng miteinander verbunden ist.

Konkretisiert wird dies anhand eines Beispiels: Wie Jesus vorgeworfen wurde, mit dem »*Oberen der Dämonen*« im Bunde zu sein (9,34; 12,24), so wird dieser Vorwurf mit noch größerer Wahrscheinlichkeit (»*um wie viel mehr*«) seine Jünger treffen (10,26; zum Begriff »*Beelzebul*« vgl. die Erklärung zu 12,22–37). In dieser Situation sind sie aufgerufen, sich nicht zu fürchten, denn das Gericht Gottes wird auch das Verborgene ans Licht bringen (10,25). Und so sollen bereits jetzt die Boten des Evangeliums ihr Zeugnis öffentlich kundtun (10,27): Offen von den Dächern herab ist die Botschaft des Evangeliums zu verkünden! Anders ausgedrückt: Die Christinnen und Christen sollen auch angesichts der in 10,16–25 genannten Bedrängnisse keine Sektenmentalität entwickeln, indem sie sich aus der feindlich gesinnten Umwelt zurückziehen. Selbst tödliche Konflikte (10,28) sind kein Argument für einen Rückzug aus der Welt.

Die Furcht vor den Menschen ist im Kern unangebracht, denn zu fürchten ist nur Gott, der als einziger die Macht besitzt, »*Seele und Leib in der Gehenna zu vernichten*« (»*Gehenna*« ist ein gräzisierter Begriff der hebräischen Bezeichnung für die Hölle: *Ge-Hinnom*). Die Mahnung zur Gottesfurcht angesichts des Martyriums ist in der jüdischen Tradition beheimatet (2 Makk 6,26–30; 4 Makk 13,13–15) und zeigt an, dass für die matthäische Gemeinde das Martyrium eine reale Möglichkeit war (Mt 5,11f; 10,17–22; 23,34–36) – und zwar trotz der Ermahnung zu *klugem* Verhalten (vgl. 10,16.23).

Die Macht Gottes wird anhand von zwei Beispielen vor Augen geführt: Selbst Spatzen, mit Abstand die billigsten Vögel auf dem Markt, stehen unter der persönlichen Fürsorge Gottes: Um wie viel mehr also der Mensch! Und sogar die unzählbaren Haare auf dem Kopf sind gezählt: So sehr achtet, kennt und bewahrt Gott sein Geschöpf, den Menschen.

Die Nachfolge der ausgesandten Jünger, die sich nicht nur im sprachlichen und nichtsprachlichen Handeln ausdrückt, sondern auch in der Teilhabe an Jesu Leidensgeschick, wird in 10,32f zusammengefasst: An der Entscheidung für oder gegen Jesus bestimmt sich das eigene Heil oder Unheil im endzeitlichen Gericht.

34 Meint nicht, dass ich kam,
Frieden zu werfen auf die Erde:
Nicht um Frieden zu werfen, kam ich,
sondern ein Schwert!

35 Ich kam nämlich,
zu entzweien einen Menschen mit seinem Vater
und eine Tochter mit ihrer Mutter
und eine Braut mit ihrer Schwiegermutter.
36 *Und die Feinde des Menschen sind seine Hausgenossen!*
37 Wer Vater oder Mutter mehr liebt als mich –
nicht ist er meiner wert!
Und wer Sohn oder Tochter mehr liebt als mich –
nicht ist er meiner wert!
38 Und wer nicht sein Kreuz nimmt und mir nachfolgt –
nicht ist er meiner wert!
39 Wer sein Leben gefunden hat,
wird es verlieren!
Und wer sein Leben verloren hat wegen mir,
wird es finden!

40 Wer euch aufnimmt –
mich nimmt er auf!
Und wer mich aufnimmt –
auf nimmt er den, der mich gesandt hat!
41 Wer einen Propheten aufnimmt – und zwar als Prophet –,
wird Prophetenlohn empfangen!
Und wer einen Gerechten aufnimmt – und zwar als Gerechten –,
wird Gerechtenlohn empfangen!
42 Und wer immer einem dieser Kleinen auch nur einen Becher
frischen Wassers zu trinken gibt – und zwar als Jünger –:
Amen, ich sage euch:
Er wird seinen Lohn nicht verlieren!

11,1 Und es geschah,
als Jesus beendet hatte diese Aufträge an seine zwölf Jünger,
ging er von dort fort,
um in ihren Städten zu lehren und zu verkünden.

4.5 Das Geschick der Jünger

Wer sich zu Christus bekennt, kann unter Umständen schwere Auseinandersetzungen auch im engsten familiären Umfeld nicht ausschließen. In 10,34–39 wird die Entscheidung für Christus in all ihrer Härte thematisiert, was der gängigen Vorstellung von Jesus als messianischem Friedensfürsten (10,34; vgl. Jes 9,5f) zuwiderläuft. Die Worte sind anstößig: Jesus kam nicht, um Frieden zu bringen, sondern das Schwert (Der Ausdruck »*Frieden werfen*« greift dabei den semitischen Sprachgebrauch auf). Das Schwert kündigt nicht den Ausbruch von großen Religionskriegen an, sondern symbolisiert die Radikalität, die die Entscheidung für Christus einfordert: Wenn einzelne Familienangehörige diese Entscheidung ablehnen, muss der Bruch zur Familie vollzogen werden. Alles andere hat keinen Zweck, sondern würde wie der neue Wein in alten Schläuchen letztlich zerstörerisch wirken und die christliche Gemeinde gefährden (vgl. 9,16f). Anders ausgedrückt: In der Nachfolge gibt es nur ein »Entweder – Oder«, kein »Sowohl – Als auch«.

Matthäus sieht die eingeforderte Radikalität bereits in Mi 7,6 biblisch vorgezeichnet. Wenn der Härtefall eintritt, zählen selbst die engsten Familienbande nicht mehr (vgl. 4,21f; 8,21f), zumal sich die »neue Familie« bereits konstituiert (vgl. 12,49f).

Die Leidensnachfolge, die mit dem Wort vom »*Kreuz nehmen*« ausgedrückt wird, erscheint in 10,38f als logische Konsequenz, ja als Signatur des Jüngerseins: Wie der »*Lehrer und Herr*« sein Kreuz auf sich genommen hat und in den Tod gegangen ist, so müssen es auch die ihm Nachfolgenden tun, wenn dies angezeigt ist (vgl. 10,24f).

Mit 10,40–42 wird durch das sechsmalige »*aufnehmen*« ein Stichwort aus 10,14 wiederholt. Wer die Jünger Jesu aufnimmt, nimmt – ganz auf der Linie des jüdischen Botenrechts, wo der Bote mit dem Sender gleichzusetzen ist – Jesus und damit Gott auf. Wer einen Propheten oder einen Gerechten aufnimmt, *weil* es sich um einen Propheten oder Gerechten handelt, der wird den entsprechenden Lohn erhalten. Zwar handelt Mt 10 von der Aussendung der zwölf Apostel (10,5), aber diese Zwölf werden transparent für alle Jüngerinnen und Jünger, wie sich besonders anhand von 10,42 ablesen lässt: Wer einen von »diesen Kleinen« (vgl. 18,6–14) aufnimmt, *weil* es sich um einen Jünger oder eine Jüngerin handelt, dem wird der himmlische Lohn sicher sein.

4.6 Abschluss der Rede (11,1)

Formelhaft wie alle großen Reden schließt Matthäus auch diese ab (vgl. 7,28; 13,53; 19,1; 26,1). Sie ist ein verbindlicher Auftrag für seine zwölf Jünger, die transparent sind für alle, die sich in der Nachfolge Jesu befinden.

2 Johannes aber hörte im Gefängnis von den Werken des Christus,
schickte durch seine Jünger (eine Botschaft)
3 und sprach zu ihm:
Bist du der Kommende
oder sollen wir einen anderen erwarten?

4 Und Jesus antwortete und sprach:
Geht und vermeldet Johannes,
was ihr hört und seht:
5 *Blinde sehen und Lahme gehen umher,*
Aussätzige werden gereinigt und Taubstumme hören,
und Tote werden erweckt
und Bettelarmen wird das Evangelium verkündet!

6 Und glückselig ist,
wer an mir keinen Anstoß nimmt!

5. Reaktionen auf Jesu Wirken (11,2–12,50)

Eingeleitet mit der Anfrage des Täufers in 11,2f beginnt ein neuer thematischer Abschnitt, in dem es um die verschiedenen Reaktionen geht, die die Menschen angesichts der Botschaft und des Auftretens Jesu an den Tag legen. Stehen in Mt 11 die zu belehrenden Volksmengen im Zentrum, sind es in Mt 12 die jüdischen Eliten, allen voran die Pharisäer. In Kap. 12 verschärft sich der Konflikt um Jesus, der sich bereits in Mt 9 an den Themen der Sündenvergebung, der Tischgemeinschaft mit Sündern und Zöllnern sowie den Dämonenaustreibungen Jesu entzündet hatte.

5.1 Die Frage des Täufers (11,2–6)

Johannes der Täufer wurde offensichtlich trotz seiner Gefangennahme (4,12) über »*die Werke des Christus*« informiert. Der einmalige Ausdruck »*Werke des Christus*« ruft die Vorgeschichte des Evangeliums in Erinnerung, wo Jesus mit diesem Titel als der davidische Messias eingeführt wurde (1,1.16f; 2,4). Dass der Hoheitstitel »*Christus*« ausgerechnet hier zum ersten Mal seit 2,4 wieder begegnet, hängt mit dem Thema des neuen Abschnittes zusammen: Es geht darum, wie man sich zu der Frage stellt, ob Jesus wirklich der verheißene Messias ist. Mit der Umschreibung »*Werke*« ist dabei alles gemeint, was Jesus bis dahin getan und verkündigt hat, es bezieht sich also nicht nur auf seine Wundertaten, sondern auch auf seine Wort-Verkündigung.

Die Frage des Täufers führt den Leserinnen und Lesern vor Augen, dass das Bekenntnis zu Jesus als dem verheißenen Messias keine Selbstverständlichkeit ist, sondern eine unmissverständliche Stellungnahme einfordert. Die Frage bereitet die Notwendigkeit einer Entscheidung für oder gegen Christus erzählerisch vor.

Im weiteren Verlauf werden exemplarisch die verschiedenen Antworten auf die Frage, ob Jesus der verheißene Christus ist, dargestellt. Die Antwort Jesu selbst, ob er »*der Kommende*« (vgl. 3,11) sei, beantwortet dieser mit der Einladung, selbst »*zu hören und zu sehen*«: »*Hören*« konnte man bereits Jesu Lehre auf dem Berg (Mt 5–7) und »*Sehen*« konnte man seine Machttaten in Israel (Mt 8–9).

Ins Bild gebracht wird das Hören und Sehen mithilfe prophetischer Zitate, die allesamt aus dem Buch Jesaja stammen, aber nicht exakt zugeordnet werden können. Da Jesaja als der messianische Heilsprophet galt, ist hier die Antwort auf die Täuferanfrage zu suchen: Es muss kein »anderer« mehr erwartet werden! Denn in Jesus erfüllt sich das Heil – »*hör- und sichtbar*« für alle.

7 Als diese aber gingen,
begann Jesus zu den Volksmengen über Johannes zu sagen:
Was zu betrachten kamt ihr heraus in die Wüste?
Ein Schilfrohr, vom Wind erschüttert?

8 Doch was zu sehen kamt ihr heraus?
Einen Menschen, weich bekleidet?
Siehe!
Die das Weiche tragen,
sind in den Häusern der Könige.

9 Doch was zu sehen kamt ihr heraus?
Einen Propheten?
Ja, ich sage euch: Sogar mehr als einen Propheten!
10 Dieser ist es,
über den geschrieben ist:
Siehe!
Ich sende meinen Boten vor deinem Gesicht her,
der deinen Weg vor dir bereiten wird.

11 Amen, ich sage euch:
Nicht ist unter den von Frauen Geborenen ein Größerer erweckt worden als Johannes der Täufer!
Aber der Kleinere in der Königsherrschaft der Himmel ist größer als er!

12 Von den Tagen Johannes des Täufers bis jetzt
erleidet die Königsherrschaft der Himmel Gewalt
und Gewalttätige reißen sie weg!

13 Denn alle Propheten und das Gesetz bis zu Johannes prophezeiten.

14 Wenn ihr es aufnehmen wollt –
Er ist Elija, der kommen soll!

15 Wer Ohren hat, höre!

5.2 Die Rolle des Täufers (11,7–15)

Nachdem die Jünger des Johannes weggegangen sind, wendet sich Jesus mit drei rhetorischen Fragen den verbliebenen Volksmengen zu, um die Identität und die Rolle Johannes des Täufers zu verdeutlichen.

Mithilfe von selbst erklärenden Kontrastbildern wird Johannes, dessen Wirkungsort die Wüste war (3,1–6), als echter Prophet hervorgehoben: Er ist kein wankendes Schilfrohr und trägt keine weichen Kleider, sondern zeichnet sich durch eine Klarheit und Geradlinigkeit in der Botschaft aus, die er mit einem asketischen Lebensstil bezeugt. Aber Johannes ist nicht nur der Prophet, zu dem die Volksmengen in die Wüste strömten (3,5f), sondern weit mehr als das. Das belegt ein Zitat, eine Mischung aus Mal 3,1 (»*Siehe! Ich sende meinen Boten aus, und er wird ersehen einen Weg vor meinem Gesicht...*«) und Ex 23,20 (»*Siehe! Ich sende meinen Boten vor deinem Gesicht her, damit er dich beschütze auf deinem Weg...*«), das Johannes als endzeitlichen Propheten, als wiedergekommenen Elija (»*Elias redivivus*«, vgl. 11,14; 17,12f) zeichnet. Da der Prophet Elija nach den Erzählungen der Königsbücher (1 Kön 17,1–2 Kön 2) in den Himmel entrückt und somit nicht gestorben war, entwickelte sich im Judentum die Vorstellung, dass er nochmal wiederkehren würde, um das Gericht Gottes anzukündigen. Indem Johannes der Täufer mit Elija identifiziert wird (11,14), wird er als der endzeitliche Wegbereiter dargestellt, mit dessen Auftreten die Zeit der Erfüllung prophetischer Verheißungen beginnt (11,13). Und damit wird deutlich, wozu die Hervorhebung der herausragenden Bedeutung des Täufers dient: Johannes weist als Prophet und Bote über sich hinaus: auf Jesus hin.

In 11,12 findet sich der sog. »Stürmerspruch«, der schwer zu deuten ist. Die Vorstellung, man könne der Königsherrschaft der Himmel – und damit Gott selbst – Gewalt antun, ist schwierig. Und so sind hier wohl vor allem die Gegner der *Boten* des Himmelreiches im Blick. Die Boten sind Johannes, der dessen Nähe ankündigte (3,2), aber auch Jesus selbst und die Jünger (10,7). Der Widerstand gegen Jesus, der in die Gegenwart der Leserinnen und Leser als Erfahrungshorizont verlängert werden kann, wird mit dem Widerstand gegen die Königsherrschaft der Himmel gleichgesetzt. Als »*Gewalttäter*«, die sie wegzureißen drohen, kommt der Böse, der Teufel, in Frage (vgl. 13,19), aber auch die Gegner Jesu, die Pharisäer. Sie sind aus bestimmten Gründen für Matthäus nicht nur wesenhaft »*böse*« (12,34f), sondern schließen die Menschen vom Himmelreich ausdrücklich aus, wie Jesus ihnen in der großen Wehe-Rede vorwirft (vgl. 23,13; zum Thema »Pharisäer« vgl. die Einleitung). Der abschließende Weckruf (11,15) macht den Ernst der Situation deutlich: In der Reaktion auf Johannes und Jesus entscheidet sich das Gericht (vgl. 11,6).

16 Wem aber soll ich diese Generation vergleichen?
Gleich ist sie Kindern,
die auf den Marktplätzen sitzen
und den anderen zurufen und
17 sagen:
Flöte spielten wir euch – und ihr habt nicht getanzt!
Klagelieder sangen wir – und ihr habt euch nicht geschlagen
(an die Brust)!

18 Denn es kam Johannes,
er aß nicht und trank nicht,
und sie sagen:
Er hat einen Dämon!

19 Es kam der Menschensohn,
er aß und trank,
und sie sagen:
Siehe! Ein Mensch:
Ein Fresser und Weinsäufer,
ein Freund von Zöllnern und Sündern!

Und doch wurde die Weisheit durch ihre Werke gerechtfertigt!

20 Da begann er, die Städte zu schmähen,
in denen seine meisten Machttaten geschehen waren,
weil sie nicht umkehrten:
21 Wehe dir, Chorazin! Wehe dir, Betsaida!
Denn wenn in Tyros und Sidon die Machttaten geschehen wären,
die bei euch geschehen sind,
längst wären sie in Sack und Asche umgekehrt!
22 Fürwahr, ich sage euch:
Tyros und Sidon wird es erträglicher ergehen am Gerichtstag als euch!

23 Und du, Kafarnaum,
wirst du nicht bis zum Himmel erhöht werden?
Bis in den Hades wirst du herabsteigen!
Denn wenn in Sodom die Machttaten geschehen wären,
die bei dir geschehen sind,
geblieben wäre es bis heute!
24 Fürwahr, ich sage euch:
Dem Land Sodom wird es erträglicher ergehen am Gerichtstag als dir!

5.3 Die sich verweigernde Generation (11,16–19)

Die Johannes und Jesus entgegengebrachte Ablehnung wird mit einem Gleichnis verdeutlicht. Dabei sind mit »*dieser Generation*«, auf die das Gleichnis abzielt, nicht die anwesenden Volksmengen gemeint; denn diese halten Johannes ja nicht für einen Besessenen (11,18), sondern ganz im Gegenteil für einen Propheten (11,9). Und so kommt mit »*dieser Generation*« auch nicht das ganze Volk Israel in Frage, sondern ausschließlich die Gruppierung, die in 11,18f negativ auf Johannes und Jesus reagiert.
Wer ist das? Da der an Jesus gerichtete Vorwurf, er sei ein »*Freund von Zöllnern und Sündern*« (11,19) bereits in 9,11 von den Pharisäern formuliert wurde und diese sich auch nicht wie das Volk von Johannes taufen ließen (deswegen traf sie die Gerichtspredigt, vgl. 3,7–12), ist hier am ehesten an die opponierenden jüdischen Eliten gedacht. Durch den »Stürmerspruch« in 11,12 wurde dieser Bezug erzählerisch vorbereitet. Die Volksmengen (11,7), die über den Täufer und die Gegner des Himmelreiches belehrt wurden, werden nun über den Charakter dieser »*Gewalttäter*« aufgeklärt. Diese zeichnen sich dadurch aus, dass ihre Opposition nicht inhaltlich begründet ist, sondern nur um der Opposition willen geschieht: Egal, wie sich jemand verhält – dieser Gruppe kann man es nicht recht machen, denn ihre Feindschaft hat strukturellen Charakter. Weder Johannes der Täufer, der asketisch lebt, noch Jesus, der gerne an Gastmählern teilnimmt: Die Gegner haben immer etwas auszusetzen, was ihre Bosheit offenbart.

5.4 Die gleichgültigen Städte in Galiläa (11,20–24)

Weherufe sind im ursprünglichen Sinn eine Totenklage, werden aber auch in prophetischer Rede verwendet als vorweggenommene Trauer über den »Tod« von Menschen, die sich dem verweigern, was dem Leben dient.
Mit seiner Gerichtspredigt über Chorazin, Betsaida und Kafarnaum richtet sich Jesus gegen die Städte, in denen er die meisten seiner Machttaten vollzog. Diese Städte, die eigentlich angesichts seiner Wundertätigkeit hätten umkehren müssen, taten dies nicht. Zwar ist nichts davon gesagt, dass sie gegen Jesus opponierten, aber sie verhielten sich gleichgültig, was ebenso schlimm ist. Erzählerisch werden die jüdischen Städte den heidnischen Städten gegenübergestellt. Selbst Tyros und Sidon, ja sogar Sodom – alles Städte, die biblisch gesehen für ihre Sündhaftigkeit bekannt und Ziel prophetischer Drohungen waren (Ez 26,1–28,23; Joel 4,4) – wären angesichts der Machterweise Jesu umgekehrt. Dass diesen Städten am Tag des Gerichts ein besseres Schicksal zuteil werden wird als den jüdischen Städten, unterstreicht die Schwere ihres Versagens, das hier dargestellt werden soll.

25 In jener Zeit antwortete Jesus
und sprach:
Ich preise dich, Vater,
Herr des Himmels und der Erde,
dass du dieses vor Weisen und Verständigen verbargst
und es Unmündigen offenbartest.

26 Ja, Vater:
So war es Wohlgefallen vor dir.

27 Alles wurde mir übergeben von meinem Vater,
und niemand erkennt den Sohn –
außer der Vater,
und auch den Vater erkennt niemand –
außer der Sohn
und wem der Sohn es offenbaren will.

28 Kommt!
Zu mir alle Mühseligen und Belasteten!
Und ich werde euch Ruhe geben!

29 Nehmt mein Joch auf euch
und lernt von mir!
Denn ich bin sanft und demütig von Herzen,
und *ihr werdet Ruhe finden für eure Seelen.*
30 Denn mein Joch ist milde,
und meine Last ist leicht.

5.5 Jesu Lobpreis des Vaters (11,25–30)

Durch die zeitliche Anknüpfung mit »*in jener Zeit*« sowie die Formulierung, dass Jesus »*antwortete*« (11,25), wird der Lobpreis Gottes, der zunächst wie ein fremder Einschub wirkt, mit dem Vorhergehenden verbunden. Es scheint fast so, als wäre das Gebet Jesu die Antwort auf die Gleichgültigkeit der galiläischen Städte, die in 11,20–24 thematisiert wurde.

Obwohl der Erfolg in Galiläa zu wünschen übrig lässt, wurde den »*Unmündigen*«, was an dieser Stelle wohl die aus dem einfachen Volk stammenden Jünger (und darüber hinaus die matthäischen Gemeindemitglieder) meint, die Bedeutung Jesu und seines Wirkens erschlossen. Mit den »*Weisen und Verständigen*« hingegen sind die Schriftgelehrten und Pharisäer, d.h. die jüdischen Führungspersonen, im Blick: Ihnen, den Widersachern Jesu, die sich bislang vor allem durch ihr Nicht-Verstehen und ihre Polemik hervorgetan haben (vgl. 11,19), bleibt die wahre Bedeutung Jesu verborgen – und zwar, weil sie sich dieser Erkenntnis bewusst verweigern.

Jesus selbst legt Gottes Willen mit Vollmacht aus (11,27; vgl. 7,29; 28,18), denn er ist »*der Sohn*«, was hier als christologischer Hoheitstitel aufzufassen ist und an die Vater-Sohn-Beziehung des Johannesevangeliums erinnert (Joh 5,19–26; 14,6f): Die einzigartige Beziehung zwischen Vater und Sohn, ihre gegenseitige Kenntnis, ist auf die messianische Aufgabe des Sohnes ausgerichtet, das Heilshandeln Gottes zu verkünden.

In 11,28 folgt dann eine Einladung an alle »*Mühseligen und Belasteten*«. Es ist anzunehmen, dass mit dieser nach den »Unmündigen« und »Weisen« dritten eingeführten Gruppe die anwesenden Volksmengen angesprochen sind, die noch nicht zur Jüngerschaft zählen. Wenn man bedenkt, dass Jesus in seiner Wehe-Rede gegen die Pharisäer und Schriftgelehrten diesen vorwirft, dass sie den Menschen »*schwere* Lasten aufbürden« (23,4), dann ist das Angebot Jesu deutlich einladender und ein wirklicher Kontrast: Sein Joch ist *milde* und seine Last ist *leicht* – er verheißt eine Ruhe, die von Gott kommt (11,29 zitiert Jer 6,16). Den Volksmengen wird somit das Heil verheißen, das ihnen die jüdischen Autoritäten vorenthalten.

Es überrascht nicht, dass diese Rede Jesu provozieren muss und zum Widerspruch reizt. Und so werden in Mt 12 die Konflikte mit den Pharisäern, die bereits in 9,34 Kritik an Jesus formuliert hatten, erzählerisch entfaltet. Erst jetzt verschärft sich der Konflikt bis hin zu einer tödlichen Feindschaft gegen Jesus (12,14).

12,1 In jener Zeit ging Jesus am Sabbat durch die Saatfelder.
Seine Jünger aber hungerten,
und sie begannen,
Ähren zu rupfen und zu essen.
2 Die Pharisäer aber,
die das sahen,
sprachen zu ihm:
Siehe!
Deine Jünger tun,
was nicht erlaubt ist zu tun am Sabbat!

3 Er aber sprach zu ihnen:
Habt ihr nicht gelesen,
was David tat,
als es ihn und die mit ihm hungerte?
4 Wie er hineinging in das Haus Gottes
und sie die Schaubrote aßen,
was zu essen ihm nicht erlaubt war,
und auch nicht denen mit ihm,
sondern allein den Priestern?

5 Oder habt ihr nicht im Gesetz gelesen,
dass die Priester am Sabbat in dem Tempel den Sabbat entweihen
und unschuldig sind?

6 Ich sage euch aber:
Größeres als der Tempel ist hier!
7 Wenn ihr aber erkannt hättet,
was das heißt:
Erbarmen will ich und kein Opfer! –
So hättet ihr die Unschuldigen nicht verurteilt.

8 Herr nämlich ist der Menschensohn über den Sabbat!

5.6 Der erste Sabbatkonflikt (12,1–8)

Die Heiligung des Sabbats zählt zu den identitätsstiftenden Merkmalen des Judentums (vgl. Ex 20,8–11; Dtn 5,12–15). Und somit berühren die Auseinandersetzungen zwischen den Pharisäern und Jesus um den Sabbat (12,1–14) einen zentralen Punkt jüdischen Lebens. Dass sich der Konflikt und Ton auf Seiten der Gegner verschärft, zeigt sich zum einen daran, dass die Pharisäer zum ersten Mal im Mt-Ev Jesus selbst mit ihrer Kritik angehen (anders in 9,11, wo sie sich an die Jünger Jesu wendeten), zum anderen daran, dass ihre Wortmeldung in 12,2 jede positive Deutung der Angelegenheit ausschließt und unzweifelhaft als vorwurfsvolle Anklage zu verstehen ist.

Es ist Sabbat, als Jesus mit seinen Jüngern durch die Getreidefelder zieht. Aus Hunger fangen diese an, Ähren abzurupfen und zu essen. Mit dem Motiv des »*Hungerns*« wird nicht nur das David-Beispiel (12,3f) vorbereitet, sondern auch die Verhaltensweise der Jünger legitimiert: Gerade für die pharisäisch-rabbinische Auslegung wurde Hunger als Lebensgefahr gedeutet, welche ein Aussetzen des Sabbatgebots erlaubte: »*Lebensgefahr verdrängt den Sabbat*« (Joma 85a). Zugleich wird durch das »Hunger-Essen«-Motiv die absurde Intervention der Pharisäer als fadenscheiniger Angriff gegen Jesus vorgeführt.

Jesus zieht zur Argumentation zunächst 1 Sam 21,2–7 heran (*erzählerisches Argument*), wo es darum geht, dass David und seine Leute die Schaubrote des Begegnungszeltes aßen, die allein den Priestern vorbehalten waren (vgl. Lev 24,8f). Zwar ist in dieser Episode vom Sabbat keine Rede, aber dies trägt Matthäus in 12,5 mit einem weiteren Beispiel nach: Die Priester, die bei ihrem Tempeldienst am Sabbat letztlich auch den Sabbat brechen, sind unschuldig, weil die gebotenen Sabbatopfer (vgl. Num 28,9f) die Sabbatgebote außer Kraft setzen (*gesetzliches Argument*).

Das Zitat aus Hos 6,6 (vgl. auch Mt 9,13!) nimmt den Gedanken des Sabbatopfers durch den Begriff »*Opfer*« nochmals auf: Wenn schon der Tempeldienst das Sabbatgebot verdrängt, um wie viel mehr dann die Barmherzigkeit, die über dem Opfer steht und größer ist als der Tempel (*prophetisches Argument*). Die Jünger sind somit freizusprechen.

Zugleich wird die Argumentation Jesu zu einem Vorwurf gegen die Pharisäer, die offensichtlich die Schriften Israels nicht genau genug kennen. Warum sonst wissen sie nichts von der Forderung nach der Barmherzigkeit?

Der Schlusssatz bringt alles auf einen zentralen Punkt: Jesus ist der von der Schrift vorhergesagte messianische Vollender von Gesetz und Propheten, er ist der Künder der Barmherzigkeit und damit »*Herr*« über den Sabbat.

9 Und als er von dort fortging,
kam er in ihre Synagoge.

10 Und siehe: Ein Mensch hatte eine erstarrte Hand.
Und sie befragten ihn und sagten:
Ist es erlaubt,
am Sabbat zu heilen?

– damit sie ihn anklagen könnten.

11 Er aber sprach zu ihnen:
Wer von euch wird ein Mensch sein,
der *ein* Schaf haben wird,
und wenn dieses am Sabbat in eine Grube fällt,
es nicht ergreift und herauszieht?

12 Um wieviel mehr unterscheidet sich ein Mensch von einem Schaf!

Deshalb ist es erlaubt,
am Sabbat Gutes zu tun!

13 Dann sagt er dem Menschen:
Streck deine Hand aus!

Und er streckte sie aus,
und sie wurde wiederhergestellt,
gesund wie die andere.

14 Die Pharisäer gingen aber hinaus
und fassten einen Beschluss gegen ihn,
um ihn zu vernichten.

5.7 Der zweite Sabbatkonflikt (12,9–14)

Auch die zweite Auseinandersetzung um die Heiligung des Sabbats führt das Thema der Unkenntnis der Barmherzigkeitsforderung auf Seiten der Pharisäer fort.

Jesus kommt in die Synagoge, und die Pharisäer konfrontieren ihn angesichts eines kranken Mannes direkt mit der Grundsatzfrage, ob man am Sabbat heilen darf oder nicht. Jesus hat überhaupt noch keine Anstalten gemacht, eine Heilung durchzuführen, aber durch die Art der Frage und durch den eingefügten Erzählerkommentar, die Pharisäer würden nur fragen, um einen Grund zur Anklage gegen Jesus zu finden (11,10), werden diese für das Leserpublikum als hinterhältig entlarvt. Wenn man bedenkt, dass Jesus in 12,3–8 die Pharisäer eindrücklich über die Forderung nach der Barmherzigkeit belehrt hat, dann erweisen sich die Pharisäer hier als absolut unbelehrbar: Sie haben ihre Position in keiner Weise überdacht, gehen aber aufgrund von 12,3–8 zu Recht davon aus, dass Jesus heilen wird, was sie für ihre Ziele ausnutzen wollen (12,14).

Jesus antwortet mit einem klassischen Beispiel der rechtlichen Toraauslegung (hebr. *Halacha*), die als rhetorische Frage formuliert ist und auf Seiten der Pharisäer eigentlich nur mit Ja beantwortet werden kann: Würde nicht jeder Mensch sein einziges Schaf retten, das am Sabbat in eine Grube gefallen ist (vgl. Dtn 22,4; Spr 12,10)?

Der typische argumentative Schluss vom Geringeren (»*Schaf*«) zum Größeren (»*Mensch*«) mündet in der kategorischen Feststellung, dass es erlaubt ist, am Sabbat »*Gutes zu tun*« (12,12). Zwar ist keine Rede davon, dass der Sabbat aufgehoben werden soll – er spielte wohl auch in der matthäischen Gemeinde weiterhin eine Rolle (vgl. 24,20) –, aber die Befolgung der Sabbatgesetze ist dem Gebot der Barmherzigkeit und dem Liebesgebot unterzuordnen.

Die wundersame Heilung des Menschen mit der erstarrten Hand – d.h. mit einer Hand, die steif ist und sich nicht mehr bewegen lässt – wird nur kurz geschildert und tritt hinter die inhaltliche Auseinandersetzung Jesu mit den Pharisäern zurück.

Die sonst bei Wundergeschichten übliche positive Reaktion der Geheilten oder der anwesenden Menschenmenge fällt völlig aus. Stattdessen wird die Reaktion der Pharisäer erzählt: Hatten sie in 12,10 noch das Ziel, einen Anklagepunkt gegen Jesus zu finden, wird dies hier inhaltlich nicht bestätigt, denn die Pharisäer reagieren mit Schweigen. Es wirkt fast so, als wären sie der Argumentation Jesu nicht gewachsen.

Umso drastischer fällt ihre Reaktion aus: Sie gehen hinaus und fassen den Beschluss, Jesus zu »*vernichten*«, d.h. zu töten. Der Konflikt zwischen den Pharisäern und Jesus ist ein tödlicher Konflikt geworden. Die Passion wirft ihre Schatten voraus.

15 Als aber Jesus das erkannte,
entwich er von dort.

Und es folgten ihm große Volksmengen nach,
und er heilte sie alle.

16 Und er herrschte sie an,
damit sie ihn nicht offenbar machten,
17 damit erfüllt werde das Gesagte durch den Propheten Jesaja,
der sagt:
18 *Siehe, mein Sohn,*
den ich erwählte,
mein Geliebter,
an dem meine Seele Gefallen fand!
Ich werde meinen Geist auf ihn legen,
und er wird den Völkern Recht vermelden!

19 *Er wird nicht streiten und nicht schreien,*
und nicht wird jemand auf den Straßen seine Stimme hören!
20 *Ein angebrochenes Schilfrohr wird er nicht zerbrechen,*
und einen glimmenden Docht wird er nicht auslöschen,
bis er zum Sieg hinausführt das Recht!

21 *Und auf seinen Namen werden Völker hoffen!*

5.8 Jesus ist der Sohn Gottes (12,15–21)

Jesus erkennt die Vernichtungspläne der Pharisäer (12,14) und zieht sich aus der Gegend zurück (12,15). Die Notiz, dass ihm dabei viele Volksmengen nachfolgen, zeigt an, dass diese sich nicht von den Pharisäern beeinflussen lassen, sondern an Jesus festhalten: Sie reagieren weiterhin positiv auf Jesus und lassen sich in Scharen von ihm heilen.

Das auffällige Verb »*entweichen*« begegnet nicht zum ersten Mal im Mt-Ev: Schon die Familie Jesu »*entwich*« vor Herodes (2,14) und seinem Sohn Archelaos (2,22), und auch die Magier aus dem Osten (2,12f) »*entwichen*«, um sich dem Einfluss des Herodes zu entziehen (vgl. auch 4,12 und 14,13, wo es heißt, dass Jesus »*entweicht*«, als er von der Gefangennahme bzw. vom Tod des Täufers erfährt).

Zwei Sachverhalte werden dadurch offenbar: Zum einen bedeutet dies, dass Jesus nicht aus purer Angst flieht, sondern wie gehabt einem göttlichen Plan folgt, der ihn als den Gottessohn zunächst noch vor Angriffen bewahrt; zum anderen werden die Pharisäer hier deutlich als Gegner auf der Seite des Herodes positioniert: Wie Herodes einen königlichen Konkurrenten ausschalten wollte und alles in die Wege geleitet hat, um diesen »*zu vernichten*« (2,13.16), so wollen die jüdischen Eliten ihren Konkurrenten »*vernichten*« und töten (12,14). Die politischen und die jüdischen Gegner Jesu haben sich zu einer bedrohlichen Unheilsmacht verbündet (vgl. auch 2,1–12).

Mit dem längsten Erfüllungszitat des Evangeliums in 12,18–21 wird Jesus von Gott als sein »*erwählter und geliebter Sohn*« bestätigt (12,18). Das Zitat entstammt Jes 42,1–4, was für die Ausrichtung des Mt-Ev zentral ist. Denn in diesem sog. »ersten Gottesknechtslied« des Jesajabuches geht es um die Erwählung und Sendung Israels, die auch auf die Völker abzielt.

Aus der Verwendung des Zitats an dieser Stelle des Mt-Ev ergibt sich die Botschaft, dass sich die prophetisch-messianische Sendung Israels, die insbesondere den Armen und Schwachen Frieden und Recht (Gerechtigkeit) bringen soll, in der Person Jesu Christi erfüllt: In ihm setzt sich die von Gott gewünschte Heilsordnung durch. Erfahrbar wird dies durch die barmherzige Zuwendung Jesu zu den Volksmengen.

Aber nicht nur Israel, sondern auch die Völker können »*auf seinen Namen hoffen*« (12,21). Die Universalität der matthäischen Jesusgeschichte, die bereits im Prolog als Vorzeichen gesetzt wurde (1,1; 4,14–16) und mit der Erscheinung des Auferstandenen auf dem Berg in Galiläa zur Vollendung kommen wird (28,19f), tritt immer deutlicher zutage.

22 Da wurde zu ihm gebracht ein von einem Dämon Besessener,
der blind und stumm war,
und er heilte ihn,
so dass der Stumme redete und sah.

23 Und alle Volksmengen gerieten außer sich und sagten:
Ist dieser etwa der Sohn Davids?

24 Die Pharisäer aber, die das hörten,
sprachen:
Dieser wirft die Dämonen hinaus
mit dem Beelzebul, dem Oberen der Dämonen!

25 Jesus erkannte aber ihre Gedanken
und sprach zu ihnen:
Jede Königsherrschaft,
die gegen sich selbst entzweit ist,
wird verwüstet,
und jede Stadt oder jedes Haus,
das gegen sich selbst entzweit ist,
wird nicht bestehen!
26 Und wenn der Satan den Satan hinauswirft,
ist er gegen sich selbst entzweit.
Wie also wird seine Königsherrschaft bestehen?

27 Und wenn ich mit Beelzebul die Dämonen hinauswerfe –
mit wem werfen eure Söhne sie hinaus?
Deshalb werden sie Richter sein über euch!

28 Wenn ich aber mit dem Geist Gottes die Dämonen hinauswerfe –
nun, die Königsherrschaft Gottes kam zu euch!

29 Oder wie kann jemand hineingehen in das Haus des Starken
und seine Habe rauben,
wenn er nicht zuerst den Starken bindet?
Und dann wird er sein Haus ausrauben.

30 Wer nicht mit mir ist –
gegen mich ist er!
Und wer nicht mit mir sammelt –
der zerstreut!

5.9 Der Beelzebulkonflikt (12,22–37)

Die Auseinandersetzung (12,22–30)

Die Volksmengen dringen immer mehr zu der Erkenntnis vor, dass Jesus der messianische Sohn Davids sein könnte (12,23). Dies muss die Pharisäer auf den Plan rufen, die umgehend einen neuen Konflikt eröffnen: den Beelzebulkonflikt. In 12,22–30 wird die Auseinandersetzung zwischen den Pharisäern und Jesus geschildert, während 12,31–37 eindrücklich die Konsequenzen von derart bösartigen Unterstellungen vor Augen führt.

Zum Anlass für ihren Streit nehmen die Pharisäer einen Exorzismus, den Jesus an einem blinden und stummen Besessenen vorgenommen hat, und die damit verbundene begeisterte Reaktion der Volksmengen auf dieses Wunder.

Bereits in 9,32–34, der Parallelgeschichte, hatten die Pharisäer mit einer ähnlich lautenden Kritik auf eine Dämonenaustreibung Jesu reagiert: »*Im Oberen der Dämonen wirft er die Dämonen hinaus*« (9,34). In 12,24 wird dieser Vorwurf fast wörtlich wiederholt, jedoch erhält der Herrscher der Dämonen nun einen Namen, den er nur in neutestamentlichen oder christlichen Texten trägt: »*Beelzebul*« (vgl. 10,25). Woher der Name Beelzebul genau stammt, bleibt unklar. Wahrscheinlich ist der Name eine Verballhornung des Gottes der Philister von Ekron, der bereits in 2 Kön 1,2–16 als »*Baal-Zebub*«, d.h. als »*Herr der Fliegen*« lautmalerisch ins Lächerliche gezogen wurde.

Den Vorwurf, er sei mit Beelzebul im Bunde, pariert Jesus im Wesentlichen mithilfe von zwei sachlichen Argumenten und einer Klarstellung: Zunächst einmal ist ein solcher Vorwurf von der Sache her völlig unangebracht, denn warum sollte der Herrscher der Dämonen ein Interesse daran haben, die eigenen Dämonen auszutreiben? Das würde nur seinen eigenen Machtbereich schwächen und zerstören und ergäbe keinen Sinn (12,25f).

Das zweite Gegenargument zielt auf die Praxis der Pharisäer und ihrer Schüler, die ebenfalls Exorzismen durchführten: Wenn die Pharisäer Jesus vorwerfen, mit Beelzebul im Bunde zu sein, mit wem sind dann eigentlich ihre eigenen Jünger im Bunde (12,27)? Muss sich der Vorwurf dann nicht zugleich gegen sie selbst richten?

Die Klarstellung erfolgt schließlich in 12,28: Jesus treibt nicht »*mit dem Dämon*«, sondern »*mit dem Geist Gottes*« Dämonen aus. Dass dem Zerstörerischen Einhalt geboten wird, ist ein für alle sichtbares Zeichen, dass die Königsherrschaft Gottes in Jesus angebrochen ist. Zudem ist Jesu ganzes Sein und Wirken von Anfang an mit dem Geist Gottes verbunden (1,18.20; 3,16).

Der Spruch 12,30 ist als abschließende Anklage gegen die Pharisäer zu verstehen: Es wäre ihre Aufgabe gewesen, das hirtenlose Volk (9,36) und die zerstreuten Schafe (10,6) zu »*sammeln*« – aber sie haben versagt.

31 Deshalb sage ich euch:
Jede Sünde und Lästerung wird den Menschen erlassen werden,
die Lästerung des Geistes aber wird nicht erlassen werden!

32 Und wer ein Wort spricht gegen den Menschensohn:
Erlassen werden wird ihm!
Wer aber spricht gegen den heiligen Geist:
Nicht erlassen werden wird ihm –
weder in dieser Weltzeit noch in der kommenden!

33 Entweder ihr setzt einen schönen Baum:
Auch seine Frucht ist schön!
Oder ihr setzt einen morschen Baum:
Auch seine Frucht ist schlecht!
Denn an der Frucht ist der Baum zu erkennen!

34 Giftschlangenbrut!
Wie könnt ihr Gutes reden,
da ihr böse seid?
Denn aus der Überfülle des Herzens redet der Mund:
35 Der gute Mensch wirft aus dem guten Schatz Gutes hinaus,
und der böse Mensch wirft aus dem bösen Schatz Böses hinaus!

36 Ich sage euch aber:
Jedes unnütze Wort,
das die Menschen reden werden:
Sie werden Rechenschaft darüber ablegen am Gerichtstag!
37 Denn durch deine Worte wirst du gerechtfertigt werden,
und durch deine Worte wirst du verurteilt werden!

Die Konsequenzen (12,31–37)

Das Versagen und das Unverständnis der Pharisäer gegenüber der Tatsache, dass Jesus mit dem Geist Gottes die Dämonen austreibt und nicht mit dem »*Oberen der Dämonen*« (12,24), wird als direkte Lästerung gegen den in Jesus wirkenden heiligen Geist ausgelegt (vgl. 1,18.20; 3,16).

Das Gerichtswort 12,31f ist schwer zu verstehen und wirkt dunkel: Was soll es bedeuten, dass jede Sünde und Lästerung, auch die gegen den Menschensohn, im Gericht erlassen werden wird, aber die Lästerung gegen den Geist nicht? Offensichtlich wird zwischen einer einfachen Stellungnahme gegenüber Jesus als dem Menschensohn und der Lästerung gegenüber dem heiligen Geist Gottes, der die Wurzel Jesu vollmächtigen Handelns ist, argumentativ unterschieden. Anders ausgedrückt: Im Zentrum von 12,31f steht nicht die Person Jesu, zu der man sich negativ verhalten kann und dennoch die Chance auf die Vergebung im Gericht nicht verspielt, sondern die in ihm wirkende göttliche Vollmacht. Zurückbezogen auf 12,24 heißt das: Die Pharisäer lästern nicht den irdischen Jesus, das wäre durchaus vergebbar, sondern sie lästern den in Jesus wirkenden Geist Gottes und stellen damit Gott selbst in Frage. Mehrfach wird betont, dass ein solches Verhalten niemals vergeben werden kann. Und so kündigt Jesus den Pharisäern das Gericht an.

Die Weisheitsworte 12,33–37 vertiefen diesen Gedanken und greifen Bildworte auf, die Matthäus bereits an früherer Stelle formuliert hat. Das Beispiel vom Zustand des Baumes, welcher der von ihm hervorgebrachten Frucht korrespondiert, wurde bereits in 7,16–20 im Rahmen der Bergpredigt entfaltet. Jetzt wird das Ganze direkt auf die Bosheit der Pharisäer gemünzt: Sie lästern gegen Jesus, weil sie böse *sind*. Dadurch wird ihr Vorwurf, Jesus stünde mit »bösen Mächten« im Bunde (12,24), direkt zu ihnen zurück katapultiert: Sie selbst sind die bösartige »*Giftschlangenbrut*«! Das hatte bereits Johannes der Täufer in 3,7 gegenüber den Pharisäern und Sadduzäern festgestellt, und Jesus bestätigt dieses Urteil.

Die letzten beiden Verse 12,36f betonen den Ernst, aber auch die Möglichkeit einer Entscheidung. Nicht nur das drohende Strafgericht, sondern auch die positive Rechtfertigung ist dabei im Blick: Entsprechend dem eigenen Verhalten in Bezug auf Jesu Vollmacht, die in seinem Wirken sichtbar und erfahrbar wird, wird man selbst gerichtet oder gerechtfertigt werden.

In Bezug auf das ganze Mt-Ev und die Frage nach den jeweiligen Reaktionen auf Jesu Wirken bestätigt sich das bisherige Urteil: Der Beelzebulkonflikt macht deutlich, dass Jesus entschieden zwischen dem Volk, das positiv auf ihn reagiert (12,15.23), und den Pharisäern als seinen »bösartigen« Gegnern (12,34f), unterscheidet (s. auch die Einleitung).

12,31–37

38 Da antworteten ihm einige der Schriftgelehrten und Pharisäer
und sagten:
Lehrer, wir wollen von dir ein Zeichen sehen!

39 Er aber antwortete und sprach zu ihnen:
Eine böse und ehebrecherische Generation verlangt ein Zeichen,
und doch wird ihr kein Zeichen gegeben werden
außer das Zeichen des Propheten Jona!
40 Wie nämlich Jona drei Tage und drei Nächte
im Bauch des Seemonsters war,
so wird der Menschensohn drei Tage und drei Nächte
im Herzen der Erde sein!
41 Männer von Ninive werden aufstehen im Gericht
gegen diese Generation und sie verurteilen,
weil sie umkehrten auf die Verkündigung des Jona hin.
Und siehe!
Mehr als Jona ist hier!

42 Die Königin des Südens wird aufstehen im Gericht
gegen diese Generation und sie verurteilen,
weil sie von den Enden der Erde kam,
um die Weisheit Salomos zu hören.
Und siehe!
Mehr als Salomo ist hier!

43 Wenn aber der unreine Geist aus dem Menschen herauskommt,
durchwandert er wasserlose Gegenden,
sucht Ruhe und findet sie nicht.
44 Da sagt er:
In mein Haus werde ich zurückkehren, aus dem ich herauskam!
Und er kommt und findet es leer: gefegt und geschmückt.
45 Da geht er und nimmt sieben andere Geister mit sich,
böser als er selbst,
und sie ziehen ein und wohnen dort.
Und es wird das Letzte jenes Menschen schlimmer als das Erste.

So wird es auch mit dieser bösen Generation sein!

5.10 Die erste Zeichenforderung (12,38–45)

Die Pharisäer – nun ergänzt um die Gruppe der Schriftgelehrten – antworten direkt auf die Gerichtsrede Jesu gegen sie und fordern ein »*Zeichen*« ein. Die bislang erfolgten Heilungen und Dämonenaustreibungen genügen ihnen nicht zum Erweis der wahren Identität Jesu (anders sehen das die Volksmengen in 12,23!), da diese Taten in ihren Augen nicht eindeutig, sondern offen für verschiedene Deutungen sind (vgl. 12,24).
Jesus geht sie deswegen scharf an. Er qualifiziert die Schriftgelehrten und Pharisäer bereits in der Anrede als »*böse und ehebrecherische Generation*« (vgl. 12,34!) und wertet ihre Zeichenforderung als Ausdruck ihrer inneren Verfassung (vgl. 12,24f!). Dass die Pharisäer böse sind, wurde schon mehrfach betont. Mit der Ergänzung des Motivs des »*Ehebruchs*« greift Matthäus auf die prophetische Tradition zurück und erinnert an das geläufige Bild des Ehebundes zwischen JHWH und seinem Volk bzw. den Bruch des Bundes durch Israel (vgl. Hos 1–3; Ez 16; Jer 13,26f). Festzuhalten ist, dass an dieser Stelle mit »*dieser Generation*« keineswegs ganz Israel gemeint ist, sondern, wie der Kontext nahelegt, nur deren theologische Führungsschicht, die sich Jesus verweigert.
Ein einziges Zeichen stellt Jesus aber doch in Aussicht, nämlich das »*Zeichen des Jona*«. Dies verweist auf den Tod und die Auferstehung Jesu am dritten Tag. Vorbildlich haben sich die Männer von Ninive auf das Wort des Propheten Jona hin bekehrt. Darin unterscheiden sie sich von den Schriftgelehrten und Pharisäern, die in ihrer Opposition verharren, obwohl ihnen das »*Zeichen des Jona*« in 27,62f tatsächlich zuteil werden wird. Die Niniviten werden ihnen somit zum Gericht, denn mit Jesus ist *mehr als Jona* gekommen – und doch bekehren sich die Schriftgelehrten und Pharisäer nicht!
Auch die Königin des Südens (vgl. 1 Kön 10,1–13: »*Königin von Saba*«), eine Repräsentantin der Nichtjuden, die dennoch die sprichwörtliche Weisheit Salomos ehrt, tritt im Gericht als lebende Anklage auf: Denn Jesus ist *mehr als Salomo* – und doch glauben die Schriftgelehrten und Pharisäer nicht!
Ein Gleichnis beschließt die Rede. Dem Bild liegt die Vorstellung zugrunde, dass ein Besessener einem von Dämonen besetzten Haus gleicht. Werden diese ausgetrieben, irren sie auf der Suche nach neuer Unterkunft umher, denn Dämonen brauchen als immaterielle Wesenheiten einen Wirt, in dem sie sich einnisten können. Findet der Dämon bei seiner Rückkehr das Haus »*gefegt und geschmückt*«, wird er sich mit Freuden und einer noch größeren Übermacht dort wieder einquartieren.
Durch die Wiederaufnahme der Wendung von »*dieser bösen Generation*« (12,39.45) wird das Gleichnis auf das Volk und seine Eliten angewendet: Es thematisiert die Gefahr, dass die Führungsschicht erneut Einfluss über das Volk Israel gewinnt. Dann aber wird der Zustand des Volkes schlimmer sein als je zuvor (vgl. 9,36!).

46 Noch während er zu den Volksmengen redete,
siehe! –
die Mutter und seine Brüder standen draußen
und suchten mit ihm zu reden.

47 Es sprach aber einer zu ihm:
Siehe! –
Deine Mutter und deine Brüder stehen draußen
und suchen mit dir zu reden!

48 Er aber antwortete und sprach zu dem,
der mit ihm redete:
Wer ist meine Mutter
und wer sind meine Brüder?

49 Und er streckte seine Hand aus über seine Jünger
und sprach:
Siehe! –
Meine Mutter und meine Brüder!

50 Denn wer den Willen meines Vaters in den Himmeln tut:
der ist mir Bruder und Schwester und Mutter!

13,1 An jenem Tag kam Jesus heraus aus dem Haus
und setzte sich an das Meer.

2 Und es versammelten sich bei ihm viele Volksmengen,
so dass er in ein Boot einstieg
und sich setzte,
und die ganze Volksmenge stand am Strand.

3 Und er redete zu ihnen vieles in Gleichnissen,
und sprach:

5.11 Über die wahre Familie Jesu (12,46–50)

Offensichtlich sind die Volksmengen Zeugen der Auseinandersetzung Jesu mit den Pharisäern (vgl. 12,22f). Vers 12,46 signalisiert, dass Jesus sich nun ausdrücklich diesen Volksmengen zuwendet, um ihnen in Anknüpfung an das Gleichnis vom »*leer stehenden Haus*« (12,43–45) zu sagen, was notwendig ist, damit nicht andere »einziehen« und Macht über sie gewinnen: Das Volk soll wie die Jünger Jesus nachfolgen und damit ebenfalls in den engen Kreis seiner »neuen Familie« eintreten.

Die Jünger, auf die Jesus in 12,49 als positives Beispiel verweist, machen vor, wie es geht: Um ein Jünger zu werden, muss man bei Jesus sein, d.h. nicht »draußen bleiben« (vgl. 12,46), und den Willen des Vaters tun (12,50; vgl. auch 7,21–23). Durch die Geste des Handausstreckens über seine Jünger drückt Jesus aus, dass die Jünger unter seinem besonderen Schutz stehen – und zwar bis ans Ende der Weltzeit (vgl. 28,20). Eine Polemik gegen die eigene Familie (wie in der parallelen Stelle Mk 3,21) oder eine Differenzierung zwischen den draußen stehenden Volksmengen und den privilegierten »Insidern«, den Jüngern (wie in Mk 4,11), steht nicht im Interesse des Matthäus. Vielmehr ist das ganze Volk eingeladen, zu Jüngern zu werden und damit zur wahren Familie Jesu zu gehören.

6. Die Rede in Gleichnissen (13,1–53)

6.1 Einleitung zur Rede (13,1–3a)

Nach den Erzählungen über die verschiedenen Reaktionen auf Jesu Wort und Tat (Mt 11f) erfolgt nun eine vertiefende Belehrung derjenigen, die zur Familie Jesu gehören (sollen). Sie werden in der dritten großen Redekomposition des Mt-Ev über die »*Geheimnisse der Königsherrschaft Gottes*« unterrichtet (vgl. 13,11). Die Belehrung geschieht mithilfe von sieben Gleichnissen, die thematisch eng miteinander verknüpft sind: Alle Gleichnisse behandeln das Thema der Gottesherrschaft, den Erfolg und Misserfolg bei ihrer Verkündigung sowie ihre Wirklichkeit in der Welt.

Der Begriff »*Gleichnis*« (griech. *parabolé* = »das Nebeneinandergestellte«) begegnet bei Matthäus hier zum ersten Mal. Gleichnisse sind die typische Redeweise, in der Jesus seine Botschaft von der Gottesherrschaft ins Wort gebracht hat. Die Gleichnisse des Mt-Ev sind wohl komponiert und bilden ein sinnvolles Arrangement.

Adressaten der Rede in Gleichnissen sind die Jünger und das Volk. Dass Jesus sich setzt (13,2; vgl. 5,1; 23,2), bevor er zu sprechen beginnt, erweist ihn als jüdischen Lehrer.

Siehe! Der Säende kam hinaus,
um zu säen.

4 Und bei seinem Säen:
Einiges fiel entlang des Weges –
und die Vögel kamen und fraßen es auf.

5 Anderes aber fiel auf das Felsige,
wo es nicht viel Erde hatte –
und sofort ging es auf,
weil es nicht viel Tiefe in der Erde hatte.
6 Als aber die Sonne aufging,
wurde es verbrannt.
Und weil es keine Wurzel hatte,
vertrocknete es.

7 Anderes aber fiel in die Dornen –
und die Dornen stiegen hoch
und erstickten es.

8 Anderes aber fiel auf die gute Erde –
und es gab Frucht:
Das eine hundert, das andere sechzig, das andere dreißig!

9 Wer Ohren hat, höre!

10 Und seine Jünger traten hinzu
und sprachen zu ihm:
Weshalb redest du in Gleichnissen zu ihnen?

11 Er aber antwortete und sprach zu ihnen:
Euch ist es gegeben,
die Geheimnisse der Königsherrschaft der Himmel zu kennen!
Jenen aber ist es nicht gegeben!

12 Wer nämlich hat: Gegeben werden wird ihm!
Und er wird überreich gemacht werden!
Wer aber nicht hat: Auch was er hat, wird ihm genommen werden!

13 Deswegen rede ich zu ihnen in Gleichnissen:
Sie sehen und sehen doch nicht!
Und sie hören und hören doch nicht und verstehen auch nicht!

6.2 Das Gleichnis vom Fruchtbringen (13,3b–9)

Die Verse 13,3b–23 gehören eng zusammen: In 13,3b–9 wird das eigentliche Gleichnis vom Fruchtbringen erzählt, das nach einer Einschaltung, die den Sinn der Rede Jesu in Gleichnissen beleuchtet (13,10–17), in 13,18–23 eine Ausdeutung erfährt. Das ist für Gleichnisse eigentlich unüblich, denn für gewöhnlich sprechen Gleichnisse für sich und sind für die Leserinnen und Leser bzw. die Hörerinnen und Hörer gut zu verstehen.
Das hier vorliegende Gleichnis schildert einen nachvollziehbaren Vorgang aus der palästinischen Landwirtschaft: Mit Schwung wirft der Sämann das Saatgut auf die Erde und kann dabei nicht verhindern, dass einige Körner verloren gehen und woanders hinfallen als gewünscht.
Drei verschiedene Situationen, die einen Misserfolg im Blick auf die Körner zeitigen, die nicht auf die gute Erde gefallen sind, werden plastisch entfaltet und erschließen sich ohne weitere Erklärung.
Mit der Darstellung des überwältigenden Ernteertrags, der aufgrund verschiedener Faktoren (Klima, Geologie, Unkraut, Tiere) variieren kann, schließt das Gleichnis positiv. Wofür allerdings die Saat im übertragenen Sinne steht und wer eigentlich der Säende ist, wird an dieser Stelle offen gelassen. Das hängt damit zusammen, dass die Deutung in 13,18–23 nachgetragen wird.

6.3 Vom Sinn der Rede in Gleichnissen (13,10–17)

Die Jünger treten näher an Jesus heran und haben offensichtlich Zweifel, ob die Gleichnisrede bei den Volksmengen zum Verstehen führen wird (13,10). Erneut werden die Jünger und die Volksmengen als zwei eigenständige Gruppen unterschieden. Zwar greift Matthäus in dieser Passage auf die markinische »*Gleichnistheorie*« zurück (Mk 4,10–12), hat diese aber stark überarbeitet und verändert.
Jesus erläutert den Grund seiner Rede in Gleichnissen zunächst mit der Erklärung, dass es den Jüngern »*gegeben ist*«, die Geheimnisse des Himmelreiches zu kennen, den Volksmengen jedoch nicht (13,11). Das verweist zum einen auf die christliche Gemeinde als Verstehenshorizont und bedeutet zum anderen, dass das Verstehen eng mit dem Offenbarungshandeln Gottes zusammenhängt. Dieses Offenbarungshandeln wiederum ist kein reiner Willkürakt, sondern knüpft – wie die Erläuterung 13,12 ergänzt –, an das an, was bereits vorhanden (oder eben nicht vorhanden) ist. Es liegt also auch am Menschen selbst, ob die Bedingung erfüllt ist, dass ihm »*gegeben werden*« wird (vgl. auch 25,29 und den Kommentar dazu).
Die Jünger, die bereits erkennen (13,11), dass in Jesus die Königsherrschaft Gottes Gestalt annimmt, werden durch die folgenden Gleichnisse noch tiefer in dieses Wissen eingeführt: Das »Verborgene« (13,35!), das »*Geheimnis*« (13,11!) wird ihnen offenbar.

14 Und es erfüllt sich ihnen die Prophetie des Jesaja, die sagt:
Hörend werdet ihr hören und nicht verstehen!
Sehend werdet ihr sehen und nicht erkennen!
15 *Denn fett geworden ist das Herz dieses Volkes!*
Und mit den Ohren hörten sie schwer!
Und ihre Augen verschlossen sie! –
Damit sie nicht erkennen mit den Augen
und mit den Ohren hören
und mit dem Herz verstehen und umkehren
und ich sie heilen werde!

16 Eure Augen aber: Glückselig! Sie sehen!
Und eure Ohren: Sie hören!
17 Denn Amen, ich sage euch:
Viele Propheten und Gerechte begehrten zu erkennen, was ihr seht,
und erkannten nicht,
und zu hören, was ihr hört,
und hörten nicht.

18 Ihr nun, hört das Gleichnis des Säenden!
19 Bei jedem, der das Wort der Königsherrschaft hört und nicht versteht,
kommt der Böse und raubt das Gesäte in seinem Herzen:
Dieser ist der entlang des Weges Gesäte.

20 Der aber auf das Felsige Gesäte:
Dieser ist, der das Wort hört und sofort mit Freude aufnimmt!
21 Aber er hat keine Wurzel in sich,
sondern ist ein Augenblicksmensch.
Wenn aber Bedrängnis oder Verfolgung entstehen
wegen des Wortes:
Sofort nimmt er Anstoß!

22 Der aber in die Dornen Gesäte:
Dieser ist, der das Wort hört!
Aber die Sorge der Weltzeit und der Trug des Reichtums
ersticken miteinander das Wort: Es wird fruchtlos!

23 Der aber auf die gute Erde Gesäte:
Dieser ist, der das Wort hört und versteht:
Er bringt Frucht –
der eine bringt hundert, der andere sechzig, der andere dreißig!

6.3 Vom Sinn der Rede in Gleichnissen

Mit einem Schriftzitat aus Jes 6,9f wird das Nicht-Verstehen der Volksmengen erläutert. Das Volk hat Herz, Ohren und Augen verschlossen, um nicht zu erkennen, zu verstehen und umzukehren.
Das bedeutet, dass dieses bewusste Nicht-Sehen und Nicht-Hören der Grund dafür ist, dass Jesus in Gleichnissen spricht. Zugleich lässt der Aspekt des Hörens und Sehens auf Seiten der Menschen an Jesu Aufforderung an die Johannesjünger zurückdenken: Die Schüler des Täufers sollten ihm berichten, was sie von Jesus »*gesehen und gehört*« haben (11,4), denn in seinem Tun und in seiner Verkündigung lässt sich die Antwort auf die Frage nach Jesu Identität finden.
Da der griechische Begriff *parabolé* nicht nur mit »Gleichnis« zu übersetzen ist, sondern auch die Bedeutung von »*Rätselrede*« annehmen kann, könnte hier ein gezieltes Wortspiel vorliegen: Eigentlich ist die Rede Jesu in »Gleichnissen« gar nicht absichtlich verschleiernd, sondern wird lediglich den Volksmengen zur »Rätselrede«, weil sie unverständig sind, da sie ihre Augen und Ohren verschlossen haben. Nicht Jesus reagiert also mit einer Rätselrede auf das Volk, um es zu verstocken, sondern es liegt am Volk selbst, dass es die Gleichnisse nicht versteht und diese für sie ein Rätsel sind. Die Wirkung der Gleichnisse hängt von den Hörerinnen und Hörern ab.
Die Jünger hingegen sind verständig und werden deshalb glückselig gepriesen. Sie leben in einer privilegierten Zeit, denn in der Person Jesu erfüllen sich die erwarteten Verheißungen. Viele Propheten und Gerechte haben darauf gehofft, aber die Jünger dürfen die »*Werke des Christus*« (11,2) »*sehen und hören*« (13,16f) – und tun dies mit offenen Augen und Ohren.

6.4 Die Deutung des Fruchtbringens (13,18–23)

Das Gleichnis Mt 13,3b–9 wird nun Zug um Zug ausgelegt. Diese Form der Auslegung bezeichnet man als »Allegorie«, d.h. einzelne Gleichniszüge werden durch eine Zuordnung zu bestimmten Elementen der »realen« Welt entschlüsselt. Das Saatgut ist als die Botschaft vom Reich Gottes zu verstehen, so dass der Säende zunächst einmal Jesus selbst ist. Die Aufnahme der Botschaft in Israel wird dann mithilfe der vier Beispiele erläutert. Die Jünger Jesu lassen sich in der vierten Gruppe wiederfinden, die das Wort von der Königsherrschaft hört und versteht. Da die Jünger in 9,36–10,42 ausgesandt wurden, an Jesu Sendung teilzunehmen und ebenfalls das Wort zu verkünden, sind sie auch in der Rolle des Sämanns zu finden. Die drei anderen Gruppen hingegen bringen die nicht ganz gelungene Aufnahme der Botschaft in Israel zur Sprache. Das wiederum wird transparent für die matthäische Gemeindesituation: Matthäus blickt auf die positiven und negativen Erfahrungen in der Mission zurück.

24 Ein anderes Gleichnis legte er ihnen vor
und sagte:
Es gleicht die Königsherrschaft der Himmel einem Menschen,
der guten Samen auf seinem Acker säte.

25 Als aber die Menschen schliefen,
kam sein Feind und säte Unkraut darauf,
mitten in den Weizen,
und ging weg.

26 Als aber der Halm sprosste und Frucht brachte,
da erschien auch das Unkraut.

27 Da traten die Knechte des Hausherrn hinzu
und sprachen zu ihm:
Herr,
sätest du nicht guten Samen auf deinem Acker?
Woher hat er nun Unkraut?

28 Er aber sprach zu ihnen:
Ein feindlicher Mensch tat dies!

Die Knechte aber sagen zu ihm:
Willst du, dass wir weggehen und es sammeln?

29 Er aber spricht:
Nein! Damit ihr nicht beim Sammeln des Unkrauts
zugleich mit ihm den Weizen entwurzelt!

30 Lasst beides miteinander wachsen bis zur Ernte!

Und zur Zeit der Ernte werde ich den Erntearbeitern sagen:
Sammelt zuerst das Unkraut und bindet es zu Bündeln,
um es zu verbrennen!
Den Weizen aber sammelt in meine Scheune!

6.5 Das Gleichnis vom Unkraut im Weizen (13,24–30)

Thematisch knüpft das Gleichnis an das Vorangehende an und wird an späterer Stelle ebenfalls eigens ausgedeutet werden (13,36–43).

Das Gleichnis spielt im bäuerlichen Milieu und handelt von einem freien Kleinbauern in Palästina, der Land und Knechte besitzt – also »*Hausherr*« auf seinem Gut ist (13,27).

Da gutes und sortenreines Saatgut von existentieller Wichtigkeit ist, wird es vor der Aussaat mit Sorgfalt ausgewählt und gereinigt. Bei dieser Reinigung fallen genügend Unkrautsamen an, wie etwa der Lolchsamen, der zum Taumelloch heranwächst und nach Ausweis antiker Quellen bevorzugt als schädigendes Unkraut in Getreidefeldern wucherte. Will man die hinter dem Gleichnis stehenden Realien näher erfassen, so ist es wahrscheinlich, dass mit der Bezeichnung »*Unkraut*« hier an den Taumelloch gedacht ist.

Die bei der Reinigung des Saatguts ausgesonderten Unkrautsamen wurden oftmals als Hühnerfutter weiter verkauft und konnten – wie im Gleichnis vorausgesetzt – auch in »*feindlicher*« Absicht (13,25.38) auf einen fremden Acker gesät werden. Zeitgenössische Quellen belegen, dass solche Übergriffe zwischen einzelnen Bauern keine Seltenheit waren.

Da Taumelloch und Weizen – zwar noch nicht im Anfangsstadium, aber nach Ausbildung der Ähren – gut voneinander zu unterscheiden sind, wird mit dem Hervorsprossen des Getreides zugleich das Unkraut sichtbar. In realistischer Weise gibt dieses Gleichnis somit einen mehr oder weniger alltäglichen Vorgang wieder.

Das gilt auch für die Einführung der Gruppe der »*Erntearbeiter*« (23,30): Während der Bauer und seine Knechte in der Saat- und Wachstumsphase gewöhnlich alleine für den Anbau zuständig sind, wurden zur Erntezeit gerne Tagelöhner für den Mehranfall an Arbeit eingestellt, aber auch, um die eigenen Knechte zu schonen. Bei der Ernte, die zumeist mit einer Sichel erfolgte, wurde dann das Unkraut vom Weizen getrennt, welches eingesammelt und verbrannt oder als Tiernahrung verfüttert wurde.

Der Bauer im Gleichnis muss eine Entscheidung treffen, was mit dem sichtbar werdenden Unkraut geschehen soll. Um den Weizen, dessen Wurzeln mit dem Lolch verwoben sind, zu schützen, gibt er die Anweisung, alles »*bis zur Ernte*« miteinander wachsen zu lassen (13,30). Die Trennung soll nicht jetzt, sondern erst zur Zeit der Ernte stattfinden.

Die »*Zeit der Ernte*« ist in der alttestamentlich-jüdischen Literatur eine verbreitete Metapher für das endzeitliche Gericht. Erst dann wird die endgültige Trennung zwischen Gut und Böse vollzogen werden. Damit mahnt das Gleichnis zu Geduld und Vertrauen. Und das, obwohl es ganz klar benennt, dass es mit der Aussaat des guten Samens allein eben noch nicht getan ist: Mit dem guten Samen wächst auch das Unkraut heran.

31 Ein anderes Gleichnis legte er ihnen vor
und sagte:
Gleich ist die Königsherrschaft der Himmel einem Senfkorn,
das ein Mensch nahm
und auf seinem Acker säte.

32 Das ist zwar kleiner als alle Samen,
wenn es aber gewachsen ist,
ist es größer als die Gartengewächse,
und es wird ein Baum,
so dass *die Vögel des Himmels kommen*
und sich in seinen Zweigen niederlassen.

33 Ein anderes Gleichnis redete er zu ihnen:
Gleich ist die Königsherrschaft der Himmel einem Sauerteig,
den eine Frau nahm
und hinein verbarg in drei Saton Mehl,
bis es ganz durchsäuert wurde.

34 Dieses alles redete Jesus in Gleichnissen zu den Volksmengen,
und ohne Gleichnis redete er nichts zu ihnen,
35 so dass erfüllt werde das Gesagte durch den Propheten,
der sagt:
Öffnen werde ich in Gleichnissen meinen Mund!
Aussprechen werde ich Verborgenes seit Grundlegung der Welt!

6.6 Die Gleichnisse von Senfkorn und Sauerteig (13,31–33)

Die beiden Gleichnisse von Senfkorn und Sauerteig sind Kontrastgleichnisse, d.h. sie leben von Gegensätzen, hier dem Gegensatz von »klein und groß«. Zudem decken sie als sog. Doppelgleichnis jeweils die typischen Arbeitswelten von Männern (Landwirtschaft: Senfkorngleichnis) und Frauen (Hauswirtschaft: Sauerteiggleichnis) ab. Es gibt nicht viele Gleichnisse, in denen die Lebenswelt der Frauen eine Rolle spielt (vgl. aber Lk 15,8–10; als Beispiel vgl. entfernt auch Mt 24,40f).
Mit dem Senf ist realgeschichtlich wahrscheinlich der sog. »schwarze Senf« (*brassica nigra*) gemeint, der als das kleinste Senfkorn gilt (ca. 1–2 Millimeter groß), aber eine umso größere Pflanze hervorbringt (ca. 2–3 Meter hoch). Der Senf, der in palästinisch-jüdischem Milieu auf dem Acker und nicht im Garten ausgesät wird, benötigt so gut wie keine Pflege mehr: Er wächst von allein.
Durch das biblische Bild vom Nisten der Vögel im Weltenbaum (Ez 17,23; 31,6; Dan 4,9), das das erfolgreiche Wachstum des Senfkorns eindrucksvoll demonstriert, kommt dabei zugleich die Öffnung des Königreichs Gottes für die heidnischen Völker in den Blick (vgl. 28,19f).
Ähnlich ist es mit dem Sauerteig, der in eine große Menge Mehl eingebracht wird (1 Saton entspricht etwa 13 Liter, d.h. das Mehl genügte für etwa 1 Zentner Brot). Durch das auffällige Verb »*hinein verbergen*« und die Verwendung des Bildes vom Sauerteig, das auch negative Assoziationen auslösen konnte (vgl. etwa 1 Kor 5,6–8), wird das Unaufhaltsame der Königsherrschaft der Himmel zur Sprache gebracht: Wie der Sauerteig seine Kraft entfaltet und in seiner Wirkung nicht mehr aufzuhalten ist, sobald er einmal angesetzt ist, so wird sich auch Gottes Herrschaft in dieser Welt durchsetzen, da sie bereits durch und in Jesu Wirken Fuß gefasst hat.
Wenn man die Linien noch weiter auszieht, ist möglicherweise sogar mit dem an dieser Stelle *positiv* verwendeten Bild vom Sauerteig ein feiner Kontrast zum *negativen* »Sauerteig der Pharisäer« (16,6–12) eingearbeitet, vor dem man sich laut Matthäus hüten soll.

6.7 Die Erfüllung der Schrift (13,34f)

Mit einem Erfüllungszitat aus Ps 78,2 wird nochmals unterstrichen, dass in den Gleichnissen Verborgenes kundgetan wird.
Jesus, dem die verborgenen Geheimnisse vom Vater übergeben worden sind (11,25–27), gibt diese in Gleichnissen weiter. Damit tut er das seit Beginn der Schöpfung Verborgene (13,35) kund: die Geheimnisse der Königsherrschaft der Himmel (13,11). Da die Volksmengen noch nicht vollständig zu der Wahrheit vorgedrungen sind, bleibt diese Gleichnisrede für sie Rätselrede.

36 Dann entließ er die Volksmengen
und kam in das Haus.
Und seine Jünger traten hinzu
und sagten:
Erkläre uns das Gleichnis vom Unkraut des Ackers!

37 Er aber antwortete
und sprach:
Der Säende des guten Samens ist der Menschensohn.
38 Der Acker aber ist die Welt.
Der gute Same aber sind die Söhne der Königsherrschaft.
Das Unkraut aber sind die Söhne des Bösen.
39 Der Feind aber, der es Säende, ist der Teufel.
Die Ernte aber ist die Vollendung der Weltzeit.
Die Erntearbeiter aber sind Engel.

40 Wie nun das Unkraut gesammelt und im Feuer verbrannt wird,
so wird es sein bei der Vollendung der Weltzeit!

41 Aussenden wird der Menschensohn seine Engel,
und sie werden aus seiner Königsherrschaft alle Anstoß Erregenden
sammeln und alle Täter der Gesetzlosigkeit!

42 Und sie werden sie in den Feuerofen werfen:
Dort wird Weinen und Zähneknirschen sein!

43 Dann werden die Gerechten aufleuchten wie die Sonne
in der Königsherrschaft ihres Vaters!

Wer Ohren hat, höre!

6.8 Die Deutung des Unkrauts im Acker (13,36–43)

Wie schon das Gleichnis vom Fruchtbringen (13,3b–9.18–23), so deutet Jesus auch das Gleichnis vom Unkraut unter dem Weizen allegorisch und exklusiv für seine Jünger.

Nachdem er die Volksmengen weggeschickt hat (von 13,36 bis 14,13), begibt er sich wieder in das Haus, das er in 13,1 verlassen hatte. Dieser szenische Wechsel zwischen Haus (Jüngerbelehrung) und Meer (öffentliche Rede) betont nochmals die Differenzierung zwischen Jüngern und Volksmengen, die schon so häufig zur Sprache kam.

Dadurch, dass die Jünger explizit nach der Deutung des »*Unkrauts im Acker*« fragen – und den guten Weizen an dieser Stelle völlig ausblenden –, erfährt der negative Aspekt des Gleichnisses, nämlich der Gerichtsaspekt, eine besondere Betonung. Gleichwohl wird auch der positive Gedanke der Sammlung der Gerechten zumindest gestreift (13,38.43; vgl. Jes 27,12; Mi 4,12f). Da jedoch das Gleichnis selbst ein großes Interesse am Erhalt des Weizens gezeigt und damit zugleich zum geduldigen Aushalten in der *gegenwärtigen* Zeit ermahnt hat (13,29f: »*Lasst beides miteinander wachsen bis zur Ernte!*«), verschiebt sich in der Auslegung des Gleichnisses der Schwerpunkt eindeutig auf die Zukunft.

Jesus beginnt seine Deutung mit einem allegorischen »Schlüssel«, der jeden einzelnen Gleichniszug einer bestimmten Sache zuordnet. Mit diesem Schlüssel lässt sich das Gleichnis dechiffrieren und verstehen.

In der sog. »kleinen Apokalypse« führt Jesus die Entschlüsselung selbst durch (13,40–43) und malt das im Gleichnis angesprochene zukünftige Geschehen in drastischen Bildern aus. Durch den Wechsel ins Futur (13,40–43) wird dabei auch sprachlich hervorgehoben, dass es sich um eine Skizzierung der zukünftigen Ereignisse im Endgericht handelt.

Eine solche Deutung ist bereits in der verwendeten Metaphorik (Bildsprache) angelegt, die in der alttestamentlich-jüdischen Literatur breit bezeugt ist: So spannen die Bilder von der Ernte (vgl. Jes 17,5; Jer 51,33; Joel 4,13; Offb 14,14–20) und dem Verbrennen (vgl. auch Mt 3,10.12) im Feuerofen (Dan 3,6; äthHen 98,3; 10,6; vgl. Mt 13,42.50) einen Gerichtshorizont auf. Häufig wird in diesem Kontext die Ernte wie in Mt 13,40 als »*Vollendung der Weltzeit*« gedeutet (vgl. TestBen 11,3; TestLev 10,2; TestHiob 4,6).

Dabei geht es in solchen Gerichtsbildern nicht um eine tatsächliche Schilderung der Gerichtsereignisse. Vielmehr dienen diese Bilder dazu, die Leserinnen und Leser vor diesem Hintergrund zum richtigen Handeln zu motivieren: »*Wer Ohren hat, höre!*« (13,43).

Der Schlussvers leitet dabei zu den folgenden Versen 13,44–46 über, wo das konkrete richtige Handeln angesichts des Reiches Gottes, ebenfalls mithilfe eines Gleichnisses, vor Augen geführt wird.

44 Gleich ist die Königsherrschaft der Himmel
einem Schatz, verborgen in dem Acker,
den ein Mensch fand und verbarg.
Und in seiner Freude geht er weg
und er verkauft alles, was er hat,
und kauft jenen Acker.

45 Wiederum gleich ist die Königsherrschaft der Himmel
einem Großkaufmann, der schöne Perlen sucht.
46 Als er aber eine wertvolle Perle fand,
ging er weg
und verkaufte alles, was er hatte,
und kaufte sie.

47 Wiederum gleich ist die Königsherrschaft der Himmel
einem Schleppnetz, geworfen ins Meer,
das von aller Art (einen Fang) einsammelte.
48 Als es gefüllt war,
zogen sie es auf den Strand herauf,
setzten sich
und sammelten die guten in Gefäße,
die schlechten aber warfen sie hinaus.

49 So wird es sein bei der Vollendung der Weltzeit:
Die Engel werden herauskommen
und die Bösen aus der Mitte der Gerechten aussondern!
50 Und sie werden sie in den Feuerofen werfen!
Dort wird Weinen und Zähneknirschen sein!

51 Habt ihr das alles verstanden?

Sie sagen ihm:
Ja!

52 Er aber sprach zu ihnen:
Deshalb ist jeder Schriftgelehrte,
der ein Jünger der Königsherrschaft der Himmel geworden ist,
einem Hausherrn gleich,
der aus seinem Schatz Neues und Altes hinauswirft!

53 Und es geschah, als Jesus beendet hatte diese Gleichnisse,
brach er auf von dort.

6.9 Die Gleichnisse vom Finden (13,44–46)

Zwei ganz parallel gestaltete Gleichnisse bringen das Himmelreich mit dem Akt des Findens und der Freude darüber in Verbindung. Nicht der »*Schatz*« oder die »*Perle*« allein werden hier dinglich mit dem Reich der Himmel in Verbindung gesetzt, sondern das Verhalten des jeweiligen Finders. Die Gleichnisse als Ganze erzählen somit vom Reich Gottes und können nicht in Einzelzüge aufgespalten werden.
Im *ersten Gleichnis* (13,44) wird der überraschende Fund eines Schatzes geschildert. Das Vergraben war in der Antike eine durchaus gängige Weise, um Wertvolles aufzubewahren, das im Haus nicht sicher war (vgl. auch Mt 6,19; 25,18.25). Rechtlich ist der Finder vermutlich korrekt vorgegangen, indem er den Acker erworben hat, um an den Schatz zu gelangen.
Auch der Großkaufmann im *zweiten Gleichnis* (13,45f) verkauft aufgrund seines Fundes alles, was er hat, um in den Besitz der wertvollen Perle zu gelangen. Die Freude über das Finden und die Hingabe von allem, was man sein Eigentum nennt, sind die hier vorgestellten wünschenswerten Reaktionen auf die Königsherrschaft Gottes.

6.10 Das Gleichnis vom Schleppnetz (13,47–50)

Da nicht alles, was sich in den Schleppnetzen der Fischer verfängt, gute Fische sind, müssen sich die Fischer nach dem Einsammeln der Netze am Strand hinsetzen und das Fanggut sortieren. Ob sie dabei schlechte Fische oder auch andere unreine Wassertiere oder Algen aussortieren, wird nicht erzählt. Der Fokus liegt auf der Sortierung, und diese wird auf das Ende der Weltzeit gedeutet (13,49).
Grundsätzlich ist hier von demselben Geschehen die Rede wie im Gleichnis vom Unkraut unter dem Weizen (13,24–30.36–43). Allerdings endet dieses Gleichnis nicht mit einem Blick auf die »Guten« (13,30.43), sondern mit einer eindrücklichen Mahnung (13,50). Mit dem Bildwort vom »*Weinen und Zähneknirschen*« schärft Matthäus hier wie auch an anderer Stelle die reale Möglichkeit negativer Konsequenzen im Endgericht ein (vgl. 8,12; 13,42; 22,13; 24,51; 25,30).

6.11 Abschluss der Rede (13,51–53)

Mit einem Vergleich schließt die Gleichnisrede. Der christliche Schriftgelehrte wird dabei mit einem Hausherrn verglichen, der Neues und Altes aus seinem Schatz herausgibt (vgl. auch 12,35). Man kann das so deuten, dass das Alte (die Schriften Israels) weiterhin seine Gültigkeit besitzt, aber nun eine neue Erschließung erfährt (vgl. auch 9,17). Gerade für den Schriftgelehrten Matthäus spielt das eine wichtige Rolle: Er bleibt Jude, auch wenn er sich in der Nachfolge Jesu neu versteht.

54 Und er kam in seine Vaterstadt,
und er lehrte sie in ihrer Synagoge,
so dass sie aus der Fassung gerieten und sagten:
Wo hat der diese Weisheit und die Machttaten her?

55 Ist dieser nicht der Sohn des Zimmermanns?
Wird nicht seine Mutter Maria genannt
und seine Brüder Jakobus und Josef und Simon und Judas?
56 Und sind seine Schwestern nicht alle bei uns?

Wo hat der dieses also alles her?

57 Und sie nahmen Anstoß an ihm.

Jesus aber sprach zu ihnen:
Nicht ist ein Prophet ungeehrt –
außer in der Vaterstadt und in seinem Haus!

58 Und er tat dort nicht viele Machttaten wegen ihres Unglaubens.

7. Die weitere Wirksamkeit (13,54–16,20)

Der größere Abschnitt 13,54–16,20 nimmt viele Themen aus Mt 11 und 12 wieder auf und soll das Verständnis der Leserinnen und Leser weiter vertiefen. Dazu werden zahlreiche unterschiedliche Reaktionen auf Jesus geschildert, die von einem immer tieferen Verstehen bis hin zur erbitterten Ablehnung reichen.

7.1 Ablehnung in der Heimat (13,54–58)

Nachdem Jesus seine große Rede in Gleichnissen beendet hat, verlässt er das Ufer des Sees Gennesaret (13,53) und begibt sich in seine Vaterstadt, d.h. nach Nazaret (vgl. 2,23).

Er sucht die dortige Synagoge auf und lehrt mit solch unglaublicher Weisheit, dass die Anwesenden darüber völlig aus der Fassung geraten (vgl. auch 7,28; 22,33). Mit den »*Machttaten*«, über die sie staunen, ist die Erinnerung an die Wunderheilungen Jesu gemeint, von denen er in Galiläa zahlreiche gewirkt hat (11,21.23).

Da nun beides – Weisheitslehre und Wundertaten – in der Vorstellung der Menschen nicht zu einem Zimmermannssohn passen, dessen Familie zudem wohl noch ortsansässig (13,56), zumindest aber allen wohlbekannt ist, nehmen sie Anstoß an ihm – kurzum: Sie ärgern sich.

Mit dem Ausdruck »*Anstoß nehmen*« wird im Mt-Ev die Erinnerung an das Wort Jesu in 11,6 wach: »*Glückselig ist, wer an mir keinen Anstoß nimmt!*« Genau das Gegenteil wird hier geschildert, so dass die große Ablehnung seiner Person, die Jesus in seiner Heimatstadt erfährt, anschaulich illustriert wird.

Jesus kontert dies mit dem sprichwörtlichen Ausdruck, dass kein Prophet in seiner Heimatstadt etwas gilt (13,57). Das scheint eine alte Erfahrungsweisheit und das typische Schicksal von Propheten zu sein. Indem Jesus hier von sich selbst indirekt als »*Prophet*« spricht, schwingt für die Leserinnen und Leser des Evangeliums, die die wahre Identität Jesu kennen, mit, dass die Menschen aus Nazaret überhaupt noch nicht zu einem adäquaten Verständnis Jesu durchgedrungen sind (vgl. 16,14).

Die Konsequenz ist, dass Jesus wegen dieses Unglaubens nicht mehr viele Machttaten in seiner Heimatstadt tut. Er wendet sich jedoch nicht vollständig von Nazaret ab, so dass in keiner Hinsicht von einer absoluten Verwerfung gesprochen werden kann: Weder wird Jesus vollständig von seiner Heimatstadt verworfen noch verwirft er diese.

Dass er zumindest einige wenige (13,58) Heilungen vollzieht, könnte darauf hindeuten, dass Jesus teilweise Aufnahme findet und die Ablehnung seiner Person nicht flächendeckend ist.

14,1 In jener Zeit hörte Herodes, der Tetrarch, die Kunde über Jesus.
2 Und er sprach zu seinen Dienern:
Dieser ist Johannes der Täufer!
Er wurde von den Toten erweckt
und deshalb wirken die Machtkräfte in ihm!

3 Denn Herodes hatte Johannes ergriffen
und gebunden und ins Gefängnis gesetzt
wegen Herodias, der Frau von Philippus, seinem Bruder.
4 Denn Johannes hatte zu ihm gesagt:
Es ist dir nicht erlaubt, sie zu haben!

5 Und er wollte ihn töten,
fürchtete aber die Volksmenge,
weil sie ihn für einen Propheten hielt.

6 Als aber das Geburtsfest des Herodes begangen wurde,
tanzte die Tochter der Herodias in der Mitte,
und sie gefiel dem Herodes,
7 weshalb er mit einem Eid bekannte,
ihr zu geben, was sie auch erbitten würde.
8 Sie aber, vorgeschoben von ihrer Mutter:
Gib mir
– sagt sie –
hier auf einem Teller das Haupt Johannes des Täufers!

9 Und der König wurde traurig.
Wegen der Eide und der mit zu Tisch Liegenden befahl er,
dass es gegeben werde.

10 Und er sandte hin und ließ Johannes enthaupten im Gefängnis.
11 Und sein Haupt wurde auf einem Teller gebracht,
und es wurde dem Mädchen gegeben,
und es brachte es seiner Mutter.

12 Und seine Jünger traten hinzu,
sie hoben den Leichnam auf
und begruben ihn.

Und sie kamen und vermeldeten es Jesus.

7.2 Der Tod Johannes des Täufers (14,1–12)

Mit Mt 14 kommt zum ersten Mal wieder ein Herodes ins Spiel. Nach Herodes dem Großen (2,1–12) und dessen Sohn Archelaos (2,22) herrscht nun Herodes Antipas – ebenfalls ein Sohn Herodes des Großen – als »*Tetrarch*«, d.h. als »Vierfürst« über ein Viertel des Landes Palästina (Galiläa und Peräa, 4 v. Chr. – 39 n. Chr.).

Nachdem die jüdischen Autoritäten nach der Eskalation der Auseinandersetzung mit Jesus in Mt 12 vorerst abgetreten sind, wird die Konfliktthematik auf der Ebene der politischen Autoritäten weitergeführt. In der Erzählung vom Tod des Vorläufers Jesu, Johannes des Täufers (vgl. 3,1–17), klingt dabei der bevorstehende Tod Jesu indirekt an. Nicht zufällig zieht sich Jesus darum auch sofort in eine einsame Gegend zurück (14,13), nachdem ihm die Jünger von den Ereignissen berichtet haben (14,12).

Vergleicht man die Darstellung der Ereignisse, welche jeweils zum Tod des Johannes und zum Tod Jesu führen, zeigen sich viele Parallelen: *Johannes* hatte Herodes Antipas *kritisiert*, weil dieser die Frau seines Bruders Philippus geheiratet hatte, der zwar 33 n. Chr. kinderlos gestorben war, so dass die neue Heirat den Tatbestand der Leviratsehe erfüllt hätte (vgl. die Erklärung zu 22,23–33), aber deswegen kritikwürdig blieb, weil Herodes sich für die neue Ehe von seiner ersten Frau hatte scheiden lassen und auch Herodias bereits eine Scheidung hinter sich hatte. Wegen der Kritik des Täufers an seiner Lebensführung will Herodes ihn *töten, fürchtet* sich aber vor den Volksmengen, *die Johannes für einen Propheten halten* (14,5).

Ähnlich ergeht es *Jesus*: Auch er *kritisiert* seine Gegner, so dass sie ihn einerseits *töten* wollen (12,14), sich aber andererseits vor den Volksmengen *fürchten, die Jesus für einen Propheten halten* (21,46). Nimmt man dann noch die falsche Identifizierung Jesu mit dem auferstandenen Täufer durch Herodes hinzu (14,2), wird klar, dass Jesus und Johannes dieselben Feinde haben.

Mit dem Motiv des Prophetenmordes bemüht Matthäus eine alttestamentliche Tradition, die er im Evangelium häufiger anklingen lässt (vgl. 5,12; 17,12; 21,33–41; 22,3–6; 23,29–36). Im Kontext der Erzählung von der Tötung des Täufers dient sie dazu, Herodes als Repräsentanten der Führungsschicht Israels darzustellen, die schon früher die Propheten des Volkes verfolgt und getötet hat.

Die Tötung des Täufers wird in 14,6–12 in Form eines Rückblicks erzählt. Herodias, die in der markinischen Version eine viel dominantere Rolle einnahm (Mk 6,17–29), wird bei Matthäus stark zurückgedrängt, so dass Herodes als der wahre Gegenspieler Jesu inszeniert wird. Das passt in die aufgezeigte Linie. Warum es allerdings heißt, dass Herodes »*traurig wurde*« (14,9), lässt sich nur schwer deuten. Möglicherweise ist die Trauer Ausdruck der vertanen Chance, das Richtige getan zu haben.

13 Als Jesus das hörte,
entwich er von dort in einem Boot an einen einsamen Ort – allein.
Und als das die Volksmengen hörten,
folgten sie ihm zu Fuß aus den Städten nach.

14 Und als er herauskam,
sah er eine große Volksmenge:
Und er wurde im Innersten ergriffen über sie
und heilte ihre Kranken.

15 Als es aber Abend geworden war,
traten die Jünger zu ihm und sagten:
Einsam ist der Ort,
und die Stunde ist schon vorgerückt!
Entlass die Volksmengen,
damit sie weggehen in die Dörfer
und sich Essen kaufen!

16 Jesus aber sprach zu ihnen:
Sie haben es nicht nötig, wegzugehen:
Gebt ihr ihnen zu essen!

17 Sie aber sagen ihm:
Nichts haben wir hier außer fünf Broten und zwei Fischen!

18 Er aber sprach:
Bringt sie mir hierher!

19 Und er befahl den Volksmengen,
sich niederzulassen auf das Gras,
und er nahm die fünf Brote und die zwei Fische,
sah auf zum Himmel,
segnete und brach sie,
und gab die Brote den Jüngern,
die Jünger aber (gaben) den Volksmengen.

20 Und alle aßen und wurden satt.
Und sie hoben das Übriggebliebene der Stücke auf, zwölf volle Körbe!
21 Die Essenden aber waren etwa fünftausend Männer
– ohne Frauen und Kinder.

7.3 Rückzug und Sammelnotiz (14,13f)

Jesus zieht sich nach dem Tod des Täufers, der ihn erschüttert und ihm die Gefährdung prophetischen Wirkens deutlich gemacht hat, in die Einsamkeit zurück. Die Volksmengen lassen nicht von ihm ab und folgen ihm sogar zu Fuß aus den Städten nach. Als Jesus aus dem Boot aussteigt, wird er »*im Innersten ergriffen über sie*«, was an 9,36 zurückdenken lässt: Immer deutlicher tritt die Situation des führungslosen und ermatteten Volkes zutage. Und Jesus antwortet darauf mit messianischen Machttaten: Er heilt die Kranken.

7.4 Die erste Speisungserzählung (14,15–21)

Die Not ist offensichtlich so groß, dass es darüber Abend geworden ist. Und so treten die Jünger an Jesus heran und bitten ihn, die Volksmengen zu entlassen, damit diese sich in den umliegenden Dörfern etwas zu essen kaufen können. Die erste Reaktion der Jünger auf die Not des Volkes lautet in dieser Szene somit: »*Entlass sie!*« (14,15).

Dies könnte man natürlich als rein pragmatischen oder sogar »fürsorglichen« Vorschlag seitens der Jünger bewerten. Aber aufgrund einer parallel laufenden Eingabe in 15,23, wo die Jünger Jesus auffordern, die vor Not laut um Hilfe schreiende kanaanäische Frau doch wegzuschicken, trägt hier die Abwehr oder Ablehnung der Jünger den Ton.

Jesus sieht keine Veranlassung, dem Wunsch der Jünger zu entsprechen, sondern fordert sie im Gegenzug zum eigenmächtigen Handeln auf: »*Gebt ihr ihnen zu essen!*« (14,16). Das klingt ganz so, als wolle er sie ermuntern, die ihnen übertragene Vollmacht (vgl. 10,1) nun voll zur Geltung zu bringen und die hungrigen Volksmengen zu speisen. Doch die Jünger enttäuschen und verweisen hilflos darauf, dass sie doch nur fünf Brote und zwei Fische hätten. Das klingt keineswegs nach der Selbstgewissheit eines Handelns mit übertragener Vollmacht, welches man aufgrund ihrer Beauftragung und des Befehls Jesu von ihnen erwarten dürfte. »Machttaten« werden anders eingeleitet.

Zwar darf man den Jüngern eine gewisse Mittlerposition zwischen Volk und Wundertäter nicht absprechen, denn sie gehen Jesus immerhin als »Helfer« zur Hand: Auf Jesu Befehl hin bringen sie die Volksmengen zu ihm und geben Brote und Fische an alle aus (14,18f). In gewisser Weise – aber eben nur in gewisser Weise – holen sie damit tatsächlich die Aufforderung »*Gebt ihr ihnen zu essen*« ein. Aber das Wunder selbst bewirkt Jesus.

Wie es für ein Geschenkwunder üblich ist, bleibt der Wundervorgang im Hintergrund und wird nicht erzählt. Aber die übriggebliebenen Körbe und die Anzahl der Gesättigten demonstrieren den großen Erfolg (vgl. die Auslegung zu 15,32–39).

22 Und sofort nötigte er die Jünger ins Boot einzusteigen
und ihm vorauszufahren an das jenseitige Ufer,
bis er die Volksmengen entlassen habe.

23 Und als er die Volksmengen entlassen hatte,
stieg er auf den Berg – allein –, um zu beten.
Als es aber Abend geworden war,
war er dort allein.

24 Das Boot aber war schon viele Stadien vom Land entfernt,
gequält von den Wellen,
denn es war Gegenwind.

25 In der vierten Nachtwache aber kam er zu ihnen,
indem er über dem Meer umherging.

26 Als die Jünger ihn aber über dem Meer umhergehen sahen,
gerieten sie in Bestürzung
und sagten:
    Es ist ein Gespenst!

Und sie schrien vor Angst.

27 Sofort aber redete Jesus zu ihnen
und sagte:
    Habt Mut!
    Ich bin es!
    Fürchtet euch nicht!

28 Petrus aber antwortete und sprach:
    Herr, wenn du es bist,
    befiehl mir,
    auf den Wassern zu dir zu kommen!

7.5 Der Seewandel (14,22–33)

Die Geschichte erzählt von einem doppelten Seewandel: vom gelungenen Seewandel Jesu und vom missglückten Seewandel des Petrus.
Jesus fordert seine Jünger auf, an das jenseitige Ufer zu fahren, während er selbst die gesättigten Volksmengen wegschickt, um allein auf einem Berg zu beten. Das Gebet ist Ausdruck der Nähe zu Gott, aus der sich Jesu Vollmacht speist. Der Berg ist der Ort, an dem diese Nähe zwischen Jesus und dem Vater besonders erfahrbar wird. Aus diesem Grund wird auch die Epiphanie (Erscheinung) Gottes in der Verklärungsszene auf einem Berg stattfinden (17,1–8).
Die Jünger geraten mit ihrem Boot mitten auf dem See Gennesaret durch die berüchtigten »Fallwinde« in Seenot. Während das Boot der Willkür des Windes ausgeliefert ist, demonstriert Jesus im Gegenzug seine Macht über die Naturgewalten, indem er über den See geht. Im Alten Testament ist die Beherrschung der Chaosmächte allein JHWH möglich (vgl. den Kommentar zur Seesturmerzählung 8,23–27).
Durch die Kombination der Attribute Wasser, Nacht und Sturm wird die extreme Bedrängnis vergegenwärtigt, in der sich die Jünger befinden. Zugleich wird das Boot zum Symbol für die matthäische Gemeinde: Es sind die Nachfolgerinnen und Nachfolger Jesu, die »*gequält*« (14,24) werden. Das Verb, das hier für die Situation des Bootes Verwendung findet, wird zumeist auf menschliches Leiden bezogen, auf Not, Krankheit, Folter oder Qual, so dass es durchaus transparent sein könnte für die bedrängenden Erfahrungen der Gemeinde.
Erst in der vierten Nachtwache, d.h. zwischen drei und sechs Uhr morgens, erscheint Jesus. Das erinnert daran, dass Gott auch im Alten Testament beim Morgengrauen rettend und helfend eingreift (vgl. Ex 14,24; Ps 46,6; Jes 17,14). Möglicherweise klingt hier sogar aus nachösterlicher Perspektive der Ostermorgen an (vgl. Mt 28,1).
Jesus beruhigt und ermutigt die verängstigten Jünger, die ihn für ein Gespenst halten (vgl. Lk 24,39!), in einem Dreischritt: »*Habt Mut! Ich bin es! Fürchtet euch nicht!*« (14,27). Im Zentrum steht dabei die Selbstoffenbarung Jesu (»*Ich bin es*«), welche die alttestamentliche Gottesoffenbarungsformel aufgreift (vgl. Jes 41,4; vgl. Ex 3,14!).
Petrus nimmt diese Selbstvorstellung Jesu direkt auf und wiederholt sie: »*Herr, wenn du es bist...*« Damit drückt er aus, dass er bereit ist, den im Wort Jesu enthaltenen Vollmachtsanspruch nicht nur zu akzeptieren, sondern daran seine Entscheidungen auszurichten. Petrus formuliert eine unbedingte Vertrauensäußerung, die den Raum für das folgende Wunder bildet.

29 Er aber sprach:
Komm!

Und Petrus stieg herunter vom Boot,
ging umher auf den Wassern
und kam zu Jesus.

30 Als er aber den starken Wind sah,
fürchtete er sich.
Und als er begann zu sinken,
schrie er und sagte:
Herr, rette mich!

31 Sofort aber streckte Jesus die Hand aus,
ergriff ihn und sagte ihm:
Kleingläubiger!
Warum zweifeltest du?

32 Und als sie hinaufstiegen ins Boot,
legte sich der Wind.
33 Die aber im Boot fielen nieder vor ihm
und sagten:
Wahrhaftig, Gottes Sohn bist du!

34 Und sie setzten über und kamen in das Land, nach Gennesaret.
35 Und als die Männer des Ortes ihn erkannten,
sandten sie in jenes ganze Umland:
Und sie brachten zu ihm alle, denen es schlecht ging.
36 Und sie baten ihn,
dass sie nur die Schaufäden seines Mantels berühren durften –
und alle die berührten,
wurden gerettet!

7.5 Der Seewandel

Jesus ruft Petrus, der trotz des Seesturms, welcher zu diesem Zeitpunkt ja immer noch tobt, aus dem Boot steigt. Im absoluten – man könnte sogar sagen im »blinden« – Vertrauen auf Jesus gelingt Petrus das Unmögliche: Er kann tatsächlich über das Wasser gehen.

Doch genau in dem Moment, in dem Petrus dieses Vertrauen aus den Augen verliert und stattdessen seinen Blick auf die bestehende Gefahr lenkt, beginnt er unterzugehen. Er kann sich nur noch mit einem verzweifelten Hilferuf an Jesus wenden: »*Herr, rette mich!*« (vgl. Ps 69,2f.15f).

Jesus greift sofort ein (vgl. Ps 18,17; 144,7) und spricht ihn als »*Kleingläubigen*« an (14,31). Das ist exakt dieselbe Bezeichnung, die Jesus den Jüngern in 8,26 in einer ähnlichen Situation gegeben hat (vgl. auch 6,30). Und damit wird deutlich, dass Petrus hier als ein »typischer« Jünger gezeichnet wird: Er legt einen verunsicherten Glauben an den Tag (vgl. 28,17), der alles vermag (vgl. 17,20), solange er auf Jesus vertraut, der aber im Augenblick aufkeimenden Selbstzweifels scheitert. Aus purer Angst verliert Petrus das Vertrauen in die Vollmacht Jesu und meint stattdessen, auf sich allein gestellt zu sein. Im wahrsten Sinne des Wortes hat er »Selbstzweifel«, die ihn untergehen lassen.

Durch sein Rettungshandeln erweist Jesus, dass er die Vollmacht besitzt, an der der kleingläubige Petrus gezweifelt hat. Folgerichtig reagieren die Jünger auf diese Offenbarung Jesu mit dem Gottessohnbekenntnis und werfen sich vor ihm nieder. Ein solches Bekenntnis zu Jesus wird sich an späterer Stelle im Munde des Petrus (16,16) und des römischen Hauptmanns unter dem Kreuz (27,54) wiederfinden.

7.6 Sammelnotiz (14,34–36)

Eine Sammelnotiz (Summarium) zur Heilungstätigkeit Jesu schließt sich an. Wie in 9,20f wird Jesus durch die Schaufäden an seinem Gewand (vgl. Num 15,38–40; Dtn 22,12) als frommer Jude dargestellt. Es fällt auf, dass alle Konflikte und Ressentiments an dieser Stelle wie weggewischt scheinen: Jesus wird inmitten seines ihm freundlich gesinnten Volkes gezeigt, dem er sich heilend zuwendet und das sich ihm vertrauend nähert.

Durch die passivische Formulierung »*sie wurden gerettet*« (14,36) wird angezeigt, dass Gott derjenige ist, der die Rettung und Heilung bewirkt. Anders ausgedrückt: Jesus heilt durch den Geist Gottes alle Kranken und Schwachen (vgl. 12,28).

15,1 Da traten hinzu zu Jesus
von Jerusalem Pharisäer und Schriftgelehrte
und sagten:
2 Weshalb übertreten deine Jünger die Überlieferung der Ältesten?
Denn sie waschen sich nicht die Hände,
wenn sie Brot essen!

3 Er aber antwortete und sprach zu ihnen:
Weshalb übertretet auch ihr das Gebot Gottes –
wegen eurer Überlieferung?
4 Gott nämlich sprach:
Ehre den Vater und die Mutter! – und:
Wer schlecht redet über Vater oder Mutter,
soll des Todes sterben!

5 Ihr aber sagt:
Wer zum Vater oder zur Mutter spricht:
Eine Gabe ist, was dir von mir zusteht,
6 der braucht seinen Vater oder seine Mutter nicht zu ehren!
Und ihr entmachtetet das Wort Gottes –
wegen eurer Überlieferung!

7 Heuchler!
Gut prophezeite über euch Jesaja, der sagt:
8 *Dieses Volk ehrt mich mit den Lippen,*
ihr Herz aber ist weit entfernt von mir!
9 *Vergeblich verehren sie mich,*
wenn sie als Lehren Gebote von Menschen lehren!

10 Und er rief hinzu die Volksmenge
und sprach zu ihnen:
Hört und versteht!
11 Nicht was hineingeht in den Mund,
verunreinigt den Menschen,
sondern was herauskommt aus dem Mund,
das verunreinigt den Menschen!

7.7 Die Reinheitsfrage (15,1–20)

Nach den überaus positiven Reaktionen des Volkes auf Jesus (14,34–36) treten mit den Jerusalemer Pharisäern und Schriftgelehrten umso kontrastreicher die Konflikte mit den Gegnern in den Vordergrund. Dies wird in Form eines Streitgesprächs dargestellt, in dem es um eine innerjüdische Debatte zu Reinheitsfragen geht.

Auslöser der jesuanischen Ausführungen zu Rein und Unrein ist eine Beschwerde der Pharisäer und Schriftgelehrten, die beobachtet haben, dass die Jünger Jesu mit ungewaschenen Händen essen und somit eine Reinheitsvorschrift übertreten. Dass sich ausgerechnet die Pharisäer darüber erregen, ist sachlich richtig erzählt, denn das Händewaschen ist kein Toragebot, sondern tatsächlich eine pharisäische Forderung (vgl. Ber 52b).

Wichtig ist, dass Matthäus die Reinheitsdebatte ausdrücklich auf den Einzelfall des rituellen Händewaschens bezieht. Anders ausgedrückt: Es geht Matthäus nicht darum, die Reinheitsgebote Israels ingesamt aufzuheben. Dies wird durch eine auffällige Korrektur der Markusvorlage deutlich: Während es in Mk 7,19 heißt, dass Jesus alle Speisen »*für rein erklärte*«, streicht Matthäus diesen Satz.

Bevor Jesus sich zum rituellen Händewaschen äußert, greift er die Fragesteller mit einer drastischen Gegenkritik an. Dazu zitiert er Ex 20,12 par Dtn 5,16 (Mt 15,4) und ergänzt das Gebot durch die drohende Todesstrafe bei Übertretung (vgl. Ex 21,17). Dadurch schärft er die Wichtigkeit dieses Dekaloggebotes ein.

Den Pharisäern wirft Jesus inhaltlich Folgendes vor: Sie nehmen die finanziellen Mittel, die zum Unterhalt der Eltern notwendig wären, um sie durch ein Gelübde (vgl. Num 30,3; Dtn 23,22–24) zu einer Gabe für den Tempel umzuwidmen (Mt 15,5). Den Eltern hingegen bleibt nichts.

Ein solches Verhalten ist inakzeptabel und eine viel schlimmere Übertretung als das Auslassen des rituellen Händewaschens. Und aus diesem Grund bezeichnet Jesus die Pharisäer als »*Heuchler*« und polemisiert gegen sie mit einem Zitat aus Jes 29,13, das den Widerspruch zwischen Lippen und Herz hervorhebt: Es kann niemals eine Vorordnung oder Höherbewertung der Gelübde vor der Elternpflicht geben.

Nach dieser Kritik greift Jesus die Frage des rituellen Händewaschens wieder auf und ruft dazu das Volk herbei (15,10). Das *ganze Volk* soll durch Jesu Lehre zum Verstehen angeleitet werden (vgl. 13,9).

Und seine Lehre lautet: Nicht das verschmutzte Brot verunreinigt den Menschen, sondern solche Lehren, wie sie etwa aus dem Munde der Pharisäer kommen, die die Gebote Gottes außer Kraft setzen. Hingegen gilt uneingeschränkt, dass das Liebesgebot niemals den Reinheitsgeboten untergeordnet werden darf.

12 Da traten seine Jünger hinzu
und sagten ihm:
Weißt du, dass die Pharisäer,
als sie das Wort hörten, Anstoß nahmen?

13 Er aber antwortete
und sprach:
Jede Pflanze,
die nicht mein himmlischer Vater pflanzte,
wird entwurzelt werden!

14 Lasst sie!
Sie sind blinde Führer!
Wenn aber ein Blinder einen Blinden führt,
werden beide in eine Grube fallen!

15 Petrus aber antwortete
und sprach zu ihm:
Erkläre uns dieses Gleichnis!

16 Er aber sprach:
Seid auch ihr noch Unverständige?
17 Begreift ihr nicht,
dass alles, was hineingeht in den Mund,
in den Bauch gelangt
und in den Abort ausgeworfen wird?

18 Was aber herauskommt aus dem Mund,
kommt aus dem Herzen heraus,
und das verunreinigt den Menschen.
19 Aus dem Herzen kommen nämlich böse Gedanken:
Morde, Ehebrüche, Unzucht,
Diebstähle, falsche Zeugnisse, Lästerungen!
20 Dieses ist es, was den Menschen verunreinigt.

Aber mit ungewaschenen Händen zu essen,
verunreinigt den Menschen nicht!

7.7 Die Reinheitsfrage

Die Pharisäer empören sich über diese gegen sie gerichtete Lehre Jesu. Aber auch die Jünger verstehen sie nicht, wie sich an der Frage des Petrus in 15,15 erkennen lässt.
Bevor Jesus die Unterweisung der Jünger zum Thema Rein und Unrein vertieft (15,15–20), greift er die Pharisäer nochmals scharf an (15,12–14). Dazu bemüht er zunächst ein kurzes Gleichnis (15,13), welches einen drastischen Gerichtshorizont aufspannt: Wer nicht zu »*Gottes Pflanzung*« gehört, wird entwurzelt und damit vernichtet werden (vgl. 13,29!). Das Bild von der Pflanzung Gottes ist ein Gemeinschaftsbild Israels, und es gehört zu seinem Selbstverständnis, auserwähltes Volk zu sein (vgl. Ex 15,17; Jes 61,3; Jer 32,41). In diesem Kontext bedeutet seine Anwendung, dass Jesus den Pharisäern die Zugehörigkeit zur Gottespflanzung abspricht: Er bestreitet ihren erwählungstheologischen Anspruch, was die Vernichtung im zukünftigen Gericht (»*entwurzelt werden*«) nachdrücklich erweisen wird.
Den Jüngern rät Jesus, sich um die Empörung der Pharisäer nicht zu kümmern (»*Lasst sie!*«, 15,14), denn auch als Toralehrer erfüllen sie nicht die Erwartungen: Sie sind »*blinde Führer*« (vgl. 23,16.24). Damit werden sie in Kontrast zu Jesus selbst gezeichnet, der die Blinden heilt (12,22; 15,30f sowie 9,27–31; 20,29–34). Zugleich scheint hier die matthäische Gemeindesituation durch, die dadurch gekennzeichnet ist, dass einige Gemeindemitglieder sich für die pharisäischen Lehren durchaus empfänglich zeigten (s. Einleitung). Nur so lässt sich die scharfe matthäische Polemik gegen die Pharisäer nachvollziehen.
Mit 15,15 wird das eigentliche Thema des Streitgesprächs wieder aufgenommen. Jesus legt den Jüngern seine Lehre von 15,11 vertiefend aus und erklärt ihnen, was sie bis dahin bedauerlicherweise (vgl. 15,16) noch nicht verstanden haben: Bei dem, was in den Körper hineingeht, handelt es sich um Essen, das seinen natürlichen Lauf nimmt und den Körper von alleine wieder verlässt. Aus diesem Grund kann es den Menschen nicht verunreinigen.
Bei dem aber, was aus dem Mund herauskommt, handelt es sich um Laster, die tief im Herzen – der Personmitte – verankert sind. Damit greift Matthäus den Grundsatz aus 12,34 auf: »*Denn aus der Überfülle des Herzens redet der Mund*«. Da es viel wichtiger ist, ein »*reines Herz*« zu haben (vgl. 5,8!) als reine Hände, und sich genau an diesem Punkt die Reinheitsfrage entscheidet, lautet die Antwort Jesu auf das Ausgangsproblem: Essen mit ungewaschenen Händen kann den Menschen nicht verunreinigen.
Mit diesem abschließenden Wort Jesu legitimiert Matthäus zugleich autoritativ eine bestimmte Gemeindepraxis, die sich in Auseinandersetzung mit der ortsansässigen Synagoge etabliert hat (s. Einleitung).

21 Und Jesus kam von dort heraus
und entwich in die Gebiete von Tyros und Sidon.

22 Und siehe!
Eine kanaanäische Frau aus jener Umgegend kam heraus,
schrie und sagte:
Erbarme dich meiner, Herr! Sohn Davids!
Meine Tochter ist schlimm von einem Dämon besessen!

23 Er aber antwortete ihr nicht ein Wort.
Da traten seine Jünger hinzu und baten ihn
und sagten:
Entlass sie,
denn sie schreit hinter uns her!

24 Er aber antwortete und sprach:
Ich wurde nur zu den verlorenen Schafen des Hauses Israel gesandt!

25 Sie aber kam und fiel nieder vor ihm
und sagte:
Herr, hilf mir!

26 Er aber antwortete
und sprach:
Es ist nicht gut, das Brot der Kinder zu nehmen
und es den Hündchen hinzuwerfen!

27 Sie aber sprach:
Ja, Herr!
Doch auch die Hündchen essen von den Brocken,
die vom Tisch ihrer Herren fallen!

28 Da antwortete Jesus und sprach zu ihr:
O Frau, groß ist dein Glaube!
Es soll dir geschehen, wie du willst!

Und geheilt wurde ihre Tochter von jener Stunde an.

7.8 Die kanaanäische Frau (15,21–28)

Dass Jesus angesichts der Feindseligkeit jüdischer Autoritäten »*entweicht*«, ist den Leserinnen und Lesern des Mt-Ev bereits aus 12,15 und 14,13 vertraut. Auch der Rückzug der Familie nach Ägypten (2,14) bzw. nach Galiläa (2,22) wird durch dasselbe Verb ausgedrückt.

Während Jesus und seine Jünger des Weges ziehen, läuft eine Frau hinter ihnen her und schreit ihr Anliegen laut heraus, was der Dringlichkeit ihrer Not besonderen Nachdruck verleiht. Sie ruft Jesus mit der Anrede »*Herr*« und »*Sohn Davids*« an. Die erste Anrede ist eine Vertrauensäußerung (vgl. auch 8,6.8), mit der zweiten hingegen akzeptiert sie, dass Jesus eigentlich gar nicht für sie zuständig ist, da sie als Kanaanäerin eine Nichtjüdin ist. Als »*Sohn Davids*« ist Jesus der erwartete königliche Messias *für Israel* (1,16f; 2,1–12) und damit zunächst einmal nur für dieses Volk verantwortlich (vgl. 4,23; 10,6; 9,36–42).

Und so reagiert Jesus zunächst trotz ihres Flehens mit Schweigen, was auch die Jünger ermuntert haben mag, Jesus zu bitten, sie wegen ihres lästigen Geschreis fortzuschicken. Da sich die Frau aber nicht abweisen lässt und beharrlich bleibt, erklärt ihr Jesus, dass sich sein Sendungsauftrag nur auf die »*verlorenen Schafe Israels*« (15,24) erstreckt.

Die Parallelführung dieser Episode zur Erzählung vom Hauptmann von Kafarnaum (8,5–13) liegt auf der Hand und reicht bis in die sprachlichen Formulierungen hinein: Beide Bittsteller sind Nichtjuden, beide treten als Stellvertreter für ein erkranktes Kind auf, d.h. sie wollen die Heilung nicht für sich selbst erwirken, sondern für einen Angehörigen; und beide Male endet es damit, dass Jesus den Bittstellenden »*großen Glauben*« attestiert (8,10; 15,28).

Hier ist es das Argument der Frau (15,27), das Jesus dazu bewegt, ihre Bitte zu erfüllen und die Tochter zu heilen. Die Frau argumentiert gegenüber dem angeführten und bekannten Bildwort, dass Heiden aus der Sicht des auserwählten Volkes als »Hunde« angesehen werden, dass das Heil für Israel letztlich auch auf die Heiden ausstrahlt. Damit erkennt sie – wie bereits die Magier aus dem Osten oder der römische Hauptmann vor ihr –, dass der Messias Israels auch den Heiden Heil bringt. Das erkennt Jesus an, und genau aus diesem Grund nennt er ihren Glauben »groß«.

Allerdings – und das unterscheidet Matthäus von der Vorlage Mk 7,24–30 – eröffnet die gewährte Heilung der Tochter noch keine generelle Wirksamkeit in heidnischem Gebiet: Jesus verlässt in 15,29 fast fluchtartig die Region von Tyros und Sidon, die er erst in 15,21 betreten hat, und kehrt nach Galiläa zurück.

Aber als Figur weist die Kanaanäerin voraus auf das, was Jesus erst als Auferstandener kundtun wird (28,19f): die Öffnung des Heils für die Heiden. Darum kann man die Frau zurecht als eine Figur mit Signalcharakter bezeichnen.

29 Und Jesus ging von dort fort und kam an das Meer von Galiläa.
Und er stieg auf den Berg und setzte sich dort.

30 Und es traten hinzu zu ihm viele Volksmengen,
und sie hatten mit sich Lahme, Blinde, Krüppel, Stumme
und viele andere und legten sie nieder vor seine Füße.
Und er heilte sie,
31 so dass die Volksmenge sich wunderte, die sah,
dass Stumme reden, Krüppel gesunden
und Lahme umhergehen und Blinde sehen.
Und sie priesen den Gott Israels.

32 Jesus aber rief hinzu seine Jünger und sprach:
Ich bin im Innersten ergriffen über die Volksmenge,
weil sie schon drei Tage bei mir bleiben
und nichts zu essen haben!
Ich will sie nicht hungrig entlassen,
damit sie nicht zusammenbrechen auf dem Weg!

33 Und seine Jünger sagen ihm:
Woher sollen wir in der Wüste so viele Brote nehmen,
um eine so große Volksmenge zu sättigen?

34 Und Jesus sagt zu ihnen:
Wie viele Brote habt ihr?

Sie aber sprachen:
Sieben und wenige Fischchen.

35 Und er gebot der Volksmenge, sich niederzulassen auf die Erde.
36 Und er nahm die sieben Brote und die Fische und dankte,
brach sie und gab den Jüngern,
die Jünger aber den Volksmengen.

37 Und alle aßen und wurden satt.
Und das Übriggebliebene der Stücke hoben sie auf, sieben volle Körbe!
38 Die Essenden aber waren viertausend Männer
– ohne Frauen und Kinder.
39 Und er entließ die Volksmengen und stieg in das Boot.
Und er kam in die Umgegend von Magadan.

7.9 Die zweite Speisungserzählung (15,29–39)

Zurück in Galiläa setzt Matthäus mit einem Sammelbericht (15,29–31) ein, der nicht nur den erzählerischen Hintergrund für die sich anschließende zweite Speisungserzählung bildet, sondern ein letztes Mal verdichtend formuliert, dass Jesus als der Messias Israels sich seinem Volk heilend zuwendet.

Nochmals wird dabei die positive Reaktion des Volkes auf die Person Jesu vor Augen geführt (vgl. 14,34–36), dem die feindliche Ablehnung der Pharisäer und Schriftgelehrten nichts anhaben kann. Der Sammelbericht schließt mit der Notiz, dass das ganze Volk den Gott Israels pries (15,31). Diese Formulierung greift die Sprache der Psalmen auf (Ps 41,14; 72,18; 106,48; auch Lk 1,68), dürfte aber ebenfalls im Gottesdienst der matthäischen Gemeinde eine Rolle gespielt haben.

Die Zuwendung und das Erbarmen Jesu gegenüber seinem Volk werden durch die sich anschließende Speisungserzählung (15,32–39) erzählerisch weiter geführt. Anders als bei der ersten Speisungserzählung (14,13–21), die sprachlich unüberhörbar anklingt, ergreift Jesus in 15,32–39 von Anfang an selbst die Initiative (15,32). Dabei ist sein Beweggrund ein tiefes Ergriffensein über den Zustand des Volkes (vgl. auch 9,36!).

Betrachtet man die Rolle der Jünger, so ist es aufschlussreich, dass sie, die ja bereits die erste Speisung miterlebt haben, durch ihre ungläubige Rückfrage offenbaren (15,33), dass sie mit der Möglichkeit eines Wunders in keiner Weise rechnen: »*Woher sollen wir in der Wüste so viele Brote nehmen, um eine so große Volksmenge zu sättigen?*« Erneut rückt damit der »Kleinglaube« der Jünger ins Zentrum, den Jesus bereits in 8,26 und 14,31 kritisiert hat und der in 16,8f direkt angesprochen werden wird.

Doch immerhin handeln die Jünger wie in der ersten Speisungserzählung als Mittler zwischen Jesus und dem Volk und nehmen damit ihre Aufgabe, zu der sie laut 9,36–10,8 bevollmächtigt wurden, wahr: Sie wirken aktiv am Dienst für Israel mit. Konkret äußert sich das darin, dass sie Jesus ihren Proviant geben – sieben Brote und ein paar kleine Fische – und diesen im Anschluss an Jesu Dankgebet dem versammelten Volk austeilen.

Beide Speisungserzählungen des Mt-Ev verdeutlichen, dass Jesus wahrhaftig den Hunger seines Volkes stillt. Zugleich klingt dabei auch die Erinnerung an das Herrenmahl, das letzte Mahl Jesu mit seinen Jüngern (26,26–29) kurz vor seinem Leiden, an.

Während Jesus in 14,19 die Brote »*segnete*« (das erinnert an das jüdische Segensgebet), heißt es in 15,36, dass er »*dankte*« (das erinnert an die Eucharistiefeier, griech. *eucharistein* = danken). Da die Eucharistiefeier zur Zeit des Matthäus noch mit einem Sättigungsmahl verbunden war, wird der dadurch hergestellte Bezug zum Herrenmahl nochmals deutlicher.

16,1 Und es traten die Pharisäer und Sadduzäer hinzu,
um ihn zu versuchen.
Sie befragten ihn,
ihnen ein Zeichen aus dem Himmel zu zeigen.
2 Er aber antwortete
und sprach zu ihnen:
[3]
4 Eine böse und ehebrecherische Generation sucht ein Zeichen!
Kein Zeichen wird ihr gegeben werden –
außer das Zeichen des Jona!

Und er ließ sie zurück und ging weg.

5 Und als die Jünger ans andere Ufer kamen,
hatten sie vergessen,
Brote mitzunehmen.
6 Jesus aber sprach zu ihnen:
Seht zu und achtet auf den Sauerteig der Pharisäer und Sadduzäer!

7 Sie aber überlegten bei sich
und sagten:
Wir nahmen keine Brote mit!

8 Jesus aber erkannte und sprach:
Was überlegt ihr bei euch, Kleingläubige,
dass ihr keine Brote habt?
9 Versteht ihr noch nicht?
Und erinnert ihr euch nicht an die fünf Brote der Fünftausend
und wie viele Körbe ihr aufhobt?
10 Und nicht an die sieben Brote der Viertausend
und wie viele Körbe ihr aufhobt?
11 Warum versteht ihr nicht,
dass ich nicht über Brote zu euch sprach?
Achtet aber auf den Sauerteig der Pharisäer und Sadduzäer!

12 Da verstanden sie,
dass er nicht sprach,
zu achten auf den Sauerteig der Brote,
sondern auf die Lehre der Pharisäer und Sadduzäer.

7.10 Die zweite Zeichenforderung (16,1–4)

Erneut treten die Pharisäer und Sadduzäer auf den Plan, und zwar in Abwesenheit der Jünger, die nicht mit Jesus ins Boot gestiegen waren (15,39; 16,5).
Das Scheltwort Jesu in 16,4 (die Verse 2b–3 fehlen in den meisten Textzeugen und auch in der Einheitsübersetzung) ist eine fast wörtliche Wiederholung von 12,38f (vgl. dazu die Auslegung zu 12,38–45). Möglicherweise deutet die Wiederholung der Zeichenforderung ebenso wie die Wiederholung der Speisungsgeschichte darauf hin, dass es sich um wiederkehrende bzw. nachhaltige Ereignisse handelte.

7.11 Warnung vor den Pharisäern und Sadduzäern (16,5–12)

Der Abschnitt ist in seinem Aufbau merkwürdig. Die Jünger haben vergessen, Brote mitzunehmen – angesichts der sieben übrig gebliebenen Körbe mutet das an sich schon etwas eigenwillig an (vgl. 15,37) –, aber was das mit dem Rätselwort vom »*Sauerteig der Pharisäer*« zu tun hat, erschließt sich – auch wenn es sich um ein Missverständnis handeln soll – nur schwer.
Jesus erkennt, dass die Jünger sich Sorgen machen, weil sie kein Brot mitgenommen haben. Dafür tadelt er sie ausdrücklich als »*Kleingläubige*«, da sie ja anhand zweier miterlebter Speisungswunder eigentlich ganz gelassen darauf vertrauen müssten, dass Jesus ihre Not wenden wird. Erneut offenbart sich somit der »*Kleinglaube*« der Jünger als ein zutiefst verunsicherter Glaube, der den Blick von Jesus abwendet und stattdessen skeptisch das eigene Unvermögen und die Möglichkeit des Scheiterns in den Mittelpunkt rückt.
Diese angesichts der Speisungserzählungen unangebrachte Brotsorge wird im Mt-Ev deutlicher als in der Markusvorlage (8,14-20) mit dem Rätselwort vom »*Sauerteig der Pharisäer*« verknüpft. Auch hier erweisen sich die Jünger als äußerst begriffsstutzig, da sie erst durch Jesu Hinweise verstehen, dass der »Sauerteig« für die »Lehre« der Pharisäer und Sadduzäer steht.
Grundsätzlich ist »Sauerteig« in der antiken Wahrnehmung negativ besetzt, da er Fäulnis und Gärung hervorruft (vgl. 1 Kor 5,6–8) und auch rasch auf andere, neben ihm aufbewahrte Lebensmittel übergreifen kann (anders aber die positive Verwendung in 13,33). Die Aufforderung, sich vor dem »*Sauerteig der Pharisäer und Sadduzäer*« zu hüten, reiht sich argumentativ in diese negative Wahrnehmung ein: Die Jünger begeben sich in akute (Ansteckungs-) Gefahr, wenn sie sich mit den Pharisäern und ihren Lehren auseinandersetzen, so dass es sicherer ist, genügend Abstand zu ihnen zu wahren. Diese Warnung ist in die Zeit der matthäischen Gemeinde hineingesprochen, die sich mit der ansässigen pharisäisch dominierten Synagoge auseinandersetzen musste (s. Einleitung).

13 Jesus kam in die Gebiete von Cäsarea Philippi
und fragte seine Jünger
und sagte:
Wer – sagen die Menschen – ist der Menschensohn?

14 Sie aber sprachen:
Die einen: Johannes der Täufer!
Andere aber: Elija!
Wieder andere aber: Jeremia oder einer der Propheten!

15 Er sagt ihnen:
Ihr aber, wer – sagt ihr – bin ich?

16 Simon Petrus aber antwortete
und sprach:
Du bist der Christus,
der Sohn des lebendigen Gottes!

17 Jesus aber antwortete
und sprach zu ihm:
Glückselig bist du, Simon Barjona,
denn nicht Fleisch und Blut offenbarten dir,
sondern mein Vater in den Himmeln!

18 Und ich sage dir:
Du bist Petrus,
und auf diesem Felsen werde ich meine Gemeinde bauen,
und die Tore des Hades werden sie nicht überwältigen!
19 Ich werde dir geben die Schlüssel der Königsherrschaft der Himmel!
Und was immer du bindest auf der Erde,
wird gebunden sein in den Himmeln,
und was immer du löst auf der Erde,
wird gelöst sein in den Himmeln!

20 Dann schärfte er den Jüngern ein,
niemandem zu sagen,
dass er der Christus ist.

7.12 Das Bekenntnis des Petrus (16,13–20)

Der gesamte Abschnitt der Verkündigung Jesu (4,17–16,20) findet seinen Höhepunkt im Messiasbekenntnis des Petrus in Cäsarea Philippi, welches das Bekenntnis der Jünger im Boot (14,33) im Wesentlichen wiederholt.

Jesus eröffnet diesen Abschnitt mit einer Anfrage, was die Menschen über ihn denken. Die Jünger referieren ihm die verschiedenen – durchweg positiven! – Vorstellungen, die von Johannes dem Täufer (vgl. 14,2) bis hin zu diversen Propheten reichen (16,14). Allerdings sind alle diese Vorstellungen nicht ausreichend, um Jesu Identität zu erfassen.

Und so fordert Jesus die Jünger zu einem eigenen Bekenntnis in Bezug auf seine Person auf. Petrus antwortet stellvertretend, dass Jesus »*der Christus*« (griech. *christós* = der Gesalbte, hebr. *Messias*) und der »*Sohn des lebendigen Gottes*« ist. Beide Titel sind im Evangelium bereits vorgekommen (8,29; 14,33) und erfahren ihre Tiefe durch den gesamten Verlauf der bisherigen Erzählung, angefangen vom ersten Vers: Jesus ist Davids- und Gottessohn. In seiner Person offenbart sich Gott selbst und nimmt sein Heilswille – die Königsherrschaft der Himmel – konkrete Gestalt an.

Die feierliche Antwort Jesu bestätigt nicht nur die Richtigkeit des Petrusbekenntnisses, sondern wertet es deutlich auf. Möglicherweise wollte Matthäus damit das Petrusbekenntnis als legitimes Gemeindebekenntnis autorisieren – vielleicht gegen kritische Anfragen aus der ortsansässigen Synagoge (s. Einleitung).

Simon »*Barjona*« (»*Sohn des Jona*«, was die griech. Kurzform vom hebr. »*Johannes*« ist und nichts mit dem alttestamentlichen Propheten Jona zu tun hat) wird glückselig gepriesen, weil ihm dieses Bekenntnis von Gott selbst offenbart wurde (vgl. 1 Kor 15,5: Petrus als erster Erscheinungszeuge).

Das heißt: Jesus kann zwar anhand seiner Werke, besonders anhand der Heilungen als »*Sohn Davids*« von allen aufmerksamen Menschen erkannt werden (vgl. 15,22; 20,30f), aber seine Messianität als »*Sohn Gottes*« muss offenbart werden.

Der Beiname »*Petrus*«, den Simon von Anfang an trägt (vgl. 4,18; 10,2), wird hier erstmals mithilfe eines Wortspiels erklärt, das seine besondere Bedeutung für die Gemeinde (griech. *ekklesía* = Gemeinde, Kirche) hervorhebt: Petrus (griech. *pétros* = Stein; aram. *Kephas*) soll der Fels (griech. *pétra*) sein, auf dem die Kirche erbaut wird. Zugleich wird ihm die Schlüsselgewalt übergeben. Dieses Bild ist aus der Schrift bekannt und eng mit dem Haus Davids verbunden (Jes 22,22). Die Binde- und Lösegewalt (vgl. auch 18,18) bezieht sich hier wohl auf die Lehrtätigkeit: Wie die Schriftgelehrten und Pharisäer (Mt 23,13) kann Petrus den Menschen das Reich Gottes öffnen, wenn er lehrt, was Jesus ihm aufgetragen hat (28,19). Damit wird Petrus für die Zeit nach dem Weggang Jesu als Garant für seine Lehre eingesetzt (vgl. Gal 2; Apg 15).

21 Von da an begann Jesus seinen Jüngern zu zeigen:
Er muss nach Jerusalem weggehen und vieles leiden
von den Ältesten und Hohepriestern und Schriftgelehrten,
getötet und am dritten Tag auferweckt werden.

22 Und Petrus nahm ihn beiseite
und begann ihn anzuherrschen und sagte:
Er sei dir gnädig, Herr!
Dieses soll dir nicht geschehen!

23 Er aber wandte sich um
und sprach zu Petrus:
Hinweg! Hinter mich, Satan!
Du bist mir ein Anstoß,
denn du denkst nicht, was zu Gott,
sondern was zu den Menschen gehört!

24 Da sprach Jesus zu seinen Jüngern:
Wenn einer hinter mir herkommen will,
soll er sich selbst verleugnen
und sein Kreuz aufnehmen
und mir nachfolgen!

25 Denn wer immer sein Leben retten will,
wird es verlieren!
Wer immer aber sein Leben verliert wegen mir,
wird es finden!

26 Denn was wird es einem Menschen nützen,
wenn er die ganze Welt gewinnt,
an seinem Leben aber bestraft wird?
Oder was wird ein Mensch als Gegenwert seines Lebens geben?
27 Denn: Der Menschensohn wird kommen
in der Herrlichkeit seines Vaters mit seinen Engeln,
und dann wird er jedem vergelten gemäß seinem Tun!

28 Amen, ich sage euch:
Es sind einige der hier Stehenden,
welche den Tod nicht schmecken werden,
bis sie den Menschensohn kommen sehen in seiner
Königsherrschaft!

Dritter Hauptteil: Passion – Tod und Auferweckung Jesu (16,21–28,20)

Angezeigt durch den Scharniervers »*Von da an begann Jesus*...« (vgl. 4,17!), beginnt ein neuer Abschnitt der Jesuserzählung. Die Auseinandersetzungen mit den Gegnern treten fast vollständig zurück, so dass man sprichwörtlich von der »Ruhe vor dem Sturm«, der mit der Auslieferung und dem Prozess Jesu in Jerusalem einsetzen wird, sprechen kann. Stattdessen wendet sich Jesus seinen Jüngern zu, um sie zu unterweisen und auf die bevorstehenden Ereignisse (Leiden, Tod, Auferweckung) vorzubereiten.
Will man diesen Abschnitt präziser gliedern, kann man einen Einschnitt nach 20,34 sehen, insofern in 16,21–20,34 das Thema der Jüngergemeinde im Vordergrund steht, während ab 21,1 der sich tödlich zuspitzende Konflikt in Jerusalem mit den anschließenden Passions- und Osterereignissen erzählt wird.
Der gesamte Abschnitt ist von Leidensankündigungen durchzogen (16,21; 17,22f; 20,18f; 26,1f), wobei die Auferweckung und die nachösterliche Perspektive der Jüngergemeinde immer im Blick sind.

1. Der Weg ins Leiden (16,21–17,27)

1.1 Die erste Leidensankündigung (16,21–28)

Wie eine Überschrift eröffnet 16,21 den dritten Hauptteil des Evangeliums und enthält im Prinzip alles, was im Folgenden erzählerisch entfaltet werden wird. Auch wenn das Messiasbekenntnis des Petrus in 16,16–20 der Höhepunkt des vorherigen Abschnittes war, fehlte ihm ein bestimmter christologischer Aspekt: Der Messias muss leiden, sterben und auferstehen. Und nur wer Jesus darin nachfolgt (16,24), kann wahrhaft sein Jünger sein.
Diese Belehrung müssen sich die Jünger gefallen lassen: Leiden und der Dienst aneinander gehören zu den Signaturen der Nachfolge. Wer dies nicht wahrhaben will, den weist Jesus wie Simon Petrus in 16,23 äußerst schroff zurück (vgl. 4,10!).
Da die Leidensansage den gesamten Abschnitt eröffnet, befindet sich Jesus von diesem Zeitpunkt an auf dem Weg nach Jerusalem. Er zieht sich nicht mehr zurück (vgl. 12,15; 14,13; 15,21), sondern geht seinen Weg ins Leiden mit aller Konsequenz. Wer ein Jünger sein will, muss ihm darin folgen. Und das ist nicht nur ein gut gemeintes Bekenntnis, das man leicht auf den Lippen führen kann, sondern es kann bei dieser Nachfolge Jesu dem Vorbild entsprechend um Leben und Tod gehen. Doch der endzeitliche Lohn steht als verheißene Gewissheit in Aussicht (16,28).

17,1 Und nach sechs Tagen nimmt Jesus den Petrus
und Jakobus und Johannes, seinen Bruder,
und führt sie hinauf auf einen hohen Berg – allein.
2 Und er wurde verwandelt vor ihnen:
Und sein Gesicht leuchtete wie die Sonne,
seine Gewänder aber wurden weiß wie das Licht.

3 Und siehe!
Es erschienen ihnen Mose und Elija
und redeten mit ihm.

4 Petrus aber antwortete
und sprach zu Jesus:
Herr, es ist gut, dass wir hier sind!
Wenn du willst,
werde ich hier drei Zelte machen,
dir eines und Mose eines und Elija eines!

5 Noch während er redet – siehe!
Eine lichte Wolke überschattete sie – und siehe!
Eine Stimme aus der Wolke sagt:
Dieser ist *mein geliebter Sohn, an dem ich Gefallen fand!*
Hört auf ihn!

6 Als die Jünger es hörten,
fielen sie auf ihr Gesicht und fürchteten sich – so sehr!

7 Und Jesus trat hinzu
und berührte sie
und sprach:
Steht auf und fürchtet euch nicht!

8 Als sie aber ihre Augen erhoben,
sahen sie keinen außer ihn – nur Jesus.

9 Und während sie herabstiegen vom Berg,
gebot ihnen Jesus und sagte:
Zu keinem sprecht von der Schau,
bis der Menschensohn aus den Toten auferweckt ist!

1.2 Jesu Erscheinung in österlicher Gestalt (17,1–9)

Nachdem Petrus bereits die wahre Identität Jesu offenbart wurde (16,17), kehrt dieses Motiv in der Verklärungsszene in anderer Form wieder: Jesus nimmt eine ausgewählte Jüngergruppe allein mit sich auf einen hohen Berg. Durch den Aufstieg und den Abstieg wird die Szene zusammen gehalten (17,1.9; vgl. auch 5,1; 8,1).
Auf dem Berg, dem Ort der besonderen Gottesnähe, wird Petrus, Jakobus und Johannes eine Erscheinung offenbar: Sie schauen Jesus in seiner österlichen Herrlichkeitsgestalt. Damit ist die Verklärungsszene als eine Vorausdeutung der Auferstehungswirklichkeit zu verstehen.
Das Leuchten des Gesichts und der Kleider, das mit der überstrahlenden Helligkeit von weißem Licht und der Sonne (13,43; vgl. auch Mt 28,3) verglichen wird, greift auf jüdisch-apokalyptisches Vokabular zurück (Dan 12,3; Ez 1,28–2,2; 2 Makk 2,4–8). Dadurch wird die Zugehörigkeit Jesu zur himmlischen Welt unterstrichen, als deren Repräsentanten auch Mose und Elija erscheinen. Denn von beiden wird erzählt, dass sie zu Gott entrückt worden sind (Elija: 2 Kön 2; Mose: in frühjüdischen Schriften wie beispielsweise der *Himmelfahrt des Mose*).
Wörtlich wird durch die Himmelsstimme in 17,5 die Sohn-Gottes-Proklamation bei der Taufe Jesu (3,17) wiederholt. Hier ist zusätzlich der Aufruf »*Hört auf ihn!*« ergänzt, der sich speziell an die anwesenden Jünger richtet und zugleich auf den Auftrag des Auferstandenen auf dem Berg in Galiläa in 28,18–20 vorausweist.
Matthäus stilisiert die Schau und die anschließende Reaktion darauf nach dem Muster des Danielbuches: Nach der Schau und dem Hören der Stimme fällt Daniel erschreckt auf sein Gesicht, worauf ihn ein Engel berührt und ihm das bei Epiphanien übliche: »*Fürchte dich nicht!*« (Dan 8,16f; 10,9–12.16–19) zuspricht. Die Parallelen zur Verklärungsszene liegen auf der Hand.
Während Petrus angesichts der Schau den Wunsch nach Dauer verspürt (17,4), reagieren alle drei Jünger auf die Himmelsstimme (eine Zitatenkombination aus Jes 42,1 und Ps 2,7) mit angemessener Furcht. Durch die Berührung Jesu wird signalisiert, dass er wieder in seiner normalen menschlichen Gestalt anwesend und die Schau vorüber ist. Das wird bestätigt durch die Notiz, dass auch Mose und Elija verschwunden sind (17,8).
Mit dem Petrusbekenntnis 16,16f ist diese Szene durch das Schweigemotiv (16,20; 17,9) verbunden. Im Zentrum geht es dabei um die Erkenntnis des Christus als Sohn Gottes. Diese Identität Jesu soll noch nicht in die Öffentlichkeit getragen werden. Erst wenn das, was in der Verklärung vorweg genommen wurde, Wirklichkeit ist, dürfen die Jünger darüber sprechen. Denn zur Gottessohnschaft Jesu gehört nicht nur die besondere Vollmacht, sondern auch der Weg ins Leiden und ans Kreuz. Letzteres steht zu diesem Zeitpunkt noch aus.

10 Und die Jünger befragten ihn
und sagen:
Warum sagen die Schriftgelehrten:
Elija muss zuerst kommen?

11 Er aber antwortete
und sprach:
Elija kommt zwar und *wird alles wiederherstellen.*
12 Ich sage euch aber:
Elija kam schon,
und sie erkannten ihn nicht,
sondern sie machten mit ihm,
was sie wollten!
So wird auch der Menschensohn durch sie leiden!

13 Da verstanden die Jünger,
dass er über Johannes den Täufer zu ihnen sprach.

14 Und als sie zu der Volksmenge kamen,
trat zu ihm ein Mensch,
fiel auf die Knie
15 und sagte:
Herr, erbarme dich meines Sohnes!
Denn er ist mondsüchtig,
und es geht ihm schlecht!
Denn oft fällt er ins Feuer und oft ins Wasser!
16 Und ich brachte ihn zu deinen Jüngern,
und sie konnten ihn nicht heilen!

17 Jesus antwortete und sprach:
O ungläubige und verkehrte Generation!
Bis wann soll ich mit euch sein?
Bis wann soll ich euch ertragen?
Bringt ihn mir her!

18 Und Jesus herrschte ihn an
und der Dämon kam heraus.
Und geheilt war der Knabe von jener Stunde an.

1.3 Elijas Wiederkunft (17,10–13)

Während des Abstiegs vom Berg ergreifen die Jünger die Gelegenheit, nochmals auf Elija zurückzukommen, den sie eben in der Schau gesehen haben. Sie fragen Jesus, warum Elija zuerst, d.h. vor dem Ende und damit vor der allgemeinen Totenerweckung, kommen muss (vgl. Mal 3,22–24).

Jesus bestätigt zwar diese Erwartung, gibt sie aber als Vorwurf gegen die Schriftgelehrten zurück: Sie haben nicht erkannt, dass die gültige Verheißung Maleachis bereits mit Johannes erfüllt wurde, denn der Täufer *ist* der wiedergekommene Elija, was die Jünger im Gegensatz zu den Schriftgelehrten auch wissen (11,10.14). Zugleich zeichnet das Leiden des Täufers die Passion Jesu, des Menschensohnes, vor.

Ob die Jünger diesen Hinweis ebenfalls verstehen, muss angesichts einer Stelle wie 20,17–28 offen bleiben. In 17,13 ist darum wohl ausdrücklich nur davon die Rede, dass die Jünger verstehen, dass »*er über Johannes den Täufer zu ihnen sprach*«.

1.4 Eine missglückte Jüngerheilung (17,14–20)

Der Gedanke, dass die Jünger weder im Verstehen noch im Glauben vollkommen sind, wird sogleich eindrücklich wieder aufgenommen. Endlich wollten die Jünger einmal vollmächtig im Sinne ihrer Beauftragung (10,1) tätig werden (bei den beiden Speisungserzählungen kamen sie ja gar nicht auf die Idee, ein Wunder zu wirken, vgl. 14,17; 15,33), aber schon scheiterten sie kläglich, wie der bittstellende Vater Jesus berichten muss (17,16).

Jesus reagiert darauf mit einer Klage über diese »*ungläubige und verkehrte Generation!*« Damit meint er wohl am ehesten die Jünger (und nicht die Volksmengen oder das ganze Volk Israel), denn das Versagen der Jünger ist das Thema, welches die Klage rahmt (17,16.19). Als Kernproblem der Jünger macht Jesus erneut ihren »Kleinglauben« aus (17,20).

Die Frage: »*Bis wann soll ich mit euch sein?*« zielt dabei klar auf die nachösterliche Situation. Denn die Jünger sind diejenigen, die Jesu Wirken nach seinem Tod fortführen sollen. Dazu hat er sie mit aller Vollmacht ausgestattet und ausgesandt.

Aber nun zeigt sich, dass die Jünger dazu zu diesem Zeitpunkt noch nicht in der Lage sind. Wie lange soll ihre Unterweisung also noch dauern? Warum zeigen sie so einen verunsicherten Glauben, dass sie trotz der Teilhabe an Jesu Vollmacht nicht einmal eine einfache Heilung bzw. einen Exorzismus vollbringen können?

Jesus zeigt ihnen, wie einfach es gehen kann, und befreit den Jungen von seinem Dämon. Dies geschieht auffallend unspektakulär und soll den Jüngern ein Beispiel sein: Wenn sie sich auf Jesus und die von ihm verliehene Vollmacht verlassen, gelingt ihnen das auch.

19 Da traten die Jünger – allein – zu Jesus
und sprachen:
Weshalb konnten wir ihn nicht hinauswerfen?

20 Er aber sagt ihnen:
Wegen eures Kleinglaubens!
Denn Amen, ich sage euch:
Wenn ihr Glauben habt wie ein Senfkorn,
werdet ihr diesem Berg sagen:
Geh fort von hier – dorthin!
Und fortgehen wird er!
Und nichts wird euch unmöglich sein!

22 Als sie sich aber in Galiläa versammelt hatten,
sprach Jesus zu ihnen:
Der Menschensohn ist dabei,
in die Hände der Menschen ausgeliefert zu werden.
23 Und sie werden ihn töten.
Und am dritten Tag wird er auferweckt werden.

Und sie wurden traurig – so sehr!

1.4 Eine missglückte Jüngerheilung

Den Jüngern ist es positiv anzurechnen, dass sie die Sache nicht auf sich beruhen lassen, sondern ihrem Unvermögen bezüglich der Vollmachtsausübung auf den Grund gehen wollen.
Und so unterweist Jesus sie und erklärt ihnen, dass – wie sich schon beim missglückten Seegang des Petrus (14,28–31) gezeigt hat – der Kleinglaube ihr nachhaltiges Dilemma ist.
Quasi als Antwort auf seine eigene Klage (17,17) spricht Jesus ihnen Mut zu und will ihnen damit einen Hinweis geben: Wenn sie nur Glauben haben wie ein Senfkorn, werden sie in der Lage sein, Berge zu versetzen (vgl. auch 21,21): Nichts wird ihnen dann unmöglich sein! Dieses Vertrauen in die ihnen übertragene »*Vollmacht über unreine Geister, um sie hinauszuwerfen, und jede Krankheit und jede Schwäche zu heilen*« (10,1), müssen die Jünger in der Nähe Jesu noch intensiver lernen und einüben. Und darum haben sie noch einen weiten Weg der Belehrung vor sich, den sie mit Jesus unterwegs nach Jerusalem gehen werden.

1.5 Die zweite Leidensankündigung (17,22f)

Mit der zweiten Leidensansage verlagert sich die Szene von Cäsarea Philippi (16,13), der griechisch-römischen Stadt ganz im Norden bei den Jordanquellen, langsam weiter nach Süden, zunächst nach Galiläa. Jesus bewegt sich konsequent südwärts nach Judäa und Jerusalem. Jetzt ist er zum letzten Mal in Galiläa, das er in 19,1 endgültig verlassen wird.
Jesus kündigt schon zum zweiten Mal seinen Tod und seine Auferstehung an – vom Leiden spricht er, anders als in 16,21, hier nicht.
Die zweite Leidensankündigung ist äußerst reduziert und spielt mit Gegensätzen: Der »*Menschensohn*« wird in die Hände der »*Menschen*« ausgeliefert werden, aber dem »*Tod*« steht das »*Leben*« durch die Auferweckung gegenüber. Dass die Jünger äußerst betrübt darüber sind, weist vielleicht auf die Passion voraus: Vor lauter Kummer werden die engsten Jünger Jesus am Ende tatsächlich verlassen (26,56), so dass nur die Frauen von Ferne der Kreuzigung beiwohnen (27,55f), vor dem Grab wachen (27,61) und die ersten Zeuginnen der Auferstehungsbotschaft werden (28,1–10).
Alle drei Leidensankündigungen verweisen auf Jerusalem. Während 16,21 und 20,18 Jerusalem direkt als Ort des Leidens und Todes Jesu erwähnen, geschieht der Verweis hier nur indirekt durch den Weg von Nord nach Süd. Aber in der auffälligen Wendung, dass »sie sich in Galiläa *versammeln*« (17,22), könnte das Motiv der Sammlung zur Wallfahrt nach Jerusalem anklingen.
Dass sich die folgende Perikope der Einsammlung der Jerusalemer Tempelsteuer widmet (17,24–27), ist eine logische Aufeinanderfolge.

24 Als sie aber nach Kafarnaum kamen,
traten die Einnehmer der Doppeldrachmen zu Petrus
und sprachen:
Zahlt euer Lehrer keine Doppeldrachmen?

25 Er sagt:
Doch!

Und als er in das Haus trat,
kam ihm Jesus zuvor
und sagte:
Was meinst du, Simon?
Von wem nehmen die Könige des Landes Zölle oder Steuer?
Von ihren Söhnen oder von den Fremden?

26 Als er aber sagte:
Von den Fremden!

sprach Jesus zu ihm:
Also sind die Söhne frei!
27 Damit wir ihnen aber keinen Anstoß geben,
geh zum Meer und wirf eine Angel!
Und nimm den ersten Fisch, der heraufkommt.
Und wenn du seinen Mund geöffnet hast,
wirst du einen Stater finden!
Nimm ihn
und gib ihn für mich und für dich!

1.6 Die Jerusalemer Tempelsteuer (17,24–27)

Bis zur Tempelzerstörung 70 n. Chr. musste jeder Jude von seinem zwanzigsten Lebensjahr an eine Tempelabgabe in Höhe einer Doppeldrachme bzw. eines halben Schekel (das entsprach etwa zwei Tageslöhnen) für die Opfer sowie die Instandhaltung des Tempels in Jerusalem zahlen (Ex 30,11–16; Neh 10,33f). Die Eintreibung dieser Steuer begann immer vier Wochen vor dem Pessachfest, so dass sich die Verortung dieser Perikope gut in die Chronologie des Lebens Jesu einfügt. Da die Tempelsteuer immer am eigenen Wohnort eingezogen wurde, ist es ebenfalls konsequent, dass Jesus und Petrus damit in Kafarnaum, ihrem Heimatort (vgl. 4,13; 9,1), behelligt werden.

Petrus bestätigt den Fragestellern, dass Jesus die geforderte Tempelsteuer bezahlt, sich somit konform verhält. Zwar hat Jesus von der Befragung des Petrus nichts mitbekommen, aber da er über ein wunderbares Mehr-Wissen verfügt, »*kommt er ihm zuvor*« und greift das Thema von sich aus auf.

Nach einer rhetorischen Frage an Petrus, die dieser nur mit Ja beantworten kann, stellt Jesus die grundlegende Freiheit der »Kinder Gottes« fest, die durch eine Einrichtung wie die Tempelsteuer in Frage gestellt ist. Die Rede von der »*Freiheit der Kinder Gottes*« kann dabei als ein Spitzensatz neutestamentlicher Verkündigung angesehen werden (vgl. Röm 8,21). Auch wenn es schwer zu deuten ist, wer hier genau mit den »*Söhnen*« gemeint ist, spricht doch einiges dafür, dass das Volk Israel im Blickpunkt steht. Wenn das stimmt, nimmt Jesus im Kontext einer innerjüdischen Streitfrage gezielt Stellung und argumentiert folgendermaßen: Da die Angehörigen Israels Söhne (und Töchter) Gottes sind und damit zu seiner Familie zählen, darf im Tempel von Jerusalem keine Ordnung herrschen, wie sie weltliche Könige gegenüber Fremden anwenden. Das passt nicht zu einer Beziehung wie der zwischen einem Vater und seinen Kindern. Aus diesem Grund ist die Tempelsteuer abzulehnen. Die auch ansonsten belegte kritische Haltung Jesu zum Tempel (vgl. Mk 11,15–17) oder zur Abgabe des Zehnten (Mt 23,23) reiht sich hier nahtlos ein.

Obwohl Jesus die Tempelsteuer seiner Meinung nach somit gar nicht bezahlen müsste, fügt er sich dieser Einrichtung, um keinen Anstoß zu erregen.

Ein Wunder, dessen Ausgang nicht mehr berichtet wird, sorgt dafür, dass Petrus und Jesus ihrer Pflicht nachkommen können und das entsprechende Geld zur Verfügung haben. Mit einer sowohl in der griechischen als auch in der jüdischen Überlieferung bekannten Legende um den Motivkern einer Kostbarkeit im Inneren eines Fisches wird genau das bereitgestellt, was die Einnehmer der Tempelsteuer verlangen: Ein Stater ist ein Vierdrachmenstück und entspricht zwei Doppeldrachmen. Das reicht für Jesus und für Petrus.

18,1 In jener Stunde traten die Jünger zu Jesus
und sagten:
Wer ist nun der Größte in der Königsherrschaft der Himmel?

2 Und er rief ein Kind hinzu,
stellte er es in ihre Mitte
3 und sprach:
Amen, ich sage euch:
Wenn ihr euch nicht umwendet
und werdet wie die Kinder,
kommt ihr nicht in die Königsherrschaft der Himmel hinein!
4 Wer sich selbst also niedrig macht wie dieses Kind,
der ist der Größte in der Königsherrschaft der Himmel!
5 Und wer ein solches Kind aufnimmt in meinem Namen,
der nimmt mich auf!

6 Wer aber einem dieser Kleinen, die an mich glauben, Anstoß gibt,
dem nützte es mehr,
dass ein Mühlstein an seinen Hals gehängt
und er in die Tiefe des Meeres versenkt würde!

7 Wehe der Welt wegen des Anstoßes!
Es ist nämlich notwendig, dass Anstoß kommt!
Führwahr, wehe dem Menschen, durch den der Anstoß kommt!

8 Wenn nun deine Hand oder dein Fuß dir Anstoß erregen,
hau sie ab und wirf sie von dir!
Es ist besser für dich,
in das Leben hineinzugehen lahm oder verkrüppelt
als zwei Hände oder zwei Füße zu haben
und in das ewige Feuer geworfen zu werden!

9 Und wenn dein Auge dir Anstoß erregt,
reiß es aus und wirf es von dir!
Es ist besser für dich,
einäugig in das Leben hineinzugehen
als zwei Augen zu haben
und in die Gehenna des Feuers geworfen zu werden!

2. Die Gemeinderede (18,1–35)

Die vierte Rede Jesu, die zugleich die kürzeste ist, widmet sich ganz dem Leben der Jüngergemeinschaft und ihren Problemen und richtet sich deswegen ausschließlich an die Jünger, bzw. an die Gemeinde des Matthäus. Als einzige aller fünf Reden beginnt sie mit einer konkreten Frage, die zugleich das Grundthema vorgibt: Welche Rangordnung herrscht im Reich Gottes und damit in der Gemeinde?

2.1 Der Grundsatz (18,1–5)

Mit dieser unverblümten Frage treten die Jünger an Jesus heran. Er reagiert darauf mit einer Zeichenhandlung: Jesus stellt ein Kind in die Mitte, um an diesem Beispiel zu demonstrieren, welche Rangordnung im zukünftigen Himmelreich und in der gegenwärtigen Situation der Gemeinde gelten wird. Zwar hat Jesus bereits in 16,24–27 deutlich gemacht, dass in seiner Nachfolge andere Kriterien als in der Welt gelten, aber die Jünger haben dies offensichtlich noch nicht verinnerlicht.

Da Kinder in der Antike von den Erwachsenen her definiert wurden, somit als »unfertige Erwachsene« auf einer niedrigeren Stufe angesiedelt waren, ist dieses Beispiel revolutionärer, als es heutigen Leserinnen und Lesern bewusst sein mag. Jesus buchstabiert dies so aus: Sich von den geltenden Maßstäben zu lösen – sich »*umzuwenden*« und zu erniedrigen, um »*wie ein Kind zu werden*«, bedeutet den radikalen Verzicht auf Macht, Recht und Status. Genau darin zeigt sich die wahre Größe in der Gemeinschaft Jesu.

2.2 Die Warnung (18,6–9)

Die Kleinen der Gemeinde – diejenigen, die am wenigsten Ansehen haben – stehen in ständiger Gefahr, dass man ihnen »Anstoß« gibt (wörtlich: dass man sie »*skandalisiert*«), man könnte auch sagen, dass man sie »zu Fall« bringt (wer angestoßen wird, fällt).

In vier aneinandergereihten Sprüchen dreht sich alles um diesen Anstoß, bzw. dieses Zu-Fall-Bringen. Mit drastischen Beispielen macht Matthäus den Ernst der Lage deutlich: Wer andere von der Nachfolge abbringt, dem droht noch Schlimmeres als die Todesstrafe durch Ertränken. Die zwei Möglichkeiten – oder die zwei Wege (7,13f) – sind alternativlos: Es geht um Leben oder Tod, um Himmel oder Hölle. Entsprechend radikal sind die eingeforderten Verhaltensweisen, die einzelne Sprüche der Rede auf dem Berg aufnehmen (vgl. den Kommentar zu 5,29f).

10 Seht zu, dass ihr nicht einen dieser Kleinen verachtet!
Denn ich sage euch:
Ihre Engel in den Himmeln sehen allezeit
das Gesicht meines Vaters in den Himmeln!

[11]

12 Was meint ihr?
Wenn es geschieht, dass ein Mensch hundert Schafe hat,
und eines von ihnen verirrt sich,
wird er nicht die neunundneunzig in den Bergen lassen
und gehen und das verirrte suchen?
13 Und wenn es geschieht, dass er es findet –
Amen, ich sage euch:
Er freut sich über dieses mehr als über die neunundneunzig,
die sich nicht verirrt haben!

14 So ist es nicht der Wille eures Vaters in den Himmeln,
dass eines dieser Kleinen verloren geht!

15 Wenn aber dein Bruder sündigt,
geh weg und weise ihn zurecht zwischen dir und ihm allein!
Wenn er auf dich hört,
hast du deinen Bruder gewonnen!

16 Wenn er aber nicht hört,
nimm noch einen oder zwei mit dir,
damit jedes Wort vom Mund zweier oder dreier Zeugen bestätigt werde!

17 Wenn er sie aber überhört,
sprich zu der Gemeinde.
Wenn er aber auch die Gemeinde überhört,
so sei er dir wie der Heide und der Zöllner!

18 Amen, ich sage euch:
Was immer ihr bindet auf der Erde,
wird gebunden sein im Himmel,
und was immer ihr löst auf der Erde,
wird gelöst sein im Himmel!

2.3 Vom Suchen und Finden (18,10–14)

Die Warnung, niemanden zu Fall zu bringen, wird durch die Aufforderung konkretisiert bzw. ergänzt, niemanden von »*diesen Kleinen*« zu verachten. Die Vorstellung, dass jeder Mensch einen persönlichen Schutzengel hat (vgl. Ps 91,11f; Tob 5,22), dient der zusätzlichen Mahnung.

[Der hier fehlende Vers 11 ist sekundär und erst später aus Lk 19,10 eingetragen worden.]

Mit dem bekannten Gleichnis (vgl. Lk 15,4–7; Thomasevangelium 107) vom »*verlorenen Schaf*«, das wie alles bislang in Mt 18 Gesagte mit starken Kontrasten arbeitet (»hundert – eins«, »haben – sich verirren«, »lassen – gehen«, »suchen – finden«), wird nochmals auf »die Kleinen« fokussiert: Anders als Lk 15,4, wo aus der Perspektive des Menschen, der ein Schaf »verloren hat«, formuliert wird, konzentriert sich Matthäus hier ganz auf das Schaf, das »*sich verirrt hat*«.

Zielpunkt ist die Freude beim Finden dieses einen Schafes. Die Stoßrichtung des Gleichnisses lautet: Wenn schon der »*Vater in den Himmeln*« sich um die »*Kleinen*« sorgt und nicht will, dass sie verloren gehen, um wie viel mehr sind die Gemeindemitglieder angehalten, es ihm gleich zu tun.

2.4 Von der geschwisterlichen Versöhnung (18,15–18)

Während Mt 18 bislang durch das Leitwort »Kleine/Kind« dominiert wurde, wechselt Matthäus jetzt zum Stichwort »Bruder (und Schwester)« und wendet sich dem konkreten gemeindlichen Miteinander zu. Auch dort wird es den Fall geben, dass man aneinander schuldig wird, was den Gemeindefrieden bedroht.

In drei Schritten ist der Weg der Versöhnung zu gehen: Zunächst soll man ein Gespräch unter vier Augen (18,15) führen, wobei die Zurechtweisung nicht auf Bestrafung, sondern auf Versöhnung zielt; wenn das nicht fruchtet, soll es ein Schlichtungsgespräch mit zwei Zeugen (vgl. Dtn 19,15) und als letzte Möglichkeit eine Gemeindeversammlung geben.

Der Beschluss der Gemeinde – nicht eines einzelnen Amtsträgers! – wird durch das Wort vom »*Binden und Lösen*« als letztgültig von Gott selbst im Himmel bestätigt (vgl. auch 16,19). Dabei ist nicht das Fehlverhalten eines Sünders das verhandelte Kernproblem, sondern sein uneinsichtiges und unversöhnliches Verhalten.

Dadurch, dass er beim möglichen Scheitern der Gespräche als »*Heide und Zöllner*« bezeichnet wird, ist er nicht unwiderruflich ausgeschlossen, sondern kann neu zurückgewonnen werden (vgl. 9,10). Deutlich formuliert 18,15, dass es genau darum geht: Der Bruder (bzw. die Schwester) sollen in die Gemeinde zurückgeführt werden. Und das ist alle Anstrengung wert.

19 Wiederum – Amen, ich sage euch:
Wenn zwei von euch in der Sache auf der Erde übereinstimmen,
worum sie bitten:
Es wird ihnen geschehen von meinem Vater in (den) Himmeln!

20 Denn wo zwei oder drei versammelt sind in meinem Namen,
dort bin ich in ihrer Mitte!

21 Da trat Petrus hinzu zu ihm und sprach:
Herr, wie oft kann sündigen gegen mich mein Bruder
und ich werde ihm erlassen?
Bis zu siebenmal?

22 Jesus sagt ihm:
Nicht sage ich dir: bis zu siebenmal,
sondern bis zu siebzigmal siebenmal!

2.5 Vom gemeinsamen Gebet (18,19f)

Die eng an das Vorherige angeschlossenen Verse führen diesen Gedanken abgewandelt weiter, denn es besteht auch noch die Möglichkeit, dass durch das Gebet von zwei (vgl. 18,16) oder drei Gemeindemitgliedern – somit der kleinstmöglichen Realisierung einer Gemeinschaft – eine Einigung erzielt wird. Einem solchen Bittgebet für den nicht versöhnungsbereiten Sünder (18,15–18) spricht Jesus die Erhörung durch Gott als gewiss zu.

Dabei wird die Gebetserhörung mit der Geschwisterlichkeit in der Gemeinde verknüpft: Es geht nicht darum, dass das Gebet mehrerer Personen größere Chancen auf »Erfolg« hätte als das Gebet einer Einzelperson (vgl. dazu 6,6!): Vielmehr kommt dort, wo die Betenden in ihren Gebetsanliegen übereinstimmen und sich »*in seinem Namen*« versammeln, die christliche Geschwisterlichkeit in besonderer Weise zum Ausdruck, was wiederum die Gemeinschaft stärkt.

Die Zusage Jesu, dass er in der Mitte der in seinem Namen Versammelten anwesend ist, erinnert an das Wohnen JHWHs in der Mitte seines Volkes Israel (Ex 29,45f; Lev 26,12). Dieser Bezug wurde im Mt-Ev bereits ganz am Anfang durch den Namen Jesu hergestellt: Jesus ist der »*Immanuel*«, d.h. der »*Gott mit uns*« (1,23). In der nachösterlichen Aussendung der Jünger (28,20) wird der Auferstandene diese Zusage zeitlich ins Grenzenlose ausweiten: »*Ich bin mit euch alle Tage bis zur Vollendung der Weltzeit!*«

2.6 Vom grenzenlosen Verzeihen (18,21f)

Petrus hakt nochmals nach: Wie oft muss man nun verzeihen – gibt es eine Obergrenze für das Vergeben? Die Zahl Sieben ist dabei nicht willkürlich gewählt, sondern symbolisiert als Zahl der Vollkommenheit (vgl. Ps 119,164), dass Petrus verstanden hat, worum es geht. Sinngemäß sagt er: »Ich muss uneingeschränkt vergeben, nicht wahr?«

Jesus steigert in seiner Antwort diese Vollkommenheit (eigentlich eine sprachliche Unmöglichkeit), um das Überbordende der geforderten Vergebungsbereitschaft ins Wort zu bringen. Die Bereitschaft zum Verzeihen muss absolut grenzenlos sein: »*bis zu siebzigmal siebenmal!*«

Verortet man diese Szene in der matthäischen Gemeinde und sieht sie als Spiegel der damaligen inneren Verhältnisse, so kann man annehmen, dass die Bereitschaft zur Versöhnung ein wunder Punkt im Gemeindeleben war. Um zu unterstreichen, wie zentral dieser Aspekt für das gemeinschaftliche Miteinander ist, fügt Matthäus im Anschluss eine eindrückliche *Parabel* – eine Form des Gleichnisses, welche keinen alltäglichen Fall, sondern eine außergewöhnliche Begebenheit schildert – zur Illustrierung an.

23 Deswegen ist die Königsherrschaft der Himmel zu vergleichen
mit einem Menschen, einem König,
der mit seinen Knechten abrechnen wollte.

24 Als er aber begann, mit ihnen abzurechnen,
wurde zu ihm gebracht ein Schuldner von zehntausend Talenten.
25 Da er aber nichts hatte zum Vergelten, befahl der Herr,
ihn und die Frau und die Kinder und alles, was er hatte,
zu verkaufen und so zu vergelten.

26 Der Knecht nun fiel nieder und huldigte ihm, indem er sagt:
Hab Geduld mit mir! Und ich werde dir alles vergelten!

27 Der Herr jenes Knechtes wurde aber im Innersten ergriffen,
ließ ihn frei und erließ ihm das Darlehen.

28 Als aber jener Knecht herauskam,
fand er einen seiner Mitknechte, der ihm hundert Denare schuldete.
Und er ergriff und erstickte ihn, indem er sagte:
Vergilt, wenn du etwas schuldest!

29 Der Mitknecht nun fiel nieder und bat ihn, indem er sagte:
Hab Geduld mit mir! Und ich werde dir vergelten!

30 Er aber wollte nicht, sondern ging weg und warf ihn ins Gefängnis,
bis er vergolten habe das Geschuldete.

31 Als nun seine Mitknechte das Geschehene sahen,
wurden sie traurig – so sehr!
Und sie kamen und erklärten ihrem Herrn alles Geschehene.
32 Da rief ihn hinzu sein Herr und sagte ihm:
Böser Knecht!
Jene ganze Schuld erließ ich dir, weil du mich batest!
33 Hättest nicht auch du dich deines Mitknechtes erbarmen
müssen, wie auch ich mich deiner erbarmte?

34 Und erzürnt lieferte sein Herr ihn den Folterern aus,
bis er vergolten habe alles Geschuldete.

35 So wird auch mein himmlischer Vater euch tun,
wenn ihr nicht erlasst, jeder seinem Bruder – von euren Herzen!

2.7 Vom gnadenlosen Begnadeten (18,23–35)

Die Parabel (s. Erklärung auf Seite 189 unten) ist äußerst kunstvoll gestaltet und erhält ihre Brisanz durch den überraschenden Rollenwechsel, den der erste Knecht vollzieht, nämlich vom begnadeten Schuldner zum gnadenlosen Schuldiger.

Der Ablauf der Erzählung fordert den Protest der Leserinnen und Leser heraus: Zurecht hätte man erwarten können, dass der glückliche Knecht, dem in der ersten Szene (18,23–27) völlig unverdient die exorbitante Summe von zehntausend Talenten erlassen wurde, seinen eigenen Schuldnern im Gegenzug eine viel kleinere Summe erlassen würde. Nur zum Vergleich: Während das Jahreseinkommen des König Herodes mit etwa neunhundert Talenten angegeben wird und die gesamte Steuersumme von Galiläa und Judäa zusammen etwa zweihundert Talente betrugen, ist mit zehntausend Talenten eine höchstmögliche Geldsumme angesprochen. Die hundert Denare, die sein Mitknecht dem gerade Entschuldeten schuldet, sind nur ein Bruchteil dieses unrealistischen Betrags (1 Talent entspricht 6000 Denaren).

Die zweite Szene (18,28–30) zeigt nun, dass die Leseerwartungen enttäuscht werden: Obwohl sein Mitknecht mit denselben Worten um einen zeitlichen Aufschub bittet, wie er selbst es in eigener Sache getan hat (einzig das Wort »*alles*« wird ausgelassen, wohl um die unterschiedliche Schuldgröße, um die es jeweils geht, zu betonen; 18,29 vgl. mit 18,26), pocht der erste Knecht mit aller Macht auf sein »gutes« Recht: Er fordert die geschuldete Summe mit allen möglichen (und »unmöglichen«) Mitteln zurück.

Die dritte Szene (18,31–35) formuliert die Empörung der Mitknechte, die die Empörung der Leserinnen und Leser einfängt. Nun kommt der König aus der ersten Szene wieder zu Wort. Er wird zornig und macht sein vorgängiges Erbarmen rückgängig: Unter Einbezug aller rechtlich erlaubten Schritte, die er einem Sklaven gegenüber anwenden durfte, fordert er nun ebenfalls die komplette Schuldsumme zurück.

Mit der Parabel wird die Gemeinderede mit einem eindrücklichen Bild abgeschlossen: Sie veranschaulicht die Verpflichtung zur Barmherzigkeit gegenüber dem Mitbruder und der Mitschwester (darum ist vom »*Mitknecht*« die Rede), welche ihren Ermöglichungsgrund in der vorgängig erfahrenen Barmherzigkeit Gottes hat.

In 5,7 hieß es: »*Glückselig die sich Erbarmenden – sie werden Erbarmen erfahren!*« Das illustriert diese Parabel. In jedem Akt der Vergebung kommt etwas Göttliches zum Vorschein. Zugleich werden aber auch die negativen Konsequenzen deutlich: Wer dem nicht entspricht, fordert das Gericht Gottes heraus. Das gilt nicht nur für die Gemeinde des Matthäus, sondern das gilt für jede christliche Gemeinde.

19,1 Und es geschah, als Jesus beendet hatte diese Worte,
brach er auf von Galiläa und kam in die Umgegend von Judäa,
jenseits des Jordans.
2 Und es folgten ihm große Volksmengen nach,
und er heilte sie dort.

3 Und es traten zu ihm Pharisäer,
um ihn zu versuchen,
und sie sagen:
Ist es einem Menschen erlaubt,
seine Frau zu entlassen aus jedem Grund?

4 Er aber antwortete und sprach:
Habt ihr nicht gelesen,
dass der Schöpfer sie am Anfang als männlich und weiblich machte?

5 Und er sprach:
Deswegen wird ein Mann den Vater und die Mutter zurücklassen
und wird sich mit seiner Frau verbinden,
und die zwei werden sein ein Fleisch.
6 Daher sind sie nicht mehr zwei,
sondern ein Fleisch.
Was nun Gott zusammengespannt hat,
soll ein Mensch nicht trennen!

7 Sie sagen ihm:
Weshalb gebot Mose,
einen Scheidebrief zu geben und zu entlassen?

8 Er sagt ihnen:
Mose erlaubte euch wegen eurer Hartherzigkeit,
eure Frauen zu entlassen!
Am Anfang aber ist es nicht so gewesen!

9 Ich aber sage euch:
Wer immer seine Frau entlässt – außer wegen Unzucht –
und eine andere heiratet, bricht die Ehe!

3. Von Galiläa nach Jerusalem (19,1–20,34)

3.1 Abschluss der Rede und Sammelnotiz (19,1f)

Mit einer typischen Formel wird die vierte Rede Jesu abgeschlossen und wie in 11,1 und 13,53 mit einem Ortswechsel verknüpft (19,1). Jesus verlässt endgültig Galiläa und bewegt sich immer weiter Richtung Jerusalem. Die Volksmengen folgen ihm nach wie vor, und Jesus heilt ihre Kranken. Zwei Nachfolge- und Heilungsnotizen rahmen den Abschnitt 19,1–20,34 und halten ihn zusammen (19,1f; 20,29–34). Allerdings kommentieren weder das Volk noch die einzelnen Geheilten das Geschehen. Das liegt daran, dass seit 16,21 die Jüngerunterweisungen im Mittelpunkt stehen.

3.2 Über die Ehe (19,3–12)

Aus diesem Grund tritt auch der Konflikt mit den Pharisäern in 16,21–20,35 vollständig zurück – die einzige Ausnahme bildet diese Stelle. Erneut dient die Frage der Pharisäer dazu, Jesus zu »*versuchen*« (16,1; 19,3). Wie schon in den Auseinandersetzungen 12,1–14 und 15,1–20 geht es dabei im Kern um das Problem, ob Jesus konform zur Tora lehrt. Dies ist auch für die matthäische Gemeinde, die aus Juden- und Heidenchristen bestand, eine zentrale Frage (s. Einleitung).

Jesus kontert ihr Ansinnen mit einem Gegenangriff, indem er den Pharisäern Schriftunkenntnis bzw. -unverständnis vorwirft (vgl. 9,13; 12,3–7): Allein schon ihre Frage, ob man aus jedem beliebigen Grund seine Frau entlassen dürfe, entlarvt ihr Defizit.

Indem Jesus gezielt auf die *Schöpfungs*ordnung Gottes (Gen 1,27; 2,24) – die die Pharisäer eigentlich kennen müssten – und nicht auf die *Rechts*ordnung abhebt, ist die Argumentationsrichtung vorgegeben: Mann und Frau sind von Gott als »Zwei-Einheit« geschaffen und durch die Ehe unlösbar miteinander verbunden.

Die Nachfrage nach dem Sinn des Mosegebotes zur Scheidebriefausstellung (Dtn 24,1–3) deutet Jesus als Zugeständnis an die Hartherzigkeit, das heißt an die menschliche Unversöhnlichkeit. Das Ehescheidungsverbot, das bereits in 5,32 formuliert wurde, wird sinngemäß wiederholt.

Hier wie dort wird jedoch kein absolutes Scheidungsverbot formuliert, sondern eine Ausnahme (»Unzuchtsklausel«) eingefügt. Im Gegensatz zu 5,32, wo die Wiederverheiratung der Frau im Blick ist, geht es hier jedoch um die Wiederverheiratung des geschiedenen Mannes: Er würde mit einem solchen Akt seine erste Ehe brechen.

10 Seine Jünger sagen ihm:
Wenn die Sache des Mannes mit der Frau so ist,
ist es nicht nützlich zu heiraten!

11 Er aber sprach zu ihnen:
Nicht alle fassen dieses Wort,
sondern die, denen es gegeben ist!

12 Denn es gibt Eunuchen,
welche aus dem Mutterleib so geboren wurden,
und es gibt Eunuchen,
welche von den Menschen zu Eunuchen gemacht wurden,
und es gibt Eunuchen,
welche sich selbst zu Eunuchen gemacht haben
wegen der Königsherrschaft der Himmel.

Wer es fassen kann, der fasse es!

13 Dann wurden Kinder zu ihm gebracht,
damit er ihnen die Hände auflege und bete.
Die Jünger aber herrschten sie an.

14 Jesus aber sprach:
Lasst die Kinder und hindert sie nicht,
zu mir zu kommen!
Denn solchen ist die Königsherrschaft der Himmel!

15 Und er legte ihnen die Hände auf
und ging weg von dort.

3.2 Über die Ehe

Im Anschluss an die Diskussion mit den Pharisäern setzt Jesus das Gespräch ab 19,10 mit seinen Jüngern fort. Die Jünger stellen eine Frage, die sehr merkwürdig klingt und ihre Sorge um den Verzicht auf männliche Privilegien widerspiegelt: Wenn man nach dem Scheitern einer Ehe sein Leben lang enthaltsam leben muss und sich die Angelegenheit derart anspruchsvoll darstellt, sollte man besser gar nicht erst heiraten!

Jesus antwortet mit einem Rätselwort, das exakt auf die geforderte sexuelle Enthaltsamkeit nach dem möglichen Scheitern einer Ehe abzielt, die den Jüngern zu schaffen macht: Wie es Männer gibt, die von Geburt an oder durch Kastration »Eunuchen«, d.h. unfähig zum Geschlechtsverkehr oder zur Zeugung von Kindern, sind, so gibt es auch »Eunuchen«, die dies um des Himmelreiches willen in Kauf nehmen. Die bildliche Rede von der Selbstkastration um eines höheren Zieles wegen ist dabei ähnlich drastisch wie die Aufforderung zum Abhacken oder Ausreißen einzelner Körperteile, wenn diese zur Sünde verführen (5,29f; 18,8f).

Dabei geht es aber nur um den verhandelten Fall, d.h. um die geschiedenen Männer, und nicht um die freiwillige Ehelosigkeit, wie sie etwa Johannes der Täufer, Jesus selbst oder auch der Apostel Paulus (1 Kor 7,7) als Lebensform gewählt haben. Konkret heißt das: In der matthäischen Gemeinde sollen die geschiedenen Männer auf eine zweite Heirat verzichten.

3.3 Segnung der Kinder (19,13–15)

Menschen bringen Jesus ihre Kinder, damit er sie segne. Doch erneut stellen sich die Jünger dazwischen. Das erinnert an 15,23, wo die Jünger die vor Not laut hinter Jesus herlaufende und schreiende kanaanäische Frau ebenfalls wegschicken wollten (vgl. auch 14,15), weil sie sich gestört fühlten. Hier wie dort setzt sich Jesus über die Wünsche seiner Jünger hinweg und unterstreicht seine Zuwendung zu den Kindern mit einer Variation von 18,3f: Den Kindern und damit allen, die wie Kinder sind (»*solchen*«, 19,14), gehört die Königsherrschaft der Himmel. Erneut zeigt sich: Den Kindern, die in der antiken Gesellschaft in der Bedeutungsskala weit unten rangieren, kommt bei Gott ein umso größerer Wert zu.

In der Wirkungsgeschichte wurde diese Stelle für die Einführung der Kindertaufe maßgeblich. Spekuliert wurde, ob es zur Zeit des Matthäus bereits üblich war, dass Eltern ihre Kinder von jüdischen Schriftgelehrten segnen ließen, oder ob es einen christlichen Ritus der Kindersegnung gab. Beides lässt sich nicht belegen.

Versucht man eine Spur zum historischen Jesus zu finden, scheint seine ausdrückliche Zuwendung zu Kindern, die in der Antike unüblich war, ein wichtiger Wesenszug gewesen zu sein.

16 Und siehe, einer trat hinzu
und sprach zu ihm:
  Lehrer, was soll ich Gutes tun,
  damit ich ewiges Leben habe?

17 Er aber sprach zu ihm:
  Was fragst du mich über das Gute?
  Einer ist der Gute!
  Wenn du aber hineingehen willst ins Leben,
  halte die Gebote!

18 Er sagt ihm:
  Welche?

Jesus aber sprach:
  Das: *Morde nicht!*
  Brich nicht die Ehe!
  Stiehl nicht!
  Gib kein falsches Zeugnis!
19 *Ehre Vater und Mutter!*
  Und: *Liebe deinen Nächsten wie dich selbst!*

20 Es sagt ihm der junge Mann:
  Dieses alles habe ich beachtet!
  Was fehlt mir noch?

21 Sprach Jesus zu ihm:
  Wenn du vollkommen sein willst,
  geh fort, verkaufe deinen Besitz und gib den Armen!
  Und du wirst einen Schatz in den Himmeln haben!
  Und auf! Folge mir nach!

22 Als der junge Mann das Wort hörte,
ging er betrübt weg.
Denn er hatte viel Vermögen.

3.4 Reichtum und Nachfolge (19,16–30)

Was nötig ist, um »*in das Leben einzugehen*«, ist bereits in 18,8f thematisiert worden und wird nun erneut aufgegriffen.
Ein junger reicher Mann tritt an den Lehrer Jesus heran und fragt ihn, was er Gutes tun soll, um ewiges Leben zu erhalten. Diese Frage steht ganz in biblischer Tradition und dementsprechend erhält er von Jesus auch eine Antwort aus der Tora, in der Gottes Wille niedergelegt ist (vgl. Dtn 30,15; auch Am 5,14; Mi 6,8). Jesus verweist darauf, dass es nicht darum geht, sich durch besondere Taten hervorzutun, sondern dass alles Notwendige im Halten der Gebote besteht. Wer das tut, erfüllt den Willen Gottes, der als *einziger* »der Gute« ist (19,17, hier klingt der Monotheismus an).
Auf die Nachfrage des jungen Mannes, welche Gebote er genau halten soll, zitiert Jesus die zweite Tafel der zehn Gebote (Dekalog) nach Ex 20,12–16 und Dtn 5,16–20. Als Zusammenfassung fügt er noch das Gebot der Nächstenliebe aus Lev 19,18 hinzu, das er an anderer Stelle zusammen mit dem Gebot der Gottesliebe als »*größtes Gebot*« bezeichnet (Mt 22,36–40). Zugleich werden die Leserinnen und Leser an zentrale Gedanken der Rede auf dem Berg erinnert (vgl. 5,43–48).
Der junge Mann bestätigt, dass er alles beachtet habe, was notwendig ist, um das ewige Leben zu erben, spürt aber dennoch, dass ihm etwas fehlt (19,20).
Gerade weil der Mann Jesus direkt danach fragt, was er noch tun soll, deutet sich an, dass es um das Thema der Nachfolge geht. Mit der Antwort Jesu und der Reaktion des Mannes wird dies vollends deutlich: Der Mann kann die Aufforderung, alles zu verkaufen, was er besitzt (vgl. dazu auch 5,3; 6,24–34), um Jesus nachzufolgen, nicht erfüllen. Sein Besitz bindet ihn.
Damit weicht diese Erzählung von einer ähnlichen, schon bekannten Erzählung durch ihr Ende ab: Während in 8,19–21 absichtlich offen gelassen wurde, ob der Schriftgelehrte, der Jesus gegenüber einen Nachfolgewunsch äußerte, dies auch in die Tat umgesetzt hat (vgl. den Kommentar zur Stelle), ist die Reaktion hier eindeutig: Aufgrund seines Reichtums kann der junge Mann nicht in die Nachfolge Jesu eintreten. Dass er betrübt weggeht, ist ein ehrliches Eingeständnis dieses Sachverhalts.
Die Vollkommenheit, die hier angezielt ist (19,21), wurde in 5,48 als Nachahmung Gottes definiert: »*Seid nun vollkommen, wie euer himmlischer Vater vollkommen ist!*« Dort ging es um die grenzenlose Nächstenliebe, die auch vor dem Fremden und dem Feind nicht halt macht. Hier wird diese Grenzenlosigkeit nochmals ausgeweitet: *Alles* muss man zurücklassen, um einen Schatz im Himmel zu erlangen. Die Radikalität, die mit der Nachfolge Jesu einhergeht, wird den Jüngern auf dem Weg nach Jerusalem immer weiter ausbuchstabiert.

23 Jesus aber sprach zu seinen Jüngern:
Amen, ich sage euch:
Ein Reicher wird schwer hineingehen
in die Königsherrschaft der Himmel!

24 Wieder sage ich euch aber:
Müheloser ist es,
dass ein Kamel durch ein Nadelöhr hindurchgeht,
als dass ein Reicher in die Königsherrschaft Gottes hineingeht!

25 Als die Jünger das aber hörten,
gerieten sie aus der Fassung – so sehr!
Und sie sagen:
Wer kann dann gerettet werden?

26 Jesus aber schaute sie an
und sprach zu ihnen:
Bei Menschen ist dies unmöglich,
bei Gott aber ist alles möglich!

27 Da antwortete Petrus
und sprach zu ihm:
Siehe, wir verließen alles und folgten dir nach!
Was wird dann mit uns sein?

28 Jesus aber sprach zu ihnen:
Amen, ich sage euch:
Ihr, die ihr mir nachgefolgt seid,
werdet bei der Neuschöpfung, wenn der Menschensohn
sich auf den Thron seiner Herrlichkeit setzt,
auch auf zwölf Thronen sitzen
und die zwölf Stämme Israels richten!

29 Und jeder, der Häuser oder Brüder oder Schwestern
oder Vater oder Mutter oder Kinder oder Äcker
wegen meines Namens verlassen hat:
Hundertfaches wird er empfangen und ewiges Leben erben!

30 Viele Erste aber werden Letzte sein und Letzte Erste!

3.4 Reichtum und Nachfolge

Im sich anschließenden Jüngergespräch werden die Grundaussagen nochmals vertieft. Jesus setzt mit einer harschen Aussage über die Reichen ein, deren Eingehen in die Königsherrschaft der Himmel ebenso unmöglich ist wie der Gang eines Kamels durch ein Nadelöhr. Das Bild erschließt sich von selbst: Das Kamel, das das größte in Israel beheimatete Tier ist und durch die kleinstmögliche Öffnung gehen soll, illustriert die Aussichtslosigkeit eines solchen Unterfangens.
Gerade weil dieses Bildwort so schockierend ist, wurde seit dem Hochmittelalter die – sich bis heute hartnäckig haltende – Deutung populär, dass mit dem Nadelöhr ein Stadttor in Jerusalem gemeint sei. Ein solches Stadttor hat es jedoch nie gegeben. Und auch vom Argumentationskontext her würde der Vergleich dann keinen Sinn ergeben. Denn nicht umsonst sind die Jünger schockiert und reagieren sehr emotional mit ihrer bangen Frage: »*Wer kann dann gerettet werden?*« (19,25)
Zwar gehören die Jünger zu denen, die alles verlassen haben, um Jesus nachzufolgen, aber ihr Erschrecken zeigt ihre Betroffenheit. Wahrscheinlich spiegelt das die matthäische Gemeindesituation wider, in der selbstverständlich nicht alle Christinnen und Christen auf ihren Besitz verzichtet haben. Vielleicht gab es für den einen oder anderen ebenfalls guten Grund, angesichts dessen zu erschrecken.
In 19,27 tritt Simon Petrus als Sprecher der Jünger hervor und fragt, welchen himmlischen Lohn die Jünger angesichts ihrer Nachfolge erwarten dürfen. Jesus formuliert dazu zwei Verheißungen.
Die erste Verheißung (19,28) besagt, dass der Zwölferkreis um Jesus beim endzeitlichen Gericht des Menschensohnes nach der Auferstehung der Toten mit ihm zusammen Israel richten wird – wobei das nicht *per se* mit einer Verurteilung gleichzusetzen ist, denn bei einer Gerichtsverhandlung ist der Ausgang offen. In dieser Verheißung spiegelt sich die Erwartung, dass Israel als Zwölf-Stämme-Volk wiederhergestellt werden wird. Und genau das war der Grund, warum Jesus exakt *zwölf* Jünger zu Aposteln gemacht hat (vgl. den Kommentar zu 10,1–4). Den Zwölfen wird somit verheißen, dass sie eine herausragende Stellung und Autorität im Endgericht haben werden und dass sich das erfüllen wird, wozu sie zusammengerufen wurden.
Die zweite Verheißung (19,29) stellt himmlischen Lohn für die in Aussicht, die alles verlassen haben um des Namens Jesu willen. Das übersteigt den Kreis der Zwölf und wird transparent für die Mitglieder der matthäischen Gemeinde und alle Christusgläubigen: Wer die Verbindung zu den nächsten Angehörigen und damit jegliche Besitzansprüche aufgegeben hat, wird für diesen irdischen Verlust hundertfach belohnt werden und das ewige Leben erben.
Ein prägnantes Sprichwort (19,30) schließt die Argumentation ab.

20,1 Denn gleich ist die Königsherrschaft der Himmel einem Menschen,
einem Hausherrn,
welcher sogleich in der Frühe herauskam,
um in seinen Weinberg Arbeiter in Lohn zu nehmen.
2 Er kam mit den Arbeitern auf einen Denar den Tag überein
und sandte sie in seinen Weinberg.

3 Und er kam um die dritte Stunde heraus
und sah andere auf dem Marktplatz stehen – arbeitslos.
4 Und er sprach zu jenen:
Geht auch ihr hinweg in den Weinberg!
Und was gerecht ist, werde ich euch geben!

5 Sie aber gingen hin.

Wieder kam er heraus um die sechste und neunte Stunde
und tat ebenso.

6 Und er kam um die elfte heraus fand andere stehend
und sagt ihnen:
Was seid ihr hier den ganzen Tag gestanden – arbeitslos?

7 Sie sagen ihm:
Weil uns keiner in Lohn nahm!

Er sagt ihnen:
Geht auch ihr hinweg in den Weinberg!

8 Als es aber Abend geworden war,
sagt der Herr des Weinbergs seinem Verwalter:
Ruf die Arbeiter und gib ihnen den Lohn,
beginnend bei den Letzten bis zu den Ersten!

9 Und es kamen die von der elften Stunde
und empfingen je einen Denar.
10 Und es kamen die Ersten, meinten,
dass sie mehr empfangen würden –
und sie empfingen je einen Denar.

3.5 Der Lohn der Nachfolge (20,1–16)

Gerahmt durch das Wort von den Letzten und Ersten (19,30; 20,16) schließt sich – mit dem Vorherigen durch *»denn«* verbunden – die Parabel von den Arbeitern im Weinberg an und verdeutlicht, was es mit diesem Spruch auf sich hat.

Diese Parabel (zur Definition siehe Seite 189 unten), die sich nur bei Matthäus findet, entwirft eine Szenerie, in welcher ein Hausherr Tagelöhner für seinen Weinberg anheuert. Bei Sonnenaufgang beginnt er damit, Arbeiter einzustellen und verabredet mit ihnen mündlich das Honorar von einem Denar. Ein solches Vorgehen war in größeren landwirtschaftlichen Gütern durchaus üblich, denn es war finanziell günstiger, für harte körperliche Tätigkeiten Tagelöhner einzustellen anstatt die Gesundheit oder sogar das Leben der eigenen Sklaven durch ein Übermaß an Arbeit zu gefährden (vgl. auch 13,30 mit Kommentar).

Das verabredete Honorar von einem Denar entspricht zwar der üblichen Bezahlung eines Tagelöhners, ist aber am Existenzminimum angesiedelt. Wenn man sich bewusst macht, dass man für einen Denar etwa zehn bis zwölf kleine Fladenbrote kaufen konnte, die Tagelöhner aber meistens Familien zu versorgen hatten, dann handelt es sich um eine geringe Bezahlung (vgl. dazu auch die Auslegung zu Mt 25,14–28). Bereits der Prophet Haggai stellte in Bezug auf die karge Situation der Tagelöhner fest: »*Ein Lohnarbeiter erwirbt in einen durchlöcherten Beutel!*« (Hag 1,6)

Alle paar Stunden geht der Hausherr nun hinaus und heuert neue Tagelöhner an. Aber bereits mit der zweiten angeworbenen Gruppe macht er kein exaktes Honorar mehr aus, sondern gibt ihnen lediglich eine Zusage: »*Was gerecht ist, werde ich euch geben!*« (20,4)

Um dieses *»gerecht«* kreist der weitere Verlauf der Erzählung. Denn die Leserinnen und Leser erwarten zusammen mit den Arbeitern, dass es »gerecht« ist, entsprechend der geleisteten Arbeit entlohnt zu werden. Wer somit den ganzen Tag bei Hitze harter Arbeit nachgegangen ist, verdient mehr Lohn als jemand, der nur eine Stunde gearbeitet hat.

Und in der Tat: Noch in der elften Stunde – nachmittags um 17 Uhr – hat der Hausherr neue Tagelöhner angestellt. Und mit diesen beginnt er bei Sonnenuntergang die Entlohnung. Da ein solches Vorgehen nicht üblich ist, muss man hier dramaturgische Gründe vermuten: Denn wenn der Hausherr mit der Bezahlung der Arbeiter der ersten Stunde begonnen hätte, hätten diese die Bezahlung der anderen Arbeiter nicht mehr mitbekommen.

Die Pointe liegt nun darin, dass der Gutsherr den Arbeitern der letzten Stunde je einen Denar auszahlt. Das wirft die Frage auf, wie viel mehr denn nun die Ersten erhalten werden. Gegen jede Leseerwartung und jedes gesunde Gerechtigkeitsempfinden erhalten sie ebenfalls einen Denar.

11 Als sie ihn empfingen,
murrten sie gegen den Hausherrn
12 und sagen:
Diese Letzten arbeiteten eine Stunde
und du machtest sie uns gleich,
die wir die Last des Tages und die Hitze getragen haben!

13 Er aber antwortete
und sprach zu einem von ihnen:
Kamerad! Ich tue dir kein Unrecht!
Kamst du nicht auf einen Denar mit mir überein?
14 Nimm das Deine und geh weg!
Ich will aber diesem Letzten geben wie auch dir!
15 Oder ist es mir nicht erlaubt,
mit dem Meinen zu tun,
was ich will?
Oder ist dein Auge böse,
weil ich gut bin?

16 So werden die Letzten Erste und die Ersten Letzte sein!

17 Und als Jesus nach Jerusalem hinaufstieg,
nahm er die zwölf Jünger – allein –
und sprach auf dem Weg zu ihnen:
18 Siehe! Wir steigen hinauf nach Jerusalem,
und der Menschensohn wird ausgeliefert werden
den Hohepriestern und Schriftgelehrten,
und sie werden ihn zum Tod verurteilen
19 und ihn ausliefern den Heiden zum Verspotten und Geißeln und Kreuzigen!
Und am dritten Tag wird er auferweckt werden!

3.5 Der Lohn der Nachfolge

Wie zu erwarten war, beschweren sich die Arbeiter der ersten Stunde beim Hausherrn. Ihr Einwand, dass die Bezahlung nicht gerecht sei, ist menschlich nachvollziehbar – zumindest wenn man als Maßstab das gängige Leistungsprinzip anlegt und nicht die Frage, was jemand zum Leben braucht.
Die Antwort des Hausherrn wirkt durch die Anrede freundlich, ist aber in der Sache klar. Er macht darauf aufmerksam, dass er die Vereinbarung in allem eingehalten hat: Die Arbeiter der ersten Stunde erhalten den abgemachten Denar, die anderen erhalten, »*was gerecht*« ist. Damit zeigt sich eine neue Dimension der Gerechtigkeit, die durch die Güte des einzig »Guten« – nämlich Gott – (19,17) definiert wird.
Mit der Frage, ob diese Güte den Neid der Ersten weckt, und dem Spruch von den Letzten und Ersten öffnet sich die Parabel für die Angesprochenen: Die Jüngerinnen und Jünger, die Jesus von Anfang an nachgefolgt sind und dabei viele Entbehrungen in Kauf genommen haben, dürfen sich mit den Ganztagsarbeitern identifizieren, werden aber davor gewarnt, sich über die später Gekommenen zu erheben (vgl. 20,21!). Innerhalb der christlichen Gemeinden und auch im Himmelreich soll bzw. wird es keine Rangunterschiede geben (vgl. 23,12). Wer daran Anstoß nimmt, hat noch nicht viel von Gottes Gerechtigkeit verstanden (vgl. 6,33).

3.6 Die dritte Leidensankündigung (20,17–19)

Die letzte Leidensansage findet auf dem Weg nach Jerusalem statt, in der Nähe von Jericho (20,29). Jerusalem als Ort des Leidens nimmt immer konkretere Gestalt an, wie sich an der zweimaligen Formulierung »*nach Jerusalem hinaufsteigen*« (20,17.18) ablesen lässt. Die gesamte Passionsgeschichte wird hier in Kurzform dargeboten, so dass diese dritte Leidensankündigung zugleich die detaillierteste ist. Durch die Formulierung im theologischen Passiv (»*wird ausgeliefert werden*«) erweist sich alles, was geschehen wird, als Plan Gottes. Zugleich werden die jüdischen Eliten als Verursacher der Geschehnisse besonders betont. Es heißt nämlich nicht, dass die römischen Besatzer Jesus verspotten, geißeln und kreuzigen, sondern die Formulierung legt den Akzent auf die *Auslieferung*, die durch die Hohepriester und Schriftgelehrten getätigt wurde. Was die Römer tun, erscheint nur als die logische Konsequenz dieser Tat.
Mit der Kreuzigung Jesu, die hier erstmalig erwähnt wird, ist der Schlusspunkt der Geschichte noch nicht erreicht: Gott selbst wird rettend eingreifen und Jesus am dritten Tag von den Toten erwecken. Auf dieses Ziel läuft der göttliche Heilsplan hinaus. Während die Jünger nach der ersten Ankündigung heftig widersprachen (16,22) und nach der zweiten tief traurig waren (17,23), reagieren sie jetzt gar nicht mehr. Stattdessen sorgen sie sich um ihren Lohn im Himmelreich, wie die nächste Geschichte erzählt.

20 Da trat zu ihm die Mutter der Söhne des Zebedäus mit ihren Söhnen,
fiel nieder und erbat etwas von ihm.
21 Er aber sprach zu ihr:
Was willst du?

Sie sagt ihm:
Sprich, dass diese meine zwei Söhne
einer zu deiner Rechten und einer zu deiner Linken
in deiner Königsherrschaft sitzen werden!

22 Jesus antwortete und sprach:
Nicht wisst ihr,
was ihr erbittet!
Könnt ihr den Becher trinken,
den ich trinken werde?

Sie sagen ihm:
Wir können!

23 Er sagt ihnen:
Zwar werdet ihr meinen Becher trinken,
aber das Sitzen zu meiner Rechten und zur Linken –
dies zu geben, ist nicht meins.
Sondern denen es bereitet ist von meinem Vater!

24 Als die Zehn es hörten,
wurden sie ungehalten über die zwei Brüder.
25 Jesus aber rief sie herbei und sprach:
Ihr wisst, dass die Oberen der Völker auf sie herunterherrschen,
und die Großen ihre Vollmacht gegen sie wenden!
26 So soll es unter euch nicht sein!
Sondern wer unter euch groß werden will,
soll euer Diener sein!
27 Und wer unter euch Erster sein will,
soll euer Knecht sein!

28 Denn auch der Menschensohn kam nicht,
um bedient zu werden,
sondern zu dienen
und sein Leben zu geben als Lösegeld für viele!

3.7 Die neue Hierarchie (20,20–28)

Dass es in der Nachfolge Jesu und im Himmelreich keine Rangunterschiede gibt, müsste den Jüngern durch die vorhergehenden Belehrungen eigentlich klar geworden sein (19,30–20,16). Doch die Mutter der Zebedäussöhne Jakobus und Johannes hat eine besondere Belohnung ihrer Kinder im Blick und bittet um die Ehrenplätze zu Jesu Rechten und zu Jesu Linken.

Dass sich diese Bitte unmittelbar an die dritte Leidensansage anschließt, ist kein Zufall: Diejenigen, die mit Jesus unterwegs sind, haben offensichtlich immer noch nicht verstanden, dass vor der Verherrlichung Jesu die Passion kommt – und dass dies für sie persönlich Konsequenzen hat.

Seit der Verherrlichungsszene, in der Petrus, Jakobus und Johannes die österliche Gestalt Jesu geschaut haben (17,1–8), sind diese mit ihren Gedanken offensichtlich vor allem in der zukünftigen Zeit, in der Jesus als Weltenherrscher regieren wird.

Jesus wendet sich in seiner Antwort direkt den beiden betroffenen Jüngern und nicht ihrer Mutter zu, die die Frage stellvertretend für ihre Söhne gestellt hat, und verweist in Form einer Gegenfrage auf den »*Leidenskelch*«, den er trinken wird (vgl. 26,39–44) und der sein Todesschicksal symbolisiert: Ob die Jünger dieses Schicksal teilen können?

Einigermaßen kühn geben Jakobus und Johannes Jesus einen positiven Bescheid: »*Wir können!*« Damit bestätigen sie ihre Bereitschaft zum Martyrium.

Dass sie ein solches Martyrium erleiden werden, bekräftigt Jesus in seiner Antwort (20,23), wenngleich sich daraus keinerlei Sonderbelohnung im Himmelreich ableiten lässt. Die kann es zwar geben, aber das ist einzig und allein die Sache Gottes. Ansprüche kann man nicht anmelden.

Zumindest das Martyrium des Jakobus, das dieser unter Herodes Agrippa (zwischen 41 und 44 n. Chr.) erlitten hat, ist schon früh belegt (vgl. Apg 12,2). Von einem Martyrium des Johannes ist nichts überliefert.

Die restlichen Jünger empören sich über das Verhalten der Zebedäussöhne, vermutlich, weil sie selbst noch einem solchen Denken verhaftet sind und Angst haben, übervorteilt zu werden. Da ruft Jesus sie zusammen und unterweist sie – in deutlicher Anknüpfung an den Beginn der Gemeinderede 18,1–4.

In einem weltlichen Herrschaftssystem wird von oben herab nach unten regiert, und diese Macht wird oftmals von den Herrschenden gegen das eigene Volk gewendet. Eine solche Machtstruktur hat in der Gemeinschaft der Jünger und in der Nachfolge Jesu nichts zu suchen. Dort gelten andere, ja geradezu umgekehrte Maßstäbe: Die Diener sind die wirklich Großen, die Knechte sind die Ersten. Diese »Umwertung der Werte« geschieht in den Spuren des Menschensohns, der sich ebenfalls erniedrigt hat und sogar sein Leben gegeben hat – *für viele* (vgl. 26,28).

29 Und sie gingen hinaus von Jericho
und es folgte ihm eine große Volksmenge.

30 Und siehe! Zwei Blinde saßen am Weg und hörten,
dass Jesus vorbeigeht.

Sie schrien und sagten:
Erbarme dich unser, Herr, Sohn Davids!

31 Die Volksmenge aber herrschte sie an,
damit sie schwiegen.
Die aber schrien mehr
und sagten:
Erbarme dich unser, Herr, Sohn Davids!

32 Und Jesus blieb stehen
und rief sie
und sprach:
Was wollt ihr,
dass ich euch tue?

33 Sie sagen ihm:
Herr, dass sich unsere Augen öffnen!

34 Jesus aber wurde im Innersten ergriffen
und berührte ihre Augen,
und sofort sahen sie auf,
und sie folgten ihm nach.

3.8 Die beiden Blinden (20,29–34)

Eine Blindenheilung auf dem Weg ist die letzte Station vor dem Einzug Jesu in Jerusalem.
Die Erzählung erinnert an die Blindenheilung in 9,27–31, jedoch ist hier nicht der Glaube das zentrale Thema, sondern die Beharrlichkeit, mit welcher die beiden Blinden, die sich insgesamt dreimal mit ihrer Bitte an Jesus wenden, aus ihrer Randständigkeit ausbrechen wollen. Und »randständig« sind sie im wahrsten Sinne des Wortes: Sie sitzen am Wegesrand und sind in einer Gesellschaftsstruktur ohne ausgeprägte soziale Sicherungssysteme in jeder Hinsicht *ausgegrenzt*. Hier mag der Grund zu finden sein, warum sie von der anwesenden Volksmenge, die Jesus wie ein wogender Schutzwall umgibt, rabiat beiseite gedrängt werden.
Die Blinden schreien mit denselben Worten hinter Jesus her, die auch die kanaanäische Frau (15,22) verwendet hat, und offenbaren auf diese Weise, dass sie in Jesus den davidischen Messias erkennen, welcher die Vollmacht hat, sie zu heilen.
Durch diese Erkenntnis bzw. durch dieses Wissen um Jesu wahre Identität erweisen sie sich als weitaus hellsichtiger als die jüdischen Autoritäten, die von Matthäus als »*blinde Führer*« (15,14; 23,16.24) bezeichnet werden, und die dies nicht zuletzt dadurch belegen, dass sie Jesus ausliefern (20,18f).
Jesus reagiert auf die Beharrlichkeit der beiden Blinden am Wegesrand genau so, wie er auf die Beharrlichkeit der Kanaanäerin reagiert hat (15,28): Er wird im Innersten ergriffen, d.h. er *erbarmt sich* (vgl. 9,36; 14,14; 15,32; auch 9,13; 12,7; Hos 6,6). Jesus hebt die Randständigkeit der Blinden auf, indem er sie zu sich in die Mitte ruft und sie berührt. Diese Berührung der Augen bewirkt nicht nur ihre Heilung, sondern ihre tiefere Wirkung drückt sich in der Nachfolge der ehemals Blinden aus, die – so zeigt es die nächste Perikope – nach Jerusalem führt (vgl. 21,1).
Es ist keine überzogene Auslegung, wenn man in dieser Heilungserzählung die Aufforderung an die Leserinnen und Leser erkennt, ebenfalls die eigene Blindheit in Bezug auf Jesus abzulegen und ihm nach Jerusalem – und das heißt im übertragenen Sinne ins Leiden – zu folgen.
Damit entfaltet diese Episode erzählerisch genau das, was bereits in 4,15f über Jesus gesagt wurde: Jesus ist »*das große Licht*«, das denen aufging, die »*im Schatten des Todes sitzen*«.

21,1 Und als sie sich Jerusalem näherten und nach Betfage kamen,
an den Berg der Olivenbäume,
da sandte Jesus zwei Jünger aus
2 und sagte ihnen:
Geht in das Dorf gegenüber von euch,
und sofort werdet ihr eine Eselin angebunden finden
und ein Fohlen bei ihr.
Löst sie und bringt sie mir!
3 Und wenn jemand etwas zu euch spricht,
werdet ihr sagen:
Der Herr hat sie nötig!
Sofort aber wird er sie senden.
4 Dies aber ist geschehen,
damit erfüllt werde das Gesagte durch den Propheten, der sagt:
5 *Sprecht zur Tochter Zion:*
Siehe, dein König kommt zu dir,
sanft und aufgestiegen auf eine Eselin
und auf ein Fohlen, dem Jungen eines Lasttiers!

6 Die Jünger gingen und taten,
wie Jesus ihnen aufgetragen hatte.
7 Sie brachten die Eselin und das Fohlen
und legten die Mäntel darauf,
und er setzte sich auf sie.
8 Die sehr große Volksmenge aber breitete ihre Mäntel auf dem Weg aus,
andere aber schlugen Zweige ab von den Bäumen
und breiteten sie aus auf dem Weg.
9 Die Volksmengen aber, die ihm vorangingen und nachfolgten,
schrien und sagten:
Hosanna, dem Sohn Davids!
Gesegnet sei der Kommende im Namen des Herrn!
Hosanna in den Höhen!

10 Und als er hineinging nach Jerusalem,
erbebte die ganze Stadt und sagte:
Wer ist dieser?

11 Die Volksmengen aber sagten:
Dieser ist der Prophet Jesus, der aus Nazaret in Galiläa!

4. Jesus in Jerusalem (21,1–25,46)

Mt 21–25 ist in Jerusalem lokalisiert und wird durch das Wiederaufleben der Konflikte Jesu mit seinen Gegnern bestimmt (vgl. 12,1–16,20): Streitgespräche, polemisch zugespitzte Gleichnisreden und die große Gerichtsrede in Mt 23 prägen diese Passage und bereiten die Passion (Mt 26f) vor.
Zeitlich werden die Ereignisse auf zwei Tage verteilt: Am *ersten Tag* zieht Jesus in die Stadt und in den Tempel ein (21,1–17), wo er Blinde und Lahme *heilt* (21,14); am *zweiten Tag* (21,18) *lehrt* er an derselben Stelle (21,23). Damit wird genau das in umgekehrter Reihenfolge wiederholt, was für Jesu Wirken kennzeichnend war (4,23; 9,35) und in 5,1–9,34 erzählerisch so breit entfaltet wurde: Jesu messianische Aufgabe erfüllt sich im Wort (*Lehre*) und in der Tat (*Heilungen*).
Dass sich der Widerspruch der Gegner beide Male umgehend entzündet (21,15f; 21,23), macht deutlich, dass die jüdischen Autoritäten nicht Teilaspekte seines Handelns ablehnen, sondern in einer ganz grundsätzlichen Opposition zu Jesus stehen – mit tödlichen Konsequenzen.

4.1 Der Einzug in Jerusalem (21,1–17)

Der Einzug in die Stadt (21,1–11)

Der Einzug in Jerusalem wird durch Jesus, der auf wunderbare Weise weiß, was kommen wird, vorbereitet. Da Jesus der »*Herr*« ist und die Reittiere für seinen königlichen »Herrschereinzug« benötigt, wird der Besitzer der Esel sie ihm freiwillig überlassen (21,3), so wie es auch ein Untertan für seinen König tun würde. Die ganze Hoheit Jesu wird in dieser Szene offenbar und erweist sich zutiefst als Erfüllung der Schrift.
Doch Jesus ist der ganz andere König: Er kommt nicht »hoch zu Ross«, sondern reitet auf einem Esel und einem Fohlen, was seine Friedfertigkeit und Sanftheit unterstreicht (vgl. 11,29). Matthäus sieht darin die Erfüllung der Verheißung aus Sach 9,9 (Mt 21,5). Zugleich klingt der Jakobsegen über Juda aus Gen 49,10f an, wo zwei angebundene Esel erwähnt werden.
Die Volksmengen erweisen Jesus ihre Verehrung, indem sie Mäntel (vgl. 2 Kön 9,13) und Zweige auf dem Weg ausbreiten, was an den Jubel beim Einzug weltlicher Herrscher in eine Stadt erinnert, und rufen Jesus als »*Sohn Davids*« an (21,9). Der Ruf »*Hosanna*« (hebr. »*hilf doch!*«, vgl. Ps 118,25) ist hier als Lobpreis zu verstehen. Die Begrüßung »*Gesegnet sei der Kommende im Namen des Herrn*« entstammt der Tempeltorliturgie: In Ps 118,26 werden so die Pilger von den Priestern am Eingang des Tempels begrüßt. Dass die »*ganze Stadt*« auf Jesus reagiert (21,10), erinnert an die Formulierung 2,3.

12 Und Jesus ging in den Tempel hinein
und warf hinaus alle im Tempel Verkaufenden und Kaufenden,
und die Tische der Geldwechsler stieß er um
und die Sitze der Taubenverkäufer,
13 und er sagte ihnen:
Es ist geschrieben:
Mein Haus wird Haus des Gebets gerufen werden!
Ihr aber macht es zu einer *Räuberhöhle!*

14 Und es traten zu ihm Blinde und Lahme im Tempel,
und er heilte sie.

15 Als aber die Hohepriester und die Schriftgelehrten das Staunenswerte sahen, das er tat,
und die Kinder, die im Tempel schrien und sagten:
Hosanna dem Sohn Davids! –
wurden sie ungehalten
16 und sprachen zu ihm:
Hörst du,
was diese sagen?

Jesus aber sagt ihnen:
Ja. Last ihr niemals:
Aus dem Mund von Unmündigen und Säuglingen bereitetest du Lob?

17 Und er verließ sie
und ging hinaus aus der Stadt nach Betanien
und übernachtete dort.

Der Einzug in den Tempel (21,12–17)

Das eigentliche Ziel des messianischen Einzugs in Jerusalem erreicht Jesus mit der Ankunft im Tempel und der Tempelaktion, welche bei Matthäus zu einem einzigen Geschehen zusammengezogen sind (diff. Mk 11,1–11.15–19).
Jesus geht allein in den Tempel und wirft in einer seitlichen Säulenhalle am Rande des sog. »Vorhofs der Heiden« – einem Bezirk, den jeder Besucher betreten durfte –, die Verkäufer und Geldwechsler hinaus. Dass diese Händler dort ihre Stände aufgebaut hatten, hatte durchaus seine Richtigkeit: Die Geldwechsler tauschten die umlaufenden Münzen in die tyrische Tempelwährung um, so dass die Festpilger, die zum bevorstehenden Pessach angereist waren, rituell korrekt ihre Tempelabgabe leisten oder Opfergaben (Tauben oder Trankopfer), welche die Händler in diesem Bereich verkauften, erwerben konnten.
Die Tempelaktion Jesu kann als »prophetische Zeichenhandlung« verstanden werden: Sie ist ein symbolisches Geschehen, das mithilfe eines Gotteswortes (21,13; vgl. Jes 56,7; Jer 7,11) gedeutet wird. Bei Matthäus wird dieser Zusammenhang dadurch hergestellt, dass die Aktion genau auf die Anrufung des Volkes folgt, in der Jesus als »Prophet« bezeichnet wird (21,11).
Aufschlussreich ist, dass Matthäus im Gegensatz zu Markus (vgl. Mk 11,18) von keiner negativen Reaktion seitens der Hohepriester und Schriftgelehrten auf die Tempelaktion berichtet. Diese reagieren nicht auf den gewaltsamen Hinauswurf der Händler und Geldwechsler, sondern auf die zweite Aktion Jesu im Tempel, nämlich die Heilung von Blinden und Lahmen und die dadurch ausgelösten Hosanna-Rufe der Kinder (21,14f). Genau dieser Ausruf »*Hosanna dem Sohn Davids!*« entfacht den Unwillen der jüdischen Autoritäten.
Analog zu Mt 12,23f geht es somit um die Jesus zugeschriebene Würde als davidischer Messiaskönig, die immer wieder heftigen Widerspruch auslöst. Seit dem Prolog ist dieses Grundmotiv bei Matthäus präsent (2,3–6): Jesus als der königliche Messias gefährdet den Führungsanspruch politischer oder religiöser Autoritäten, die sich darum immer wieder massiv gegen ihn stellen.
Mit einem Schriftzitat aus Ps 8,3 reagiert Jesus auf den Unwillen und die Beschwerde der Hohepriester und Schriftgelehrten und weist ausgerechnet diejenigen, deren Beruf es ist, die Schriften zu kennen und zu verstehen, auf ihr defizitäres Verständnis hin (21,16): Es sind die Unmündigen, denen Gott die Wahrheit offenbart (11,25) und aus deren Mund er sich Lob verschafft (21,16). Damit *bestätigt* Jesus nicht nur den Ausruf der Kinder im Tempel, sondern *verstärkt* ihn sogar noch: Das Lob des zitierten Psalmwortes, das eigentlich Gott selbst gilt, wird von Jesus auf seine eigene Person bezogen, so dass eine enge Beziehung zwischen Gott und Jesus hergestellt wird.
Umgehend verlässt Jesus die ihm feindlich gesinnte Stadt, so dass die jüdischen Autoritäten keine Möglichkeit zu einer Antwort erhalten.

18 In der Frühe aber, als er in die Stadt zurückkehrte,
hungerte ihn.
19 Und er sah einen Feigenbaum an dem Weg,
kam zu ihm und fand nichts an ihm außer nur Blätter.
Und er sagte ihm:
Nie mehr komme aus dir eine Frucht in Ewigkeit!

Und auf der Stelle vertrocknete der Feigenbaum.

20 Und als die Jünger es sahen, wunderten sie sich
und sagten:
Wie ist der Feigenbaum auf der Stelle vertrocknet?

21 Jesus aber antwortete
und sprach zu ihnen:
Amen, ich sage euch:
Wenn ihr Glauben habt und keine Bedenken,
werdet ihr nicht nur das mit dem Feigenbaum tun!
Sondern auch wenn ihr zu diesem Berg sprecht:
Erhebe dich und wirf dich ins Meer! –
wird es geschehen!
22 Und alles, was immer ihr im Gebet glaubend erbittet,
werdet ihr empfangen!

23 Und als er in den Tempel kam, traten,
während er lehrte,
die Hohepriester und die Ältesten des Volkes zu ihm
und sagten:
In welcher Vollmacht tust du dies?
Und wer gab dir diese Vollmacht?

24 Jesus aber antwortete
und sprach zu ihnen:
Auch ich will euch ein Wort fragen!
Und wenn ihr es mir sagt,
werde auch ich euch sagen,
in welcher Vollmacht ich dies tue:
25 Die Johannestaufe – woher war sie?
Vom Himmel oder von Menschen?

4.2 Der vertrocknete Feigenbaum (21,18–22)

Nachdem Jesus die Nacht außerhalb von Jerusalem verbracht hat, kehrt er am zweiten Tag in die Stadt zurück. Auf dem Weg zum Tempel sieht er einen Feigenbaum, der noch keine Früchte trägt, so dass er ihn verflucht. Auf der Stelle vertrocknet der Baum.

Der Gattung nach handelt es sich bei dieser Wundererzählung um ein Strafwunder – das einzige, das sich im Evangelium findet. Es wäre verfehlt, dieses Wunder in irgendeiner Form allegorisch auf die Verwerfung Israels zu deuten, zumal der Feigenbaum nirgendwo als kollektives Bild für das Volk Israel belegt ist.

Zentral für die Deutung dieser Episode ist vielmehr die Belehrung über die Kraft des Gottvertrauens, die Jesus in 21,21f anbietet: Es geht um die Möglichkeiten, die ein starker Glaube eröffnet. Wenn die Jünger ihre Bedenken und Zweifel überwinden, dann können sie noch viel größere Wunder als die Vertrocknung eines fruchtlosen Baumes bewirken: Alles, worum sie glaubend bitten, werden sie empfangen (vgl. 7,7–11; 18,19f).

4.3 Rahmende Frage nach der Vollmacht Jesu (21,23–27)

Nach dem Strafwunder und der Belehrung über den Glauben schließt sich eine wohlkomponierte Passage im Tempel an: Gerahmt durch eine Frage der jüdischen Autoritäten an Jesus nach seiner Vollmacht (21,23–27) sowie einer Frage Jesu an die Pharisäer, wessen Sohn der Christus sei (22,41–46), bindet Matthäus drei Parabeln (21,28–22,14) und drei Streitgespräche (22,15–40) zu einem Komplex zusammen:

Frage und Gegenfrage (21,23–27)

Gleichnis (Parabel) von den ungleichen Kindern (21,28–32)
Gleichnis (Parabel) von den bösen Weinbergpächtern (21,33–46)
Gleichnis (Parabel) vom königlichen Hochzeitsmahl (22,1–14)

Streitgespräch über die Kaisersteuer (22,15–22)
Streitgespräch über die Auferstehung (22,23–33)
Streitgespräch über das größte Gebot (22,34–40)

Frage (22,41–46)

Inhaltlich wird die Lehre Jesu im Tempel nicht erläutert. Aber allein die Tatsache, dass er als Lehrer auftritt und damit die Rolle der jüdischen Autoritäten einnimmt, lässt die Hohepriester und Ältesten die Frage nach seiner Vollmacht stellen.

Sie aber überlegten bei sich und sagten:
Wenn wir sprechen: Vom Himmel! –
wird er uns sagen: Weshalb glaubtet ihr ihm nicht?
26 Wenn wir aber sprechen: Von Menschen! –
fürchten wir die Volksmenge,
denn alle halten Johannes für einen Propheten!

27 Und sie antworteten Jesus und sprachen:
Wir wissen es nicht!

Da sagte er zu ihnen:
Auch ich sage euch nicht,
in welcher Vollmacht ich dieses tue!

28 Was meint ihr?
Ein Mensch hatte zwei Kinder.
Und er trat hinzu zum ersten und sprach:
Kind, geh hin heute und arbeite im Weinberg!
29 Der aber antwortete und sprach:
Ich will nicht!
Zuletzt aber bereute er und ging hin.
30 Und er trat hinzu zu dem anderen und sprach ebenso.
Der aber antwortete und sprach:
Ich schon, Herr!
Aber er ging nicht hin.

31 Wer von den zweien tat den Willen des Vaters?

Sie sagen:
Der erste!

Und Jesus sagt ihnen:
Amen, ich sage euch:
Die Zöllner und die Prostituierten
gehen euch voran in die Königsherrschaft Gottes!
32 Denn Johannes kam zu euch auf einem Weg der Gerechtigkeit,
und ihr glaubtet ihm nicht.
Aber die Zöllner und die Prostituierten glaubten ihm.
Ihr aber bereutet auch zuletzt nicht,
um ihm zu glauben,
obwohl ihr gesehen hattet!

4.3 Die Frage nach der Vollmacht Jesu

Im Prinzip geht es den Hohepriestern und Ältesten um die Frage nach der Identität Jesu. Jesus reagiert darauf souverän und wie in Streitgesprächen üblich mit einer Gegenfrage – in diesem Fall zur Herkunft der Johannestaufe.
Durch ihre internen Überlegungen wird deutlich, dass die Hohepriester und Ältesten sehr wohl die richtige Antwort auf diese Frage kennen, sie aber aus taktischen Gründen nicht geben wollen. Damit entlarven sie sich selbst: Ihre Glaubensverweigerung entspringt nicht ihrer Unkenntnis – das wäre entschuldbar –, sondern ist bewusst gewählt (vgl. 21,25).
Da sie eine ehrliche Antwort schuldig bleiben, antwortet auch Jesus ihnen nicht direkt, sondern nur indirekt, nämlich mithilfe von drei Parabeln, die eine matthäische Komposition darstellen. Die erste Parabel ist zugleich eine Antwort auf die offen gebliebene Frage nach der Johannestaufe.

4.4 Drei Parabeln (21,28–22,14)

Von den ungleichen Kindern (21,28–32)

Die erste Parabel weist eine klare Erzählstruktur auf: Ein Vater geht nacheinander zu seinen beiden Kindern und erteilt ihnen den Auftrag, im Weinberg zu arbeiten. Die Kinder antworten mit Ja oder Nein, verhalten sich aber jeweils genau anders, als sie zunächst zugesagt hatten. Das Urteil, das sich die Zuhörerinnen und Zuhörer über diesen »Fall« bilden sollen, ist unstrittig (21,31): Selbstredend hat das erste Kind den Willen des Vaters getan, auch wenn es dafür einen Moment länger gebraucht hat.
Mit der Betonung der Notwendigkeit des richtigen Handelns, das unweit wichtiger als schöne und richtige Worte ist, wird ein Thema aufgegriffen, das für den matthäischen Jesus zentral ist (vgl. 12,46–50).
Bereits in der Rede auf dem Berg hieß es eindrücklich (7,21): »*Nicht jeder, der zu mir sagt: Herr, Herr! wird hineingehen in die Königsherrschaft der Himmel, sondern der Täter des Willens meines Vaters in den Himmeln!*« Und nur einige Verse zuvor (7,16) sprach Jesus: »*An ihren Früchten werdet ihr sie erkennen!*«
Das bedeutet: Nicht die Ja-Sager gehen in die Gottesherrschaft ein, sondern diejenigen, die auf dem »*Weg der Gerechtigkeit*« (21,32) gehen. Darauf hebt die Anwendung der Parabel durch Jesus in 21,31f ab: Während das erste Nein-sagende Kind seine ablehnende Haltung bereut und sich als lernfähig erweist, lehnen die jüdischen Autoritäten Jesus weiterhin nachhaltig ab und verfestigen ihr Fehlverhalten: Sie verweigern sich der Wahrheit, obwohl sie sich direkt vor ihren Augen abspielt. Aus diesem Grund stehen letztlich sogar die Zöllner und Prostituierten besser da als sie.

33 Ein anderes Gleichnis hört!
Es war ein Mensch, ein Hausherr,
welcher einen Weinberg pflanzte
und ringsherum einen Zaun zog und in ihm eine Kelter grub
und einen Turm baute und ihn an Bauern verpachtete und verreiste.

34 Als aber die Zeit der Früchte nahte,
sandte er seine Knechte zu den Bauern,
um seine Früchte zu empfangen.
35 Und die Bauern empfingen seine Knechte:
Einen schlugen sie, einen töteten sie, einen steinigten sie.

36 Wieder sandte er andere Knechte, mehr als die ersten –
und sie taten ihnen ebenso.
37 Zuletzt aber sandte er zu ihnen seinen Sohn und sagte:
Meinen Sohn werden sie achten!
38 Als aber die Bauern den Sohn sahen, sprachen sie bei sich:
Dieser ist der Erbe!
Kommt! Töten wir ihn und behalten sein Erbe!
39 Und sie nahmen ihn, warfen ihn hinaus aus dem Weinberg
und töteten ihn.
40 Wenn nun der Herr des Weinbergs kommt,
was wird er jenen Bauern tun?

41 Sie sagen ihm:
Als Böse wird er sie böse vernichten
und den Weinberg anderen Bauern verpachten,
welche ihm die Früchte zu ihren Zeiten abgeben werden!

42 Jesus sagt ihnen:
Last ihr niemals in den Schriften:
Ein Stein, den die Bauleute verwarfen,
dieser wurde zum Hauptstein; vom Herrn wurde dieser es,
und es ist wunderbar in unseren Augen?

43 Deswegen sage ich euch:
Weggenommen werden wird von euch die Königsherrschaft Gottes
und sie wird gegeben werden einem Volk, das seine Früchte bringt!
[44]
45 Und als die Hohepriester und die Pharisäer seine Gleichnisse hörten,
erkannten sie, dass er über sie redet.
46 Und sie suchten ihn zu ergreifen, fürchteten aber die Volksmengen,
da diese ihn für einen Propheten hielten.

Vom Mord im Weinberg (21,33–46)

Die zweite Parabel der Trilogie spielt in einem Weinberg, womit ein Stichwort aus 21,28 aufgenommen ist. Alle drei Parabeln sind überdies durch den Begriff »*Sohn*« miteinander vernetzt (21,28f.37; 22,2 – dass es sich in 21,28f ebenfalls um Söhne handelt, wird durch das Personalpronomen »*der*« deutlich, wenngleich im Text wörtlich von »*Kindern*« gesprochen wird).

Im Grunde genommen handelt es sich bei der Parabel um eine wahre Kriminalgeschichte: Ein als »*Hausherr*« (vgl. 20,1) bezeichneter Besitzer eines Weinbergs hat diesen an Weinbauern verpachtet und begibt sich auf Reisen. Als die Trauben reif sind, möchte er die ihm zustehenden Früchte abholen.

Dazu schickt er zweimal eine Gesandtschaft von Knechten in den Weinberg, die jedoch immer dasselbe bittere Schicksal erleiden: Sie werden von den Pächtern misshandelt und getötet. Dass der Weinbergbesitzer zu guter Letzt ohne weitere Schutzmaßnahmen seinen Sohn schickt, überrascht und muss fast schon als unverständliche Naivität gedeutet werden. Aber offensichtlich möchte der Gutsherr den Konflikt ohne Gewaltanwendung lösen und glaubt, dass das auf diese Weise möglich ist. Doch es misslingt: Die Pächter werfen seinen Sohn aus dem Weinberg hinaus und töten ihn.

Die Erzählung ist von Anspielungen durchzogen: Dass die Gesandtschaften geschlagen, getötet und gesteinigt werden, erinnert an 23,37 und stellt so einen Bezug zu Jerusalem und den angesprochenen jüdischen Autoritäten her: »*Jerusalem, Jerusalem, die tötet die Propheten und steinigt die zu ihr Gesandten...*«

Dass der Gutsherr der Parabel für Gott steht, der Sohn für Jesus und die Knechte für die Propheten, liegt auf der Hand und lässt sich leicht entschlüsseln. Schwieriger ist hingegen die Entscheidung, ob der Weinberg ein Symbol für Israel ist und was dies für das Verständnis bedeuten würde. Da bei der Beschreibung des Weinbergs in 21,33 deutlich auf Jes 5,2 angespielt wird und der Weinberg auch sonst als Bild für Israel bezeugt ist, ist diese Deutung wahrscheinlich. Doch einer Verwerfung ganz Israels spricht die Parabel gerade nicht das Wort!

Denn es wird nicht erzählt, dass der Weinberg seiner Aufgabe nicht gerecht wird, indem er schlechte oder keine Früchte hervorbringt, sondern dass die *Pächter* des Weinbergs versagen, die die vorhandenen Früchte nicht abliefern.

Völlig zurecht erkennen darum die Hohepriester und Pharisäer, dass es in der Parabel um sie geht (21,45): Gott hat die jüdischen Autoritäten in Israel eingesetzt, die sich jedoch nachhaltig gegen seine Gesandten (Propheten) stellen bis hin zur Tötung seines eigenen Sohnes. Das bleibt nicht ungestraft (21,41): Die Führung wird am Schluss anderen übergeben werden, und der getötete Sohn wird vom Vater auferweckt werden. Das Zitat aus Ps 118,22 in Mt 21,42 (»*Hauptstein*«) bestätigt dies.

22,1 Und Jesus antwortete und sprach wiederum in Gleichnissen zu ihnen,
indem er sagte:
2 Es gleicht die Königsherrschaft der Himmel einem König,
der eine Hochzeit für seinen Sohn ausrichtete.
3 Und er sandte seine Knechte, die Gerufenen zur Hochzeit zu rufen,
aber die wollten nicht kommen.

4 Wieder sandte er andere Knechte und sagte:
Sprecht zu den Gerufenen:
Siehe, mein Mahl habe ich bereitet,
meine Ochsen und die Masttiere geschlachtet!
Alles ist bereit! Kommt zur Hochzeit!
5 Die aber scherten sich nicht darum und gingen weg,
der eine auf den eigenen Acker, der andere zu seinem Geschäft.
6 Die übrigen aber ergriffen seine Knechte,
misshandelten und töteten sie.

7 Der König aber wurde zornig und schickte seine Heere
und vernichtete jene Mörder und setzte ihre Stadt in Brand.

8 Da sagt er seinen Knechten:
Die Hochzeit ist zwar bereit,
die Gerufenen aber waren nicht würdig.
9 Geht nun hin an die Wegkreuzungen und so viele ihr auch
findet, ruft sie zur Hochzeit!
10 Und jene Knechte gingen hinaus auf die Wege
und versammelten alle, die sie fanden – Böse und Gute.
Und die Hochzeit wurde gefüllt von zu Tisch Liegenden.

11 Als aber der König hereinkam,
um die zu Tisch Liegenden zu
betrachten, sah er dort einen Menschen,
der nicht mit einem hochzeitlichen Kleid bekleidet war.
12 Und er sagt ihm:
Kamerad, wie kamst du hier herein,
obwohl du kein hochzeitliches Kleid hast?
Der aber verstummte.
13 Da sprach der König zu den Dienern:
Bindet ihm Füße und Hände und werft ihn hinaus
in die äußerste Finsternis!
Dort wird Weinen und Zähneknirschen sein!
14 Denn viele sind Berufene, wenige aber Auserwählte!

Vom königlichen Hochzeitsmahl (22,1–14)

Die dritte und letzte Parabel komplettiert den Reigen und präzisiert die Thematik der Königsherrschaft Gottes (22,2), mit der die zweite Parabel geendet hatte (21,43).
Folgende Geschichte wird erzählt: Ein König sendet gleich mehrfach seine Knechte aus, um Gäste zur hochzeitlichen Mahlfeier seines Sohnes einzuladen. Eine königliche Hochzeitsfeier ist ein gesellschaftliches Ereignis, das sich normalerweise niemand freiwillig entgehen lässt.
Und so ist die Reaktion der Eingeladenen irritierend und anmaßend (diese Irritation ist ein Kennzeichen von Parabeln): Sie weigern sich, zur Hochzeit zu kommen – entweder indem sie die Einladung schlichtweg ignorieren oder indem sie die Knechte des Königs misshandeln und töten. Das erinnert zutiefst an das Verhalten der Weinbergpächter der letzten Parabel (21,35f).
Und auch dieses Mal greift der König zu einer überraschenden Maßnahme: Nachdem er wie ein imperialer Herrscher die ganze Stadt für die Morde an seinen Knechten bestraft und ein machtvolles Exempel statuiert hat (22,7) – möglicherweise ist dies als ein Hinweis auf die Zerstörung Jerusalems 70 n. Chr. durch die Römer zu lesen –, schickt er eine letzte Abordnung seiner Knechte an die Ausfallstraßen der Stadt, um alle einzuladen, die sie dort antreffen – unabhängig von ihrer Herkunft, ihrem Status oder ihrer Integrität: Böse und Gute werden eingeladen (22,10) und legen sich zu Tisch, um das Hochzeitsmahl einzunehmen.
Doch wehe denjenigen, die keine angemessene Kleidung tragen, d.h. die sich als nicht würdig erweisen: Ihnen wird die äußerste Finsternis des Gerichts angedroht (22,13; vgl. 8,12; 13,42!).
Ähnlich wie im Weinberggleichnis steht der Sohn für Jesus (22,2; 21,37) und der König für Gott. Die ausgesandten Knechte sind jetzt aber nicht die alttestamentlichen Propheten, sondern die Jesusboten. Doch wer sind die Erstgeladenen und wer ist das »einfache Volk« von der Straße?
Liest man die drei Parabeln zusammen, muss man die Erstgeladenen – auf der Erzählebene die soziale Elite – auf der Deutungsebene mit der religiösen Elite, d.h. mit den jüdischen Autoritäten gleichsetzen, mit denen sich Jesus auseinandersetzt (21,45; 22,15). Sie verweigern sich genauso nachhaltig der Einladung des Königs wie es der erste Ja-Sager Sohn, der den Willen des Vaters dann doch nicht ausführt (21,30), oder die bösen Weinbergpächter (21,35–39), die ihrer Aufgabe nicht gerecht werden, getan haben.
Das »einfache Volk« hingegen (22,9), aber auch die »*Zöllner und Prostituierten*« (21,32) oder diejenigen, die »*Früchte bringen*« (21,41.43), werden dieser Elite gegenübergestellt: Sie sind es, die sich in die matthäische Gemeinde haben rufen lassen. Allerdings – und mit dieser Warnung »*nach innen*« endet die Erzählung – auch sie müssen sich als würdig erweisen (22,11–14).

15 Da gingen die Pharisäer und fassten einen Beschluss,
wie sie ihm mit einem Wort eine Schlinge legen könnten.

16 Und sie senden ihm ihre Jünger mit den Herodianern, die sagen:
Lehrer, wir wissen,
dass du wahrhaftig bist
und den Weg Gottes in Wahrheit gehst
und du dich um niemanden scherst:
Denn du siehst nicht auf das Gesicht der Menschen!
17 Sprich also zu uns,
was du meinst:
Ist es erlaubt,
dem Kaiser Steuer zu geben oder nicht?

18 Jesus aber erkannte ihre Bosheit
und sprach:
Was versucht ihr mich, Heuchler?
19 Zeigt mir die Steuermünze!

Sie aber brachten ihm einen Denar.

20 Und er sagt ihnen:
Von wem sind dieses Bild und die Aufschrift?

21 Sie sagen ihm:
Vom Kaiser!

Da sagt er ihnen:
Gebt also das des Kaisers dem Kaiser
und das Gottes Gott!

22 Und als sie das hörten,
wunderten sie sich
und ließen ihn und gingen weg.

4.5 Drei Streitgespräche (22,15–40)

Die jüdischen Autoritäten unter Federführung der Pharisäer verstehen sehr wohl, dass sie es sind, auf die die Polemik der Parabeln abzielt. Matthäus unterscheidet in seinem Evangelium konsequent zwischen dem Volk Israel, von dem es in 22,33 heißt, dass es positiv auf Jesu Lehre reagiert, und seiner Führungsschicht, die er scharf angreift.
Das wird auch hier deutlich: Da die Pharisäer aufgrund der positiven Einstellung des Volkes Jesus nicht öffentlich ergreifen können (vgl. 21,46), versuchen sie, ihn in ein Gespräch zu verwickeln, um ihm eine Falle zu stellen (22,15). Dreimal gehen sie Jesus mit Fragen an, um ihn zu einer widersprüchlichen Aussage zu bewegen oder zumindest die Stimmung des Volkes gegen ihn zu kehren. Jesus reagiert auf die Fragen souverän und behält in allen drei Streitgesprächen das letzte Wort.

Die Frage der Herodianer nach der Steuer (22,15–22)

Die erste Frage stellen die Pharisäer und die Herodianer. Wer genau mit den Herodianern gemeint ist, lässt sich nicht sicher sagen. Matthäus hat an einer genauen Bestimmung dieser Gruppe kein Interesse, sondern suggeriert mit ihrer Erwähnung lediglich, dass sie in irgendeiner Form zu König Herodes gehören und damit prorömisch eingestellt sind.
Die Fragesteller beginnen mit einer schmeichelhaften Einleitung, die ihre wahren Absichten verbergen soll: Sie reden Jesus nicht nur als Lehrer an, sondern bestätigen ihm auch, dass er tatsächlich »*in Wahrheit den Weg Gottes lehrt*« ohne auf das Ansehen einzelner Personen zu achten (22,16). Ihre eigentliche Frage aber hat es in sich: Soll man dem römischen Kaiser Steuern zahlen oder nicht? Anders ausgedrückt: Soll das unter römischer Besatzung stehende jüdische Volk diese Machtverhältnisse hinnehmen oder sich dagegen auflehnen? Wenn Jesus diese Frage mit Ja beantwortet, stellt er sich offen auf die Seite der Besatzer, was ihn die Sympathien des Volkes kosten würde; wenn er sie jedoch mit Nein beantwortet, könnte man ihn vor dem römischen Statthalter verklagen, da Steuerverweigerung einem Signal zum Aufstand gleichkommt.
Jesus durchschaut seine Gegner. Er lässt sich einen Denar zeigen und fragt, was darauf zu sehen ist. Auf dem Tiberiusdenar, um den es sich dabei wohl handelt, ist auf der Vorderseite der Kopf des Kaisers und auf der Rückseite die Kaisermutter abgebildet.
Die Pointe der Erzählung liegt darin, dass ausgerechnet die Herodianer Jesus mit dieser Frage angreifen wollen, aber selbst eine solche Münze bei sich tragen, was beweist, dass sie sich mit den herrschenden Machtverhältnissen arrangiert haben. Sie sind wahrlich »*Heuchler*« (22,18)!
Unbeantwortet bleibt die Frage Jesu, ob sie in der gleichen Weise, wie sie dem Kaiser dienen, bereit sind, Gott zu geben, was Gott gehört (22,21).

23 An jenem Tag traten Sadduzäer zu ihm und sagten,
es gebe keine Auferstehung,
und sie befragten ihn und sagten:
24 Lehrer, Mose sprach:
Wenn einer stirbt und keine Kinder hat,
soll sein Bruder als Schwager seine Frau heiraten
und seinem Bruder Nachkommen erwecken.

25 Es waren aber bei uns sieben Brüder.
Und der erste heiratete und starb.
Da er keine Nachkommen hatte,
hinterließ er seine Frau seinem Bruder.
26 Desgleichen erging es auch dem zweiten und dem dritten
bis zum siebten.
27 Zuletzt von allen aber starb die Frau.
28 Bei der Auferstehung nun –
wessen Frau von den sieben wird sie sein?
Denn alle hatten sie.

29 Jesus antwortete und sprach zu ihnen:
Ihr irrt!
Ihr kennt weder die Schriften noch die Macht Gottes!
30 Denn bei der Auferstehung heiraten sie nicht
noch werden sie geheiratet,
sondern sind wie Engel im Himmel!

31 Über die Auferstehung der Toten aber:
Habt ihr nicht das Gesagte von Gott gelesen,
der sagt:
32 *Ich bin der Gott Abrahams und der Gott Isaaks*
und der Gott Jakobs?

Nicht ist er ein Gott Toter, sondern Lebender!

33 Und als die Volksmengen das hörten,
gerieten sie aus der Fassung über seine Lehre.

Die Frage der Sadduzäer nach der Auferstehung (22,23–33)

Als nächstes treten die Sadduzäer an Jesus heran. Die Sadduzäer, die aristokratische Priesterkaste am Tempel in Jerusalem, glaubten im Gegensatz zu den Pharisäern nicht an eine Auferstehung der Toten, wie uns etwa der jüdische Historiker Josephus berichtet: »*Die Sadduzäer [...] leugnen die Fortdauer der Seele sowie die Strafen und Belohnungen in der Unterwelt*« (Bellum Judaicum 2,165; vgl. auch Apg 23,8). Es ist historisch sorgfältig, dass Matthäus die Pharisäer an dieser Stelle in den Hintergrund treten lässt.
Die Sadduzäer beginnen ihre Frage ebenfalls mit der Anrede »*Lehrer*« (22,24; vgl. 22,16 und 22,34) und legen Jesus einen konstruierten Fall vor, der belegen soll, wie absurd der Auferstehungsglaube ist. Inhaltlich spielen die Fragesteller dabei auf die biblisch begründete »Leviratsehe« an (hebr. *levir* = Schwager): Wenn ein Mann kinderlos stirbt, soll sein Bruder seine Witwe heiraten (vgl. Dtn 25,5f; Gen 38,8). In den Augen der Sadduzäer ist diese mosaische Vorschrift jedoch völlig unvereinbar mit dem Glauben an die Auferstehung der Toten – zumindest wenn man sich wie die Sadduzäer das himmlische Leben unter den Bedingungen der irdischen Welt vorstellt (22,28). Wenn diese Annahme stimmen würde, führte die Leviratsehe nach der Totenauferweckung tatsächlich zur nicht akzeptablen Polygamie, zur Vielehe.
Jesus hebt in seiner Antwort zunächst auf den Irrtum der Fragesteller ab und bescheinigt ihnen abgrundtiefe Schriftunkenntnis und schlimmer noch: Die Unkenntnis der Macht Gottes (ähnlich in 12,3–7). Denn in der himmlischen Existenz gelten andere Maßstäbe als in der irdischen: Merkmale des vergänglichen Lebens wie heiraten oder Kinder gebären sind dort außer Kraft gesetzt. Stattdessen werden die Auferstandenen wie Engel sein, die in der Nähe Gottes leben.
Nach der Zurückweisung der von den Sadduzäern falsch vorgetragenen Auferstehungsvorstellung geht Jesus auf die Auferstehung selbst ein: Er weist die Gegner in 22,32 mit einem Zitat aus Ex 3,6 (vgl. Ex 3,15) auf den biblischen Zentraltext hin, den die Sadduzäer zugunsten der anderen Schriftstelle zur Leviratsehe völlig außer Acht gelassen haben: Gott ist ein Gott der Lebenden und nicht der Toten! Der Bund, den Gott mit den Vätern Abraham, Isaak und Jakob geschlossen hat, besteht weiter; er gehört zur wichtigsten Grundüberzeugung Israels – und auch zur Grundüberzeugung der Sadduzäer, die den Pentateuch (die fünf Bücher Mose) anerkannten.
Im sog. *Achtzehnbittengebet*, den 18 Lobpreisungen Gottes, wird dieses Bekenntnis zum Gott »*Abrahams, Isaaks und Jakobs*« als dem Gott, der die Macht der Totenauferweckung hat, eindrücklich bekannt (vgl. Röm 4,17). Jesus hat die Sadduzäer theologisch widerlegt und zum Schweigen gebracht (22,34). Das Volk hingegen zeigt sich überwältigt von der Lehre Jesu.

34 Als die Pharisäer aber hörten,
dass er die Sadduzäer zum Schweigen gebracht hatte,
versammelten sie sich am selben Ort.
35 Und einer von ihnen – [ein Gesetzeslehrer] –, befragte ihn,
um ihn zu versuchen:
36 Lehrer, welches Gebot im Gesetz ist groß?

37 Er aber sagte ihm:
Du sollst lieben den Herrn, deinen Gott,
mit deinem ganzen Herzen
und mit deiner ganzen Seele
und mit deinem ganzen Denken!
38 *Das ist das große und erste Gebot.*

39 Ein zweites aber ist ihm gleich:
Du sollst lieben deinen Nächsten wie dich selbst!

40 An diesen zwei Geboten hängen das ganze Gesetz und die Propheten.

41 Weil aber die Pharisäer versammelt waren,
befragte sie Jesus,
42 indem er sagt:
Was meint ihr über den Christus?
Wessen Sohn ist er?

Sie sagen ihm:
Davids!

43 Er sagt ihnen:
Wie nun ruft David ihn im Geist: Herr! – und sagt:
44 *Es sprach der Herr zu meinem Herrn:*
Setz dich zu meiner Rechten,
bis ich deine Feinde unter deine Füße lege?
45 Wenn nun David ihn Herr ruft – wie ist er sein Sohn?

46 Und keiner konnte ihm ein Wort antworten.
Und niemand wagte mehr von jenem Tag an, ihn zu befragen.

Die Frage des pharisäischen Gesetzeslehrers nach dem großen Gebot (22,34–40)

Das letzte Streitgespräch ruft die Pharisäer als die eigentlichen Drahtzieher der Befragung Jesu im Tempel auf den Plan. Dadurch, dass Matthäus ihr Ansinnen von vornherein als versucherisch diskreditiert (22,35), werden die Leserinnen und Leser in der negativen Spur gegenüber den Gegnern Jesu gehalten. Denn für sich genommen ist die Frage nach dem großen oder größten Gebot der Tora eine gut jüdische Frage, die einem Gesetzeslehrer zu stellen zusteht.

Matthäus zeigt in allen drei Streitgesprächen, dass die Gegner Jesu gut aufgestellt sind und immer die geeigneten Personen in eine Diskussion mit Jesus schicken: So fragen die romfreundlichen Herodianer nach der römischen Steuer, die die Auferstehung ablehnenden Sadduzäer nach der Auferstehung und ein Gesetzeslehrer nach dem Gebot. Dass Jesus alle Auseinandersetzungen argumentativ »gewinnt«, bezeugt, dass er ihnen in den Diskussionen überlegen ist.

Jesus betont in seiner Antwort – einem Zitat von Dtn 6,5 (Mt 22,37) –, dass die Liebe zu Gott das unbestrittene Hauptgebot ist. Er interpretiert dieses Gebot durch die ausdrückliche Gleichordnung mit dem Gebot der Nächstenliebe – einem Zitat von Lev 19,18 (Mt 22,39) –, welches die Pharisäer offenkundig vernachlässigen (vgl. auch 23,23).

Jesu Antwort enthält somit eine Kritik an den Pharisäern, die für die Leserinnen und Leser des Evangeliums nicht neu ist: Immer wieder hatte Jesus den jüdischen Autoritäten die Schriftstelle Hos 6,6 vorgehalten (Mt 9,13; 12,7): »*Erbarmen will ich und keine Opfer!*« Das mangelnde Erbarmen scheint eines der dramatischsten Defizite der Pharisäer zu sein.

4.6 Rahmende Frage nach der Davids- und Gottessohnschaft Jesu (22,41–46)

Die drei Streitgespräche enden mit einer Frage Jesu (22,41f). Sie problematisiert die seit dem Ruf der Kinder beim Einzug in den Tempel (21,15) schwelende Frage nach seiner Vollmacht (21,23) und thematisiert die gleichzeitige Davids- und Gottessohnschaft Jesu. Der Christus ist der »*Sohn Davids*« – und ihm damit *unterlegen*. Zugleich bezeichnet David ihn in Ps 110,1 als »*Herrn*« – und erkennt ihn als *überlegen* an.

Während die Pharisäer dieses Problem nicht lösen können (22,46), sind die Leserinnen und Leser seit der Vorgeschichte des Evangeliums (Mt 1) über diesen Zusammenhang informiert: Jesus ist vom Geist gezeugt und von Anfang an Gottes Sohn (*vertikale Dimension*). Zugleich ist seine Davidssohnschaft durch Adoption vollgültig erwiesen (*horizontale Dimension*). In Jesus erfüllen sich die Verheißungen Gottes: Er ist der rechtmäßige davidische Messias.

23,1 Da redete Jesus zu den Volksmengen und zu seinen Jüngern
2 und sagte:
Auf dem Lehrstuhl des Mose sitzen die Schriftgelehrten
und die Pharisäer.
3 Alles nun, was immer sie euch sagen: tut und haltet!
Gemäß ihren Werken aber: tut nicht!
Denn sie reden, aber tun nicht!
4 Sie binden schwere [und schwer zu tragende] Lasten,
und legen sie auf die Schultern der Menschen.
Selbst aber wollen sie sie nicht mit einem ihrer Finger bewegen!

5 Alle ihre Werke tun sie, um von den Menschen betrachtet zu werden:
Denn breit machen sie ihre Gebetsriemen und groß die Schaufäden!
6 Sie lieben den ersten Liegeplatz bei den Mählern
und die ersten Sitze in den Synagogen
7 und die Grüße auf den Marktplätzen
und von den Menschen Rabbi gerufen zu werden.

8 Ihr aber sollt nicht Rabbi gerufen werden –
denn einer ist euer Lehrer, ihr alle aber seid Brüder!
9 Auch Vater sollt ihr keinen von euch auf der Erde rufen –
denn einer ist euer Vater, der himmlische!
10 Auch sollt ihr nicht gerufen werden Meister –
denn einer ist euer Meister, der Christus!

11 Der Größte von euch aber soll euer Diener sein!
12 Wer aber sich selbst erhöhen wird, wird erniedrigt werden,
und wer sich selbst erniedrigen wird, wird erhöht werden!

13 *Wehe aber euch, Schriftgelehrte und Pharisäer – Heuchler!*
Denn ihr verschließt die Königsherrschaft der Himmel den Menschen!
Denn ihr geht (selbst) nicht hinein, und die hingehen (wollen),
lasst ihr nicht hineingehen!

[14]
15 *Wehe euch, Schriftgelehrte und Pharisäer – Heuchler!*
Denn ihr durchzieht das Meer und das Trockene,
um einen einzigen zum Proselyten (Konvertiten) zu machen!
Und wenn er es geworden ist,
macht ihr ihn zum Sohn der Gehenna – doppelt so schlimm wie ihr!

4.7 Die Gerichtsrede (23,1–25,46)

Die große endzeitliche Gerichtsrede, die sich in einem ersten Teil als Rede gegen die Pharisäer und Schriftgelehrten (23,1–24,2) und im zweiten Teil als Warnung an die Jüngergemeinde angesichts des nahen Endes richtet (24,3–25,46), ist die fünfte Redekomposition des Mt-Ev. Wie die erste programmatische Rede Jesu auf dem Berg (5–7), besteht auch die letzte aus drei Kapiteln (23–25). Ein korrespondierendes Strukturmerkmal von Bergpredigt und Gerichtsrede stellen die Reihungen dar: Die neun Glückseligpreisungen in 5,3–12 und die sieben Weherufe in 23,13–33.
Wie in den anderen Reden auch (7,28; 11,1; 13,53; 19,1) wird die Gerichtsrede durch 26,1 als zusammengehörig erwiesen: »*Und es geschah, als Jesus beendet hatte alle diese Worte...*« Das erstmals eingefügte »alle« signalisiert, dass Jesus sich zum letzten Mal programmatisch zu Wort meldet.
Die Gerichtsrede ist eschatologisch ausgerichtet, d.h. sie wendet den Blick auf die letzten Ereignisse, bei denen der messianische Richter entscheidet, wer in die Königsherrschaft eingehen wird und wer nicht. Dementsprechend bestimmen Warnungen und Verheißungen den Ton.

Die Weherede gegen die Pharisäer und Schriftgelehrten (23,1–39)

Jesus geht die Pharisäer und Schriftgelehrten in ihrer Abwesenheit mit äußerster Schärfe an. Den sieben Weherufen ist mit 23,2–12 eine harsche Kritik vorgeschaltet, die auf das Auseinanderfallen von Lehre und Praxis der Pharisäer abzielt: Sie bürden den Menschen schwere Lasten in Form von Geboten und Verboten auf – woran im Prinzip nichts auszusetzen ist, da sie die Lehrvollmacht besitzen (23,3) –, sind aber selbst nicht bereit, auch nur den kleinsten Finger zu rühren, um selbst zu tun, was sie predigen (23,3f). Wenn sie es dennoch tun, dann aus fragwürdigen Gründen: Sie wollen von den Menschen gesehen werden (23,5), um Ehre zu erlangen (23,6f).
Dass diese Dinge nicht nur die »anderen«, nämlich die jüdischen Autoritäten, betreffen, sondern auch in der matthäischen Gemeinde virulent sein könnten, zeigt sich ab 23,8: Jesus fordert die Jünger auf, auf jegliche Anrede mit Titeln zu verzichten und die väterliche Machtstellung einer patriarchalen Gesellschaft aufzugeben, um das geschwisterliche Miteinander der Gemeinschaft nicht zu gefährden. Diese Geschwisterlichkeit ist für Matthäus ein zentrales Anliegen in der Nachfolge Jesu und verwirklicht sich im gegenseitigen Dienst: Großsein vor Gott vollzieht sich im Dienen (vgl. 20,26–28). Wenn die Jüngerinnen und Jünger das beherzigen, werden sie im Gericht bestehen.
In 23,13–33 folgen die Weherufe, die Jesus direkt an die Angesprochenen adressiert. Es handelt sich um eine Polemik, die sich nur auf dem situativen Hintergrund der matthäischen Gemeinde verstehen lässt (s. Einleitung).

16 *Wehe euch, blinde Führer,* die ihr sagt:
Wer beim Tempel schwört: nichts gilt es!
Wer aber beim Gold des Tempels schwört: schuldet!
17 Dumme und Blinde!
Was ist denn größer?
Das Gold oder der Tempel, der das Gold heiligt?

18 Und: Wer beim Altar schwört: nichts gilt es!
Wer aber bei der Gabe auf ihm schwört: schuldet!
19 Blinde!
Was ist denn größer?
Die Gabe oder der Altar, der die Gabe heiligt?

20 Wer nun beim Altar schwört, schwört bei ihm und bei allem auf ihm.
21 Und wer beim Tempel schwört, schwört bei ihm und bei dem,
der darin wohnt.
22 Und wer beim Himmel schwört, schwört beim Thron Gottes
und bei dem, der auf ihm sitzt.

23 *Wehe euch, Schriftgelehrte und Pharisäer – Heuchler!*
Denn ihr verzehntet die Minze und den Dill und den Kreuzkümmel
und unterlasst das schwerwiegendste des Gesetzes:
das Recht und das Erbarmen und den Glauben!
Dieses aber muss man tun und jenes nicht unterlassen!
24 Blinde Führer!
Ihr siebt die Mücke aus und verschluckt das Kamel!

25 *Wehe euch, Schriftgelehrte und Pharisäer – Heuchler!*
Denn ihr reinigt das Äußere des Bechers und der Schüssel,
innen aber sind sie voller Raub und Gier!
26 Blinder Pharisäer!
Reinige zuerst das Innere des Bechers,
damit auch sein Äußeres rein wird!

27 *Wehe euch, Schriftgelehrte und Pharisäer – Heuchler!*
Denn ihr gleicht mit Kalk geweißten Gräbern,
welche außen zwar schön scheinen,
innen aber voll sind mit Totengebeinen und jeder Unreinheit.
28 So auch ihr: außen scheint ihr den Menschen gerecht,
innen aber seid ihr voll von Heuchelei und Ungesetzlichkeit!

29 *Wehe euch, Schriftgelehrte und Pharisäer – Heuchler!*
Denn ihr baut die Gräber der Propheten und schmückt die
Denkmäler der Gerechten,

Die Weherede gegen die Pharisäer und Schriftgelehrten

Die sieben Weherufe – sieben ist die Zahl der Vollständigkeit – sind symmetrisch angeordnet: Die beiden ersten (23,13.15) und die beiden letzten (23,27f.29–33) stellen eine Art »Generalabrechnung« mit den Pharisäern und Schriftgelehrten dar, die sich nicht nur in einzelnen Auslegungsfragen irren, sondern – und das ist das Dramatische – den Menschen den Eingang in die Königsherrschaft Gottes *versperren*. Sie sind »*Heuchler*«, weil sie nicht das sind, was sie vorgeben zu sein: Nach außen hin glänzen sie, aber ihr Inneres ist hässlich und verkommen (23,27f). Auf je eigene Weise thematisieren die vier rahmenden Weherufe somit das Verhältnis der Angesprochenen zu den Menschen und zu deren Heil – mit verheerender Bilanz.
Die Mitte bilden drei Weherufe, in denen es um die Auslegung des Gesetzes durch die Schriftgelehrten und Pharisäer geht; hier formuliert der matthäische Jesus weniger scharf und bestreitet auch nicht die mangelnde Praxis seiner Gegner. Es geht auch nicht darum, jüdisches Recht in Frage zu stellen, sondern lediglich um eine Kritik an der falschen Gewichtung der Toragebote: Es nützt nichts, wenn man sich in Nebensächlichkeiten ergeht (also sprichwörtlich »*aus einer Mücke* [vgl. 23,24] *einen Elefanten macht*«), aber das Zentrum und Anliegen des Gesetzes, nämlich »*Recht und Erbarmen und Glauben*« (23,23) vernachlässigt. Diese drei Elemente sind die Grundpfeiler des Toragehorsams – alles andere ist ebenfalls nützlich, bleibt dem aber untergeordnet.
Es ist aufschlussreich, dass in den drei mittleren Weherufen – und nur hier – das Motiv der »Blindheit« der Pharisäer begegnet: Damit wird wie in 15,14 auf deren fundamentale Unkenntnis der Schrift abgezielt (vgl. 12,3–7; 19,4; 21,16.42; 22,41–46).

Verhältnis zu den Menschen und deren Heil	*Versperren den Menschen die Königsherrschaft*	1. Weheruf (23,13) 2. Weheruf (23,15)
	3. Weheruf (23,16–22) 4. Weheruf (23,23f) 5. Weheruf (23,25f)	*Fragen zur Auslegung der Tora (»Blindheit«)*
	Differenz zwischen Schein und Sein	6. Weheruf (23,27f) 7. Weheruf (23,29–33)

Ihren Höhepunkt erreicht die Schelte Jesu mit dem letzten Vorwurf: Die Pharisäer und Schriftgelehrten pflegen zwar sorgsam die Prophetengräber und distanzieren sich von ihren prophetenmordenden Vätern, aber ihnen entgeht der innere Widerspruch ihrer Rede: Indem sie die prophetenmordende Vorgängergeneration weiterhin als ihre »*Väter*« bezeichnen, stellen sie sich dazu als »*Söhne*« in ungebrochene Kontinuität (23,31).

30 und ihr sagt: Wenn wir gewesen wären in den Tagen unserer Väter,
wären wir nicht ihre Teilhaber am Blut der Propheten gewesen!
31 So bezeugt ihr von euch selbst,
dass ihr Söhne derer seid,
die die Propheten ermordeten.
32 Und ihr macht voll das Maß eurer Väter!
33 Schlangen! Giftschlangenbrut!
Wie wollt ihr dem Gericht der Gehenna entfliehen?

34 Deswegen – siehe!
Ich sende zu euch Propheten und Weise und Schriftgelehrte.
Einige von ihnen werdet ihr töten und kreuzigen
und einige von ihnen werdet ihr in euren Synagogen geißeln und
verfolgen von Stadt zu Stadt.
35 So wird über euch kommen alles gerechte Blut,
das ausgegossen wird auf der Erde, vom Blut Abels, des Gerechten,
bis zum Blut des Zacharias, des Sohnes des Barachias,
den ihr zwischen dem Tempel und dem Altar ermordetet.
36 Amen, ich sage euch:
Dies alles wird über diese Generation kommen!

37 Jerusalem, Jerusalem, die tötet die Propheten
und steinigt die zu ihr Gesandten!
Wie oft wollte ich deine Kinder um mich versammeln,
so wie ein Vogel seine Jungen unter seine Flügel versammelt –
und ihr habt nicht gewollt!

38 Siehe! Euer Haus wird euch einsam gelassen werden!
39 Denn ich sage euch: Ihr werdet mich ab jetzt nicht mehr sehen,
bis ihr sprecht:
Gesegnet sei der Kommende im Namen des Herrn!

24,1 Und als Jesus aus dem Tempel herauskam,
ging er weg,
und seine Jünger traten hinzu,
um ihm die Bauten des Heiligtums zu zeigen.
2 Er aber antwortete und sprach zu ihnen:
Nicht seht ihr dieses alles?
Amen, ich sage euch:
Nicht wird hier ein Stein auf einem anderen gelassen werden,
der nicht zerstört werden wird.

Dass dies tatsächlich der Wahrheit entspricht, bestätigt 23,34: Die Adressaten machen das »*Maß ihrer Väter voll*« (23,32), indem sie die zu ihnen gesandten Propheten, Weisen und Schriftgelehrten – gemeint sind die Jesusboten der nachösterlichen Zeit – ermorden (vgl. 10,17–25). Das Kreuzigen weist voraus auf den Tod Jesu (16,21; 17,23; 20,18f).

Mit diesen Versen werden die Pharisäer und Schriftgelehrten als Verfolger der Jesusboten mit der prophetenmordenden Vorgängergeneration zu einem Kollektiv zusammengebunden: Angesichts der Taten ihrer Väter ist von ihnen kaum etwas anderes zu erwarten, als genau das, was sie tun: Sie stehen ihren Vätern in nichts nach. Das ist pure Polemik, die darin gipfelt, dass das Gericht auf »*diese Generation*« (23,36) – gemeint ist hier nicht ganz Israel, sondern die angesprochenen Prophetenmörder – herabgerufen wird: Dem Höllenfeuer der Gehenna, der endzeitlichen Strafe, werden sie nicht mehr entfliehen können (23,33).

Die Klage über Jerusalem (23,37–39) schließt sich dem nahtlos an: Wie bereits in der Parabel vom königlichen Hochzeitsmahl (22,7) klingt auch hier die Zerstörung der Stadt als Strafe für die Tötung der Boten an. Die Zerstörung Jerusalems und des Tempels durch die Römer im Jahr 70 n. Chr. war zur Zeit der Abfassung des Evangeliums bereits Wirklichkeit geworden (vgl. dazu die Einleitung). Matthäus deutet dieses schockierende Erlebnis rückblickend als Strafe für die Gegner Jesu und für diejenigen, die sich von ihnen verführen ließen (27,20; vgl. auch 23,35 mit 27,25).

Damit bewegt sich Matthäus ganz im prophetischen Tun-Ergehen-Zusammenhang und lässt Teile von Jer 4,16–31 anklingen: »*Dein Weg und deine Taten haben dir das gebracht. Das ist deine Bosheit, dass es bitter ist und bis an dein Herz dringt*« (4,18): Das »*Land wird verwüstet*« (4,20) und »*jede Stadt wird verlassen*« werden (4,29). Doch die Zerstörung der Stadt und des Tempels bedeuten nicht das Ende Israels. Zwar haben die alten Eliten ihre Führungsrolle verspielt, wofür die Tempelzerstörung ein Beleg ist. Aber bei der Wiederkunft Christi, auf die Mt 23,39 anspielt, werden die Bewohner Jerusalems Jesus mit denselben Psalmworten (vgl. Ps 118,26) begrüßen, wie die Volksmengen ihn beim Einzug in den Tempel (21,9) begrüßt haben: »*Gesegnet sei der Kommende im Namen des Herrn!*« Am Ende der Zeiten werden sie Jesus als ihren Messias anerkennen.

Der Untergang des Tempels (24,1f)

Jesus beendet seine Rede und verlässt den Tempel. Weil er zugleich dessen Zerstörung voraussagt, erhält sein Weggehen eine tiefe symbolische Bedeutung: Der Tempel, der zu einer Räuberhöhle verkommen ist (21,13), ist dem Untergang geweiht. Damit wird die Verheißung von 23,38 eingeholt.

3 Als er auf dem Berg der Olivenbäume saß,
traten die Jünger zu ihm – allein – und sagten:
Sag uns: Wann wird dieses geschehen?
Und was wird das Zeichen deiner Ankunft
und der Vollendung der Weltzeit sein?

4 Und Jesus antwortete
und sprach zu ihnen:
Seht, dass euch nicht irgendeiner irreführt!
5 Denn viele werden kommen in meinem Namen und sagen:
Ich bin der Christus!
Und sie werden viele irreführen.

6 Hören werdet ihr aber von Kriegen und von Gerüchten von Kriegen!
Seht zu! Lasst euch nicht in Schrecken versetzen!
Denn es muss geschehen,
aber es ist noch nicht das Ende!
7 Es wird nämlich aufstehen Volk gegen Volk
und Königsherrschaft gegen Königsherrschaft,
und es werden Hungersnöte und Erdbeben sein an manchen Orten:
8 Alles dieses aber ist der Anfang der Wehen!

9 Dann werden sie euch in die Bedrängnis ausliefern
und euch töten.
Und ihr werdet von allen Völkern Gehasste sein
wegen meines Namens.
10 Und viele werden Anstoß nehmen und einander ausliefern
und einander hassen.
11 Und viele Pseudopropheten werden aufstehen
und viele irreführen.
12 Und weil die Gesetzlosigkeit zunimmt,
wird die Liebe der Vielen erkalten.

13 Wer aber standhält bis zum Ende,
dieser wird gerettet werden!
14 Und dieses Evangelium der Königsherrschaft wird verkündet
werden auf dem ganzen Erdkreis
zum Zeugnis allen Völkern.
Und dann wird das Ende kommen.

Die Zeichen der Endzeit (24,3–31)

Jesus begibt sich auf den Ölberg – den Berg jenseits des Kidrontals in Jerusalem – und setzt sich, wie ein Lehrer es tut, wenn er seine Schüler unterrichtet (vgl. 5,1). Durch die Betonung der Tatsache, dass die Jünger allein zu Jesus hinzutreten, zeigt Matthäus an, dass jetzt eine spezielle Unterweisung für die christliche Gemeinde folgt.

Die Jünger möchten von Jesus wissen (24,3), wann der Tempel von Jerusalem zerstört werden wird (vgl. 24,2) und anhand welcher Zeichen sie die Ankunft Jesu als Weltenrichter (vgl. 24,29–31), mit der das Ende der Welt einhergeht, erkennen können. Jesus beantwortet diese Doppelfrage nacheinander in zwei Anläufen (23,4–28 und 24,29–31). Insgesamt ist der Ton der Rede mahnend: Es geht nicht darum, einen bestimmten zeitlichen »Fahrplan« des Weltenendes zu enthüllen, sondern auf das richtige Tun und Verhalten zu drängen (vgl. bes. 24,43–25,46). Die Bewährung der christlichen Gemeinde zwischen der Tempelzerstörung 70 n. Chr. und dem nahenden Ende der Welt steht hier im Mittelpunkt.

Die Gefahr, in der sich die Jünger befinden, wird im Auftreten von falschen, christlich geprägten »Propheten« sichtbar, die sie von der Nachfolge Jesu abzubringen versuchen. Auch der Ausbruch von Kriegen, Hungersnöten und Erdbeben zeigt das nahe Ende an. Diese Katastrophenszenarien sind der apokalyptischen Vorstellungswelt entnommen: Die Apokalyptik (griech. *apokalýptein* = »enthüllen«) rechnete angesichts einer katastrophalen Gegenwart, in der alle Heilszuversicht zerstört war, mit einem Abbruch von Welt und Geschichte und einer völligen Neuschöpfung durch Gott. Wenn die Gegenwart ausschließlich negativ bestimmt ist, kann sie nicht dem Heilsplan Gottes entsprechen, sondern ist Unheilszeit. Zeit und Welt werden beendet und etwas ganz Neues entsteht, das für die Frommen endgültiges Heil bedeutet.

Die sog. apokalyptische Literatur enthüllt besonderes Geheimwissen über das Ende der Welt und anhand welcher Zeichen es zu erkennen ist (vgl. Dan 7–12; Offb). Alles entspricht dabei zutiefst dem Plan Gottes. Dem Kommen des Messias gehen in der apokalyptischen Vorstellung große Katastrophen voraus (vgl. Mt 24,6–8). Von Matthäus wird die Zerstörung des Tempels von Jerusalem in diesem Sinne gedeutet, aber auch die Verfolgungserfahrungen der matthäischen Gemeinde (24,9–14): Die weltweite Ablehnung der Christinnen und Christen, die Verfolgung, die Tötung und der Verrat durch eigene Mitbrüder oder Mitschwestern kennzeichnen die Situation vor dem Ende.

Aber das endgültige Ende ist noch nicht da (vgl. 24,8.14). Zunächst wird das Evangelium von der Königsherrschaft Gottes auf dem »*ganzen Erdkreis*«, d.h. in der ganzen bewohnten Welt (griech. *oikouménē*) verkündet werden (24,14; vgl. 28,19f). Dies entspricht dem universalen Anspruch des Evangeliums, den Matthäus von Anfang an konsequent entfaltet (vgl. 1,23).

15 Das Gesagte durch den Propheten Daniel:
Wenn ihr aber seht *den Gräuel der Verwüstung*
an heiligem Ort stehen
– der Lesende soll begreifen! –,
16 dann sollen die in Judäa in die Berge fliehen!

17 Wer aber auf dem Dach ist,
soll nicht herabsteigen,
um Sachen aus seinem Haus zu holen!
18 Und wer auf dem Acker ist,
soll sich nicht nach hinten umwenden,
um seinen Mantel zu holen!
19 Wehe aber denen,
die im Leib tragen und die stillen in jenen Tagen!

20 Betet aber,
dass eure Flucht nicht im Winter oder an einem Sabbat sei!
21 Denn dann wird eine große Bedrängnis sein,
wie sie von Anfang der Welt bis jetzt nicht war
und auch nicht mehr sein wird!

22 Und wenn jene Tage nicht verkürzt würden,
würde kein Fleisch gerettet werden!
Wegen der Auserwählten aber werden jene Tage verkürzt werden!

23 Wenn dann einer zu euch spricht:
Siehe, hier ist der Christus!, oder: hier! –
glaubt nicht!
24 Denn es werden Pseudochristusse und Pseudopropheten aufstehen,
und sie werden große Zeichen und Wunder geben,
damit sie – wenn möglich – auch die Auserwählten irreführen!

25 Siehe! Ich habe es euch vorausgesagt!
26 Wenn sie also zu euch sprechen:
Siehe, in der Wüste ist er! –
geht nicht hinaus!
Siehe, in den Zimmern! –
glaubt nicht!

27 Denn wie der Blitz ausgeht von Osten und scheint bis zum Westen,
so wird die Ankunft des Menschensohns sein!
28 Wo das Aas ist,
dort werden sich die Geier versammeln!

Die Mahnung, bis zum Ende standzuhalten (vgl. 24,13), bedeutet nicht, dass man sich nicht in Sicherheit bringen darf, wenn es gefährlich wird – wie etwa für die Christinnen und Christen während des jüdisch-römischen Krieges (66–70 n. Chr.). Um dies zu erläutern, greift Matthäus in Form eines Erfüllungszitats auf das apokalyptische Buch Daniel zurück (24,15): Dort wird mit »*Gräuel der Verwüstung an heiligem Ort*« (Dan 9,27; 11,31; 12,11) auf die Verfolgung der jüdischen Religion und die Schändung des Jerusalemer Tempels 167 v. Chr. durch den Seleukidenherrscher Antiochos IV Epiphanes angespielt: Antiochos wollte die Hellenisierung Israels radikal durchsetzen und ließ über dem Brandopferaltar des Tempels einen Altar des griechischen Gottes Zeus errichten (1 Makk 1,59; 2 Makk 6,1–5): Wahrhaftig ein »*Gräuel an heiligem Ort*«!

Matthäus spricht die Leserin und den Leser an dieser Stelle direkt an (24,15), damit sie verstehen, dass dies kein längst vergangenes Ereignis ist, sondern sich immer wieder ereignen kann. So wurde der Jerusalemer Tempel 70 n. Chr. durch die Römer entweiht und zerstört, und Titus errichtete vorübergehend sogar ein römisches Fahnenheiligtum an dessen Stelle.

Angesichts dieser sich wiederholenden Tragödie ist es ein Klugheitsgebot, bei Gefahr »Hals über Kopf« zu fliehen: Wer sich auf einer Dachterrasse befindet, soll über die Außentreppe herunterkommen und nicht mehr ins Haus zurückkehren, um seine Habe einzupacken. Und wer sich auf dem Feld befindet, soll sogar ohne seinen Mantel fliehen, der ihm bei der Nacht als schützende Decke gegen die Kälte dienen könnte (vgl. 5,40). Diese beiden Beispiele veranschaulichen, wie drängend die Situation ist. Besonders schlimm ergeht es den Schwangeren und Stillenden, was leicht nachvollziehbar ist. Zusätzlich erschwert würde die Flucht, wenn sie im Winter stattfinden müsste, so dass man darum beten soll, davor verschont zu bleiben. Aufschlussreich ist der Hinweis, dass die Flucht möglichst nicht am Sabbat geschehen soll, woran das judenchristliche Milieu des Matthäus sichtbar wird: Würde die Gemeinde die Sabbatruhe nicht mehr halten und hätte sich gänzlich von der Synagoge gelöst, wäre ein solcher Hinweis nicht erklärbar.

All dies ist die »*große Bedrängnis*«, die in der Apokalyptik das Ende der Welt ankündigt. Für die Christinnen und Christen soll sie ein Grund zur Bewährung im Glauben und nicht zum Abfall sein, denn »*wegen der Auserwählten werden jene Tage verkürzt werden*« (24,22)! Die Auserwählten sollen nicht vernichtet, sondern gerettet werden und sich deswegen durch nichts und niemanden in die Irre führen lassen (24,24–26).

Die Ankunft des Menschensohnes ist einem kosmischen »*Blitz*« vergleichbar: Sie geschieht plötzlich, und sie geschieht so, dass sie allen offenbar wird – vom Osten bis zum Westen (vgl. 8,11) wird der Himmel erleuchtet sein. Das ist genauso unübersehbar, wie die Geier am Himmel, die das Aas anzeigen.

29 Sofort nach der Bedrängnis jener Tage
wird die Sonne verfinstert werden,
und der Mond wird seinen Schein nicht geben,
und die Sterne werden vom Himmel fallen,
und die Mächte der Himmel werden erschüttert werden.

30 Und dann wird das Zeichen des Menschensohns am Himmel erscheinen,
und alle Stämme der Erde werden sich (an die Brust) schlagen,
und sie werden den Menschensohn auf den Wolken des Himmels kommen sehen mit Macht und großer Herrlichkeit!

31 Und er wird seine Engel aussenden mit der großen Posaune,
und sie werden seine Auserwählten zusammenführen
aus den vier Winden –
von den einen Enden der Himmel bis zu den anderen!

32 Vom Feigenbaum aber lernt das Gleichnis:
Wenn sein Zweig schon saftig wird
und die Blätter herauswachsen,
erkennt ihr: Der Sommer ist nahe!
33 So erkennt auch, wenn ihr dieses alles seht:
Er ist nahe vor den Türen!

34 Amen, ich sage euch:
Nicht wird diese Generation vergehen,
bis alles die geschieht!
35 Der Himmel und die Erde werden vergehen –
meine Worte aber werden sicher nicht vergehen!

36 Über jenen Tag und (jene) Stunde aber weiß keiner Bescheid:
weder die Engel der Himmel noch der Sohn –
nur allein der Vater!

Die Zeichen der Endzeit

Der großen Bedrängnis jener Tage folgt unmittelbar (»*sofort*«, 24,29) die Ankunft des Menschensohns, die durch erschütternde kosmische Zeichen wie dem Erlöschen aller Himmelsleuchten angekündigt wird (vgl. die Zitate aus Jes 13,10; 34,4): Wenn alles dunkel ist, kann das himmlische Leuchten bei seiner Ankunft (vgl. 24,27!) umso strahlender allen Menschen offenbar werden. Der ganze Kosmos ist in das Geschehen einbezogen, das von Gott selbst gesteuert wird. Aus diesem Grund werden die Menschen in 24,29–31 auch nicht mehr direkt angesprochen: Was sich nun ereignet, ist ihrem Handeln entzogen und folgt allein Gottes Gesetzen.
Das Kommen des Menschensohnes wird mit einem Zitat aus Dan 7,13 beschrieben: Er kommt als endzeitliche Heilsgestalt »*auf den Wolken des Himmels*«, und alle Völker der Erde werden sich klagend an die Brust schlagen wegen ihrer bösen Taten, für die sie sich nun vor dem Richter verantworten müssen (vgl. Sach 12,12–14).
Dies zeigt den universalen Charakter der Ereignisse, denn der Menschensohn wird kommen, *alle* Stämme zu richten (24,30; vgl. 25,31–46). Dazu wird er seine Engel aussenden, damit sie die Auserwählten von allen Enden der Erde zum Endgericht zusammenführen (vgl. 13,41.49). Die große Posaune (24,31) leitet traditionell den Tag JHWHs, die Sammlung der Zerstreuten und den großen Tag des Gerichts (vgl. Joel 2,1; Zef 1,16; Jes 27,13) ein: Von den äußersten Grenzen der Welt (vgl. Dtn 30,4; Sach 2,10) sollen alle Auserwählten – in der Perspektive des Matthäus damit auch all diejenigen, die Jesus nachfolgen – herbeigerufen werden. Das Gericht selbst, das weitere Tun des Menschensohns nach seiner Ankunft, das Schicksal der wehklagenden Stämme und der Auserwählten werden jedoch nicht mehr erzählt. Die apokalyptisch geprägten Verse enden zunächst mit einer Leerstelle. Erst in Mt 24,31–46 erfolgt die Schilderung des Weltgerichts.

Mahnungen zur Wachsamkeit (24,32–25,30)

Mit einem Gleichnis wird die Frage der Jünger nach dem Zeitpunkt dieser Geschehnisse aus 24,3 aufgegriffen und erläutert. Wer die Natur, die den Jahreszeiten folgt, beobachtet, kann erkennen, ob der Sommer vor der Tür steht. Genauso kann man an den bisher erzählten Ereignissen erkennen, dass das Ende nahe ist.
Ein sog. »Terminwort«, das feierlich mit »*Amen*« eingeleitet (24,34) und dessen Gültigkeit ebenso feierlich unterstrichen wird (24,35), formuliert die drängende Nähe: Die Generation, die jetzt lebt, wird nicht sterben, bis dies alles geschieht. Für die christliche Gemeinde gesprochen, heißt das: Jesu Wiederkunft steht unmittelbar bevor, sie ist eine »Naherwartung«.
Doch wann genau sie sich ereignen wird, das weiß niemand – nur Gott allein (24,36).

37 Denn wie die Tage des Noe (= Noah) waren,
so wird die Ankunft des Menschensohnes sein.
38 Denn wie sie in jenen Tagen vor der Sintflut aßen und tranken,
heirateten und verheiratet wurden
bis zu dem Tag, an dem Noe in die Arche hineinging,
39 und sie es nicht erkannten, bis die Sintflut kam und alle wegnahm:
so wird die Ankunft des Menschensohnes sein!

40 Dann werden zwei (Männer) auf dem Acker sein –
einer wird mitgenommen und einer dagelassen!
41 Es werden zwei (Frauen) in der Mühle mahlen –
eine wird mitgenommen und eine dagelassen!

42 Wacht also!
Denn ihr wisst nicht, an welchem Tag euer Herr kommt!

43 Jenes aber erkennt:
Wenn der Hausherr wüsste,
zu welcher Wache der Dieb kommt:
Wachen würde er und nicht zulassen,
dass eingebrochen wird in sein Haus!
44 Deshalb seid auch ihr bereit!
Denn zu der Stunde, die ihr nicht meint,
kommt der Menschensohn!

45 Wer also ist der treue und kluge Knecht,
den der Herr über seine Sklaven gesetzt hat,
ihnen die Nahrung zur rechten Zeit zu geben?
46 Glückselig jener Knecht,
den sein Herr beim Kommen so handelnd finden wird!
47 Amen, ich sage euch:
Über all seinen Besitz wird er ihn setzen!
48 Wenn aber jener böse Knecht in seinem Herzen sagt:
Mein Herr lässt sich Zeit! –
49 und beginnt, seine Mitknechte zu schlagen,
und isst und mit den Betrunkenen trinkt,
50 dann wird der Herr jenes Sklaven kommen an einem Tag,
an dem er es nicht erwartet,
und in einer Stunde,
die er nicht erkennt.
51 Und er wird ihn zweiteilen
und seinen Teil bei den Heuchlern festsetzen.
Dort wird Weinen und Zähneknirschen sein!

Mahnungen zur Wachsamkeit

Die Ungewissheit über den genauen Zeitpunkt (vgl. 24,36) sowie die Unmittelbarkeit der Ankunft des Menschensohns wird in 24,37–41 anhand eines bekannten alttestamentlichen Beispiels verdeutlicht: Wie in den Tagen Noahs vor der Sintflut (vgl. Gen 6,1–7,24), als die Menschen ihren Alltagsgeschäften nachgingen und deswegen nicht erkennen konnten, dass die Katastrophe kurz bevorstand, so wird es auch mit dem Menschensohn, bzw. mit der Wiederkunft (Parusie) Christi sein: Wer zu sehr verstrickt ist in seine Alltagsgeschäfte, wird von ihr überrascht werden.

Es geht nicht darum, dass die Noah-Generation deswegen negativ angeklagt würde. Es geht vielmehr darum, die Leserinnen und Leser des Evangeliums positiv aufzufordern, jederzeit wachsam zu sein.

Entsprechend düster und bedrohlich klingt 24,40f: Familien, Männer wie Frauen, werden an diesem Tag auseinandergerissen werden – und zwar während sie bei ihrer alltäglichen Arbeit auf dem Feld oder an der Mühle sind (vgl. 24,17f). Diese große Scheidung, die hier formuliert wird, erinnert an die Sammlung der Auserwählten zum Gericht (24,31; vgl. 1 Thess 4,17): Die einen werden angenommen, die anderen zurückgewiesen werden.

Ein Aufruf zur Wachsamkeit schließt sich nahtlos an (24,42) und wird in *vier Gleichnissen* (24,43f.45–51; 25,1–13.14–30) eindrücklich entfaltet.

Der Vergleich mit dem Dieb (24.43f), bei dem man naturgemäß auch nicht weiß, zu welcher Nachtwache er kommt, unterstreicht als *erstes Gleichnis* den Aufruf zur Wachsamkeit: Wenn der Hausherr wüsste, wann der Dieb einbricht, würde er wach bleiben. So bereit, wie es der Hausherr eben nicht sein kann, da er nachts schlafen muss, sollen die Angesprochenen sein: Denn der Menschensohn kommt genau dann, wenn man es nicht vermutet.

Ein *zweites Gleichnis* setzt diesen Gedanken fort (24,45–51). Es geht um einen Knecht in einem größeren Hausstand – vielleicht einem Landgut –, der für die Verpflegung der anderen Knechte eingesetzt und ihnen deswegen hierarchisch übergeordnet wurde. Das Gleichnis unterscheidet hier zwischen einem »*treuen und klugen*« (24,45–47) und einem »*bösen*« Knecht (24,48–51).

Während der treue und kluge Knecht auch während der Abwesenheit seines Herrn seine Arbeit sorgsam erledigt hat, nutzt der böse Knecht seine Stellung aus, um die Mitknechte zu misshandeln und sich selbst den Bauch über die Maßen mit Essen und Alkohol zu füllen. Wegen des vermeintlichen Ausbleibens seines Herrn (24,48) verhält er sich nicht wie ein Knecht, sondern wie ein Herr. Belohnung und Strafe für beide Knechte folgen auf dem Fuß und dienen den Angeredeten zur Mahnung: Auch wenn es so aussieht, als würde sich die Wiederkunft Christi verzögern, sollen sie sich darin nicht täuschen und bereit sein. Der zeitliche Spielraum kann kurz sein und ist klug zu nutzen.

25,1 Dann wird die Königsherrschaft der Himmel zehn Mädchen gleichen,
die ihre Fackeln nahmen und hinausgingen
zur Begegnung mit dem Bräutigam.
2 Fünf von ihnen aber waren dumm und fünf klug.
3 Denn die Dummen nahmen ihre Fackeln, aber kein Öl mit sich.
4 Die Klugen aber nahmen Öl in den Gefäßen mit ihren Fackeln mit.
5 Als aber der Bräutigam sich Zeit ließ,
wurden alle müde und schliefen ein.
6 In der Mitte der Nacht aber entstand ein Geschrei:
    Siehe, der Bräutigam!
Kommt heraus zur Begegnung [mit ihm]!
7 Da standen jene Mädchen alle auf und richteten ihre Fackeln.
8 Die Dummen aber sprachen zu den Klugen:
    Gebt uns von eurem Öl, denn unsere Fackeln gehen aus!
9 Die Klugen aber antworteten und sagen:
    Niemals! Es wird nicht genügen für uns und für euch!
    Geht vielmehr zu den Verkäufern und kauft für euch selbst!
10 Als sie aber zum Einkaufen weggingen,
kam der Bräutigam.
Und die bereit waren, gingen hinein mit ihm zur Hochzeit,
und die Tür wurde verschlossen.
11 Zuletzt aber kommen auch die übrigen Mädchen und sagen:
    Herr, Herr, öffne uns!
12 Der aber antwortete und sprach:
    Amen, ich sage euch: Ich kenne euch nicht!

13 Wacht also, denn ihr wisst nicht den Tag und nicht die Stunde!

14 Denn es ist wie mit einem verreisenden Menschen,
der seine Knechte rief
und ihnen seinen Besitz übergab.
15 Und dem einen gab er fünf Talente,
dem anderen zwei,
dem anderen eines – jedem nach der eigenen Kraft.
Und er verreiste.
Sogleich
16 ging der weg, der die fünf Talente empfangen hatte,
arbeitete mit ihnen und gewann andere fünf.
17 Ebenso der, der die zwei empfangen hatte:
Er gewann andere zwei.
18 Der aber, der das eine empfangen hatte,
ging hin, grub die Erde auf
und er verbarg das Silber seines Herrn.

Das *dritte Wachsamkeitsgleichnis* (25,1–13) handelt von zehn jungen Mädchen, die mit ihren Fackeln auf den Bräutigam warten. Der Vorstellungshintergrund ist der, dass die sog. Brautjungfern (griech. *parthénos* bedeutet Jungfrau oder einfach junges Mädchen, vgl. 1,23) zunächst im Haus der Braut warten, dann draußen den Bräutigam in Empfang nehmen, um im Anschluss beide Brautleute mit einem Fackelzug feierlich zum Festhaus zu führen.

Um die Fackeln bei der Ankunft des Bräutigams zu entzünden, verwenden sie ölgetränkte Lappen. Zwar wird bei den hier erwähnten »Lampen« (griech. *lampás*) besonders in der darstellenden christlichen Kunst zumeist an Öllampen gedacht, jedoch gibt es für eine solche Begriffsverwendung in der vorneutestamentlichen Literatur keinerlei Belege: Öllampen wurden im häuslichen Bereich verwendet, da sie nur wenig Licht geben und bei Luftzug rasch erlöschen, während Fackeln in der Öffentlichkeit und häufig auch bei feierlichen Anlässen getragen wurden. Zahlreiche antike Bildmotive bestätigen dies.

Wie schon im Gleichnis zuvor werden hier zwei mögliche Haltungen illustriert: Fünf Mädchen sind »klug« und haben sich gut vorbereitet, so dass sie Öl für ihre Fackeln dabei haben, fünf Mädchen hingegen sind »dumm« und bemerken erst, als es zu spät ist, dass sie ihre Fackeln mangels Ölvorräten nicht zum Brennen bringen können. Das ist mehr als gedankenlos.

Wenn man sich die Fackeln als sog. »Gefäßfackeln« vorstellt, bei denen auf einer Stange ein Gefäß aufgesteckt ist, in welchem ölgetränkte Lappen brennen (25,4), kann man sich die Szene gut vorstellen: Die Mädchen warten nicht mit brennenden Fackeln – sie hätten sich dann wohl kaum zum Schlafen hingelegt –, sondern wollen diese bei der Ankunft des Bräutigams entzünden. Wenn kein Öl in den Gefäßen ist, ist das natürlich nicht möglich.

Erneut wird mit diesem Gleichnis das Thema der Verzögerung aufgenommen (vgl. 24,48): Der Bräutigam und damit Jesus (vgl. 9,15; 22,1–14) »*lässt sich Zeit*«, mit anderen Worten und in die Zeit der Leserinnen und Leser des Mt-Ev hinein gesprochen: Die Parusie, die Wiederkunft Christi, lässt auf sich warten.

Das ist die Erfahrung der frühen Gemeinde. Das Gleichnis sagt dazu: Seid uneingeschränkt vorbereitet und wachsam – dann könnt ihr euch sogar schlafen legen –, denn der Bräutigam wird kommen. Wer bereit ist, wird »*mit ihm*« (vgl. »*Immanuel*«, 1,23; 28,20) »*hineingehen*« (vgl »*Eingehen in die Königsherrschaft der Himmel*«, vgl. 5,20 u.ö.) zum endzeitlichen Hochzeitsmahl (vgl. 22,2–14).

Das *vierte Gleichnis* – von den anvertrauten Talenten (25,14–30) – knüpft mit »*denn*« an den Aufruf zur Wachsamkeit (25,13) an. Jetzt steht jedoch nicht so sehr das bereite Warten, sondern das richtige Handeln bis zur Ankunft des Menschensohns im Blickpunkt.

19 Nach langer Zeit aber kommt der Herr jener Knechte
und rechnet mit ihnen ab.

20 Und es trat hinzu der, der die fünf Talente empfangen hatte,
und brachte hinzu andere fünf Talente und sagte:
Herr, fünf Talente übergabst du mir.
Sieh, andere fünf Talente gewann ich!
21 Sein Herr sprach zu ihm:
Gut, guter und treuer Knecht!
Über weniges warst du treu,
über vieles werde ich dich setzen!
Geh hinein in die Freude deines Herrn!

22 Und es trat hinzu der mit den zwei Talenten und sprach:
Herr, zwei Talente übergabst du mir:
Sieh, andere zwei Talente gewann ich!
23 Sein Herr sprach zu ihm:
Gut, guter und treuer Knecht!
Über weniges warst du treu,
über vieles werde ich dich setzen!
Geh hinein in die Freude deines Herrn!

24 Und es trat hinzu der, der das eine Talent empfangen hatte
und sprach:
Herr, ich habe dich erkannt: Du bist ein harter Mensch!
Du erntest, wo du nicht sätest
und sammelst dort, wo du nicht ausstreutest!
25 Weil ich mich fürchtete, ging ich weg
und verbarg dein Talent in der Erde.
Sieh, da hast du das Deine!

26 Sein Herr aber antwortete und sprach:
Böser und untätiger Knecht!
Du wusstest, dass ich ernte, wo ich nicht säte,
und sammle dort, wo ich nicht ausstreute!
27 Du hättest mein Silber bei den Geldwechslern anlegen müssen,
und ich hätte bei meiner Rückkehr das Meine mit Zinsen empfangen.
28 Nehmt also weg von ihm das Talent
und gebt es dem, der die zehn Talente hat!

Ein Hausherr geht auf Reisen und vertraut den Knechten sein Geld an. Dies ist nicht als Schenkung zu verstehen, so dass die Knechte damit für sich Gewinne einhandeln könnten, sondern das Geld und die möglichen Gewinne bleiben im Besitz des Herrn.

In der Antike war das eine durchaus gängige Praxis, allerdings mit dem für das Herr-Sklaven-Verhältnis typischen Ungleichgewicht: Der Gewinn, den die Knechte bestenfalls erwirtschaften, gehört ihrem Herrn; für die möglichen Verluste werden sie hingegen persönlich zur Rechenschaft gezogen.

Der Herr gibt seinen Knechten unterschiedliche Geldsummen. Dem ersten vertraut er fünf Talente an, dem zweiten zwei, dem dritten eines. Das sind enorme Summen, wozu man sich das griechische Münzsystem vergegenwärtigen muss: Ein Talent entspricht etwa 60 Minen (beides sind eigentlich Gewichtsangaben) oder 6000 Drachmen. Der römische Denar, der bei Matthäus geläufiger ist als die griechische Drachme, entspricht in etwa deren Wert (1 Denar = ca. 1 Drachme). Zieht man die Parabel 20,1–15 hinzu, dann bekommt man einen Eindruck von der Summe, um die es hier geht: Dort wird mit einem Denar der Tageslohn eines ungelernten Arbeiters angegeben, was durch andere Quellen als übliche Bezahlung bestätigt wird. Wenn das Existenzminimum einer Familie mit 200 Denaren pro Jahr berechnet wird (Mischnah, mPea 8,8), so sind 6000 (1 Talent) bzw. 12.000 (2 Talente) oder sogar 30.000 Denare (5 Talente) eine unvorstellbar große Summe (vgl. dazu auch den Kommentar zu 20,1–16).

Während die ersten beiden Knechte gut mit ihrem Geld wirtschaften und es jeweils verdoppeln, versteckt der dritte Knecht seinen Denar in der Erde, um ihn möglichst sicher aufzubewahren. Dass das in der Antike nicht ganz unüblich war, bezeugt auch das Gleichnis vom Finden eines Schatzes im Acker (vgl. 13,44 und die Auslegung dazu).

Doch der Herr kommt »*nach langer Zeit*« – das nimmt erneut das Motiv der Parusieverzögerung auf (vgl. 24,48; 25,5) – und verlangt von seinen Knechten Rechenschaft über die anvertrauten Talente. Diese Rechenschaftsszene leitet bereits das sich anschließende Weltgericht (25,31–46) ein.

Während die beiden ersten Knechte als »*gute und treue*« Verwalter gelobt werden und »*in die Freude des Herrn eingehen*« dürfen (25,21.23), versucht sich der dritte Knecht zu rechtfertigen: Er hatte Angst vor seinem Herrn. Dieses Verhalten wird in der Parabel klar verurteilt und bestraft: Jetzt wird ihm auch noch das eine Talent weggenommen und demjenigen gegeben, der die zehn Talente hat. Diese Logik ist nur angesichts des hier aufgespannten Gerichtskontextes und der Funktion der Parabel als Mahnung zu verstehen: Die Angesprochenen sollen für die Königsherrschaft der Himmel echten und mutigen Einsatz bringen und die verbliebene Zeit bis zur Ankunft des Menschensohns angstfrei nutzen.

29 Denn jedem, der hat: Gegeben werden wird ihm!
Und er wird überreich gemacht werden!
Von dem aber, der nicht hat: Auch was er hat,
wird ihm genommen werden!
30 Und den nutzlosen Knecht werft hinaus in die
äußerste Finsternis!
Dort wird Weinen und Zähneknirschen sein!

31 Wenn aber der Menschensohn kommt in seiner Herrlichkeit
und alle Engel mit ihm,
dann wird er sich auf den Thron seiner Herrlichkeit setzen.

32 Und es werden versammelt vor ihm alle Völker,
und er wird sie voneinander trennen,
wie der Hirt die Schafe von den Böcken trennt.
33 Und er wird die Schafe zu seiner Rechten stellen,
die Böcke aber zur Linken.

34 Dann wird der König denen zu seiner Rechten sagen:
Kommt! Ihr Gesegneten meines Vaters,
und erbt die Königsherrschaft,
die euch bereitet wurde seit Grundlegung der Welt.
35 Denn ich hungerte – und ihr gabt mir zu essen!
Ich dürstete – und ihr gabt mir zu trinken!
Ich war ein Fremder – und ihr führtet mich ein!
36 Ich war nackt – und ihr habt mich bekleidet!
Ich war krank – und ihr habt nach mir geschaut!
Ich war im Gefängnis – und ihr kamt zu mir!

37 Dann werden ihm die Gerechten antworten und sagen:
Herr, wann sahen wir dich hungernd – und gaben dir zu essen?
Oder dürstend – und gaben dir zu trinken?
38 Wann sahen wir dich als Fremden – und führten dich ein?
Oder nackt – und bekleideten dich?
39 Wann sahen wir dich krank oder im Gefängnis –
und kamen zu dir?

40 Und der König wird ihnen antworten und sagen:
Amen, ich sage euch:
Was ihr einem dieser meiner geringsten Brüder tatet,
das tatet ihr mir!

Dieser Gedanke wird durch ein allgemeines Weisheitswort nochmals unterstrichen: »*Wer hat, dem wird gegeben – wer nicht hat, dem wird genommen*« (vgl. Mt 13,12). Es liegt am Menschen selbst, ob die Bedingung erfüllt ist, dass ihm gegeben wird. Hier wird keinem kapitalistischen Prinzip das Wort geredet, sondern das »Haben« bzw. »Nicht-Haben« bezieht sich auf die Nachfolge Jesu, die Lohn oder – wenn die Nachfolge ängstlich und nicht tatkräftig erfolgt – Strafe nach sich zieht.
Die Strafe wird dabei drastisch vor Augen geführt (vgl. 22,13; 24,51; auch 25,41–46). Dies alles soll den Gemeindemitgliedern zur Mahnung dienen: Sie sollen sich an den ersten beiden Knechten orientieren und ebenso »*treu*« (griech. *pistós* = treu, gläubig) auf den Herrn vertrauen.

Das Weltgericht (25,31–46)

Damit ist das große Finale der Gerichtsrede und der Abschluss aller öffentlichen Reden Jesu erreicht (vgl. 26,1). In Form einer Endgerichtsszene, die sich nur bei Matthäus findet, kommt zur Sprache, was sich bei der Ankunft des »*Menschensohns mit allen Engeln in seiner Herrlichkeit*« (25,31; 24,30f) ereignen wird und welches die Kriterien für das Urteil im Gericht sind.
Zunächst wird einleitend (25,31–33) geschildert, dass sich der Menschensohn auf den »*Thron seiner Herrlichkeit*« (vgl. auch Mt 19,28; vgl. Dan 7,9f) niederlässt, womit in feierlicher biblischer Sprache ausgedrückt wird, dass er den Platz Gottes einnimmt (vgl. Jer 14,21; 17,12; Dan 3,54). Durch die Engel wird dann die gesamte Menschheit um ihn versammelt, d.h. das Gericht ergeht über alle Völker, einschließlich Israel (vgl. 24,9.14.30f). Selbstredend sollen sich dabei auch die Leserinnen und Leser des Mt-Ev angesprochen fühlen.
Das Gericht beginnt mit einer Scheidung, die auf das Bild vom Hirten zurückgreift, der einige seiner Schafe zur Schlachtung aussortiert. Diese Scheidung nimmt das Gericht bereits vorweg, denn die Scheidung in eine linke und rechte Gruppe ist bereits inhaltlich geprägt: In der jüdischen und antiken Tradition ist die linke Seite die schlechte, während die rechte die gute und glückbringende Seite ist.
Erst der sich anfügende Dialog erklärt, wie der Weltenrichter zu dem Urteil kam, das er so souverän und ohne ein eigentliches Verhör gefällt hat: Es gründet auf den Taten der Mitmenschlichkeit und Nächstenliebe. Nur in diesem Tun der Barmherzigkeit (vgl. 9,13; 12,7 sowie die Rede auf dem Berg Mt 5–7) verwirklicht sich das Suchen der Königsherrschaft der Himmel und damit die Nachfolge Jesu. In sechs Beispielen werden elementare Notlagen zur Sprache gebracht, die nach menschlichem Handeln rufen. Da die Hilfsbedürftigkeit keine Grenzen kennt, kennt auch das mitmenschliche Handeln keine Grenzen und kann durch weitere Beispiele ergänzt werden.

41 Dann wird er auch denen zur Linken sagen:
Geht weg von mir, Verfluchte, in das ewige Feuer,
das dem Teufel und seinen Engeln bereitet ist!
42 Denn ich hungerte – und nicht gabt ihr mir zu essen!
Ich dürstete – und nicht gabt ihr mir zu trinken!
43 Ich war ein Fremder – und nicht führtet ihr mich ein!
Ich war nackt – und nicht habt ihr mich bekleidet!
Ich war krank und im Gefängnis – und ihr habt nicht
nach mir geschaut!

44 Dann werden auch sie ihm antworten und sagen:
Herr, wann sahen wir dich hungernd oder dürstend
oder als Fremden oder nackt oder krank oder im Gefängnis –
und dienten dir nicht?

45 Dann wird er ihnen antworten und sagen:
Amen, ich sage euch:
Was ihr einem dieser Geringsten nicht tatet,
das tatet ihr mir nicht!

46 Und diese werden weggehen in die ewige Strafe,
die Gerechten aber ins ewige Leben.

26,1 Und es geschah,
als Jesus beendete hatte alle diese Reden,
sprach er zu seinen Jüngern:
2 Ihr wisst:
Nach zwei Tagen ist das Pessach,
und der Menschensohn wird ausgeliefert
um gekreuzigt zu werden.

3 Da versammelten sich die Hohepriester und die Ältesten des Volkes
im Hof des Hohepriesters, welcher Kajaphas genannt wird.
4 Und sie fassten einen Beschluss,
Jesus mit List zu ergreifen und töten.
5 Sie sagten aber:
Nicht am Fest, damit kein Aufruhr entsteht im Volk!

Während diejenigen, die sich auf der rechten Seite befinden, Erbarmen und Nächstenliebe an den Tag gelegt haben und damit Jesus selbst begegnet sind (25,40), werden die auf der linken Seite ins ewige Feuer übergeben (25,41.46). Es geht hier nicht um die Frage, ob man mit dem Evangelium konfrontiert wurde und es angenommen oder abgelehnt hat. Es ist einzig und allein die Frage, welche »*Früchte*« (vgl. 7,16) an einem Menschen erkennbar sind. Jeder wird auf seinem Lebensweg dem Leid und der Not von Mitmenschen begegnen. Ob auf diesen Anruf der Not geantwortet wurde, wird zum Urteilskriterium gemacht, und daran richtet sich das eigene Ergehen im Gericht aus (Heil oder Strafe).
In der Rede auf dem Berg (5,7) hat es der matthäische Jesus so ausgedrückt: »*Glückselig die sich Erbarmenden – sie werden Erbarmen finden!*«
Mit einem kurzen Schlussvers endet die eindrückliche Gerichtsszene. Ewiges Leben und ewige Strafe sind die Konsequenzen für richtiges und falsches Verhalten. Ausgemalt wird der Strafort nicht mehr, da das Urteil gesprochen und die Zeit der Warnungen damit endgültig vorbei ist.

5. Die Passion (26,1–27,61)

Die Passionsgeschichte lässt sich in sechs Abschnitte gliedern, die eng miteinander verwoben sind: Einleitung (26,1–16), Pessachmahl Jesu mit seinen Jüngern (26,17–29), Jesus in Getsemani (26,30–56), das Verhör im Palast des Hohepriesters Kajaphas (26,57–27,10), der Prozess im Prätorium des Pilatus (27,11–31) und die Kreuzigung Jesu auf Golgota (27,32–61).

5.1 Die vierte Leidensankündigung (26,1f)

Da die Passionserzählung mit einer vierten Leidensankündigung Jesu (vgl. 16,21–28; 17,22f; 20,17–19) einsetzt, erscheint Jesus als der Souverän der weiteren Ereignisse: Im vollen Bewusstsein dessen, was geschehen wird, geht er ins Leiden und Sterben.

5.2 Der Todesbeschluss (26,3–5)

Durch den Anschluss mit »*da*« wirkt es so, als würde die Leidensankündigung den Todesbeschluss der Gegner überhaupt erst hervorrufen. Handelnde Figuren sind die Mitglieder des obersten Selbstverwaltungsgremiums der Juden, nämlich des Hohen Rates. Dadurch, dass die Ältesten als Vertreter des Volkes bezeichnet werden, zugleich aber das Volk fürchten, wird der tiefe Riss zwischen beiden Gruppen sichtbar.

6 Als Jesus aber in Betanien im Haus Simons des Aussätzigen war,
7 trat eine Frau zu ihm,
die ein Alabastergefäß kostbaren Salböls hatte,
und es auf seinen Kopf vergoss,
während er (zu Tisch) lag.

8 Als aber die Jünger es sahen, wurden sie ungehalten
und sagten:
Wozu diese Vernichtung?
9 Dies hätte nämlich für viel (Geld) verkauft
und Armen gegeben werden können!

10 Jesus aber erkannte
und sprach zu ihnen:
Was bereitet ihr der Frau Mühsal?
Denn sie hat ein gutes Werk an mir gewirkt!
11 Alle Zeit nämlich habt ihr die Bettelarmen bei euch,
mich aber habt ihr nicht alle Zeit.

12 Als sie nämlich dieses Salböl auf meinen Leib schüttete,
tat sie es zu meinem Begräbnis.

13 Amen, ich sage euch:
Wo immer verkündet wird dieses Evangelium in der ganzen Welt,
wird auch geredet werden, was diese tat –
zur Erinnerung an sie!

14 Da ging einer der Zwölf, der Judas Iskariot genannt wird,
zu den Hohepriestern.
15 Er sprach:
Was wollt ihr mir geben?
Und ich werde ihn euch ausliefern!

Sie aber legten ihm *dreißig Silberstücke* hin.

16 Und von da an suchte er eine Gelegenheit,
damit er ihn ausliefere.

5.3 Die Salbung Jesu (26,6–13)

In Betanien, einem kleinen Ort nahe Jerusalem, geht Jesus in das Haus Simons des Aussätzigen und legt sich zu Tisch, um an einem Gastmahl teilzunehmen. Wer Simon der Aussätzige ist, wissen wir nicht, da dieser Name zum ersten Mal im Mt-Ev erwähnt wird. Möglicherweise gehört er zu den von Jesus Geheilten und hat ihn aus Dankbarkeit zu diesem Mahl eingeladen.
Völlig überraschend und für ein Gastmahl unüblich, betritt eine namenlose Frau den Raum und schüttet kostbares Salböl über Jesu Kopf aus.
Die Jünger Jesu reagieren nicht auf die Merkwürdigkeit des Verhaltens der Frau, sondern nehmen Anstoß daran, dass dies reine Verschwendung sei: Viel besser wäre es doch, das teure Salböl zu verkaufen und mit dem Geld die Armen zu unterstützen. Vom Prinzip her ist dies ein Argument, das sofort einleuchtet, denn Almosen gehören im Judentum zu den Werken der Gerechtigkeit (vgl. 6,1–4; Dtn 14,28f; Spr 19,17) und sind hoch einzuschätzen.
Doch Jesus nimmt die Frau in Schutz und qualifiziert ihr Tun ausdrücklich als ein »*gutes Werk*«. Die Argumentationslinie verläuft in derselben Bahn wie in 9,14f und verweist auf die hoheitliche Würde Jesu: So wie Fasten an sich ein wichtiges Frömmigkeitswerk ist (vgl. 6,16–18), aber für die kurze Zeit der Anwesenheit des »Bräutigams« unpassend erscheint (9,15), so muss die Armenfürsorge für einen Moment in den Hintergrund treten.
Denn in der Deutung Jesu nimmt die Frau seine Salbung zum Begräbnis vorweg (26,12). Und in der Tat: Weder Josef von Arimatäa (27,59f) noch die Frauen am Ostermorgen (28,1) kommen dazu, Jesu Leichnam zu salben. Aus diesem Grund erhält das Liebeswerk der Frau den Charakter eines »*Evangeliums*«, einer »frohen Botschaft«, die in der ganzen Welt verkündet werden wird (vgl. 28,18–20).

5.4 Die Absprache mit Judas (26,14–16)

Einen krassen Unterschied zum Verhalten der namenlosen Frau legt ausgerechnet ein enger Jünger Jesu an den Tag, der zuvor noch zu dem Kreis gehörte, der sich über die Verschwendung von Salböl aufgeregt hat (26,8f). Das ist zutiefst ambivalent: Während die Frau das teure Öl gerade nicht zugunsten der Armen verkauft, sondern es über Jesus ausgießt (was Judas kritisiert), liefert ihn Judas selbst für Geld aus. Dass es genau dreißig Silberstücke (ca. 120 Denare) sind, die die Hohepriester Judas für seinen Verrat anbieten, ist ein Zitat aus Sach 11,12: »*Und sie wogen mir meinen Lohn ab: dreißig Silberstücke.*«
Durch dieses Zitat macht Matthäus zu Beginn der Passionserzählung wiederholt deutlich, dass alles, was geschieht, zutiefst Gottes Plan entspricht (vgl. auch 16,21; 17,22).

17 Am ersten Tag der Ungesäuerten traten die Jünger zu Jesus und sagten:
Wo willst du,
dass wir dir das Essen des Pessach bereiten?

18 Er aber sprach:
Geht hinweg in die Stadt zu dem und dem
und sprecht zu ihm:
Der Lehrer sagt: Meine Zeit ist nahe!
Bei dir will ich das Pessach halten mit meinen Jüngern!

19 Und die Jünger taten, wie Jesus ihnen aufgetragen hatte.
Und sie bereiteten das Pessach.

20 Als es aber Abend geworden war,
lag er mit den Zwölf zu Tisch.
21 Und während sie aßen, sprach er:
Amen, ich sage euch:
Einer von euch wird mich ausliefern!

22 Und sie wurden traurig – so sehr!
Und sie begannen ihm zu sagen,
jeder einzelne:
Ich bin es doch nicht etwa, Herr?

23 Er aber antwortete und sprach:
Der, der mit mir die Hand in die Schüssel eingetaucht hat,
dieser wird mich ausliefern!

24 Der Menschensohn geht zwar weg,
wie über ihn geschrieben ist,
wehe aber jenem Menschen,
durch den der Menschensohn ausgeliefert wird!
Gut wäre es für ihn, wenn nicht geboren worden wäre jener Mensch!

25 Es antwortete aber Judas, der ihn auslieferte, und sprach:
Ich bin es doch nicht etwa, Rabbi?

Er sagt ihm:
Du hast es gesagt!

5.5 Das letzte Mahl Jesu mit den Jüngern (26,17–30)

Vorbereitung des Pessachmahls (26,17–19)

Das letzte Mahl, das Jesus vor seinem Tod mit seinen Jüngern in Jerusalem feiert, ist das jüdische Pessachmahl, auf das bereits in 26,2 hingewiesen wurde. Zugleich wird der Zeitpunkt des Mahles als »*erster Tag der ungesäuerten (Brote)*« bezeichnet (26,17). Zwar haben beide Riten religionsgeschichtlich verschiedene Wurzeln (hebr. »*Pessach*«, griech. »*Pascha*« bezieht sich auf das Lamm, das rituell geschlachtet und gegessen werden soll, das siebentägige Fest der »*ungesäuerten Brote*« [hebr. »*Mazzot*«] auf das Vermeiden von Sauerteig), aber bereits in Dtn 16,1–8 sind beide Riten miteinander zu einem Fest verschmolzen, das bis heute als »Pessachfest« bezeichnet wird.
Das Pessach ist die Erinnerung an den Auszug des Volkes Israel aus Ägypten (Ex 12), welcher im Mahl symbolisch nachvollzogen wird: Das Essen von ungesäuertem Brot erinnert an die Eile des Auszugs, das Schlachten und Essen des Lammes an die Bedrohung und die Bitterkräuter an die Bitternis der Versklavung. Im 1. Jh. bis zur Zerstörung des Tempels (70 n. Chr.) wurden die Pessachlämmer im Tempel geschlachtet und zwar am Nachmittag des 14. Tages des Nisan (März/April). Nach der Opferung des Blutes der Tiere, das an den Fuß des Tempelaltars geschüttet wurde, wurden die Lämmer gebraten und in einer Feier im häuslichen Rahmen mit etwa zehn Teilnehmern gegessen. Dieses Mahl fand nach Sonnenuntergang statt – nach jüdischem Zeitverständnis somit am 15. Nisan – und dauerte gewöhnlich bis tief in die Nacht.
Unzählige Juden aus Palästina und der Diaspora pilgerten nach Jerusalem, um an den Feiern teilzunehmen. So auch Jesus mit seinen Jüngern.

Die Benennung des Auslieferers (26,20–25)

Während die Teilnehmer des Mahles abends zu Tisch liegen, kündigt Jesus das Voherwissen um seine Auslieferung durch einen Jünger an. Diese sind schockiert und wollen wissen, wer von ihnen es denn sei. Jesus identifiziert den Verräter daraufhin unmissverständlich (26,23), ohne seinen Namen zu nennen, und fügt den Verweis auf die Schriftgemäßheit all dessen, was geschehen wird, an.
Dass das Leiden und der Tod Jesu dem Plan Gottes entsprechen, enthebt den Verräter jedoch keineswegs seiner Verantwortung (26,24). Obwohl es bereits offensichtlich ist, wer der Verräter ist, fragt Judas wie die anderen Jünger nach, ob er es etwa sei. Im Unterschied zu den Jüngern redet er Jesus jedoch nicht mit dem hoheitlichen »*Herr*« (26,22), sondern mit »*Rabbi*« (26,25) an. Das ist im Mt-Ev die Anrede eines Außenstehenden, was den inneren Auszug des Judas aus dem Jüngerkreis sehr feinsinnig zum Ausdruck bringt.

26 Als sie aber aßen, nahm Jesus Brot,
segnete und brach es,
gab den Jüngern und sprach:
Nehmt! Esst! Dies ist mein Leib!

27 Und er nahm einen Becher,
dankte,
gab ihnen und sagte:
Trinkt alle aus ihm!
28 Denn dies ist mein Blut des Bundes,
das für viele ausgegossen wird zum Erlass von Sünden!
29 Ich sage euch aber:
Nicht trinke ich ab jetzt von dieser Frucht des Weinstocks,
bis zu jenem Tag, wenn ich davon mit euch neu trinke
in der Königsherrschaft meines Vaters!

30 Und nachdem sie gesungen hatten,
gingen sie hinaus zum Berg der Olivenbäume.

31 Da sagt ihnen Jesus:
Alle werdet ihr Anstoß nehmen an mir in dieser Nacht!
Denn es ist geschrieben:
Schlagen werde ich den Hirten,
und zerstreut werden werden die Schafe der Herde!
32 Nach meiner Auferweckung aber werde ich euch vorausgehen
nach Galiläa!

33 Petrus aber antwortete und sprach zu ihm:
Wenn alle Anstoß nehmen werden an dir:
Ich nehme niemals Anstoß!

34 Sprach Jesus zu ihm:
Amen, ich sage dir:
In dieser Nacht – bevor ein Hahn schreit –
wirst du mich dreimal verleugnen!

35 Petrus sagt zu ihm:
Und müsste ich sterben mit dir:
Nicht werde ich dich verleugnen!

Desgleichen sprachen auch alle Jünger.

Die Einsetzung der Eucharistie (26,26–29)

Unmittelbar auf die Verratsansage folgt die Einsetzung des Herrenmahls (griech. *Eucharistie* = Danksagung, vgl. 26,27) durch Jesus. Kernstück sind die beiden Deuteworte, die Jesus der Brot- und Becherhandlung anfügt. Jeglicher liturgische Hinweis auf die Pessachliturgie fehlt allerdings, was sich allein daran erkennen lässt, dass Jesus »*Brot*« nahm und nicht etwa »*Ungesäuertes*«. Matthäus ging es weniger darum, einen exakten Bericht über das Pessachmahl Jesu mit seinen Jüngern zu verfassen, sondern vielmehr den Grund für die gemeindliche Feier des Herrenmahls zu erzählen. Das bedeutet zugleich, dass die Aufforderungen »*Nehmt! Esst! Trinkt!*« über den Jüngerkreis hinaus auf alle Christinnen und Christen verweisen: Sie sollen im Herrenmahl dieses Gebot ihres Herrn erinnernd erfüllen.

Der Segen über das Brot und das Dankgebet über den Wein entsprechen dem Eröffnungsritus eines jeden jüdischen Hausmahls. Das Zerreißen und Austeilen des Brotfladens soll allen Teilnehmenden Anteil an diesem Segen gewähren. Indem Jesus dies auf seinen Leib deutet (griech. *sóma* meint den ganzen Menschen), vollzieht er eine prophetische Zeichenhandlung, die auf seine Selbsthingabe im Tod vorausweist. An dieser Zeichenhandlung nimmt die Gemeinde durch das Essen teil – und zwar immer wieder, so oft sie dies in seinem Namen tut.

Dasselbe gilt für den Becherritus: Alle sollen aus diesem *einen* Becher trinken. Das Vergießen des Blutes verweist auf den bevorstehenden Tod Jesu, durch den fortan alle Teilnehmenden eines solchen Erinnerungsmahls miteinander verbunden sind. Mit dem »*Blut des Bundes*« wird an Ex 24,8 und den Bundesschluss auf dem Sinai erinnert: Jesus bekräftigt den Bund Gottes mit Israel und erweist sich als der »*Immanuel*«, als der »*Gott mit uns*« (Mt 1,23).

Eine matthäische Besonderheit ist der Hinweis auf die Vergebung der Sünden (26,28). Da Matthäus die Sündenvergebung in der Johannestaufe (3,6) gestrichen hat, bindet er sie hier an den Tod Jesu und macht sie zu einem sich wiederholenden Sakrament. Dass dies »*für viele*« geschieht, betont die Universalität des Geschehens und erinnert an Jes 53,12: »*Denn er trug die Sünden von vielen und trat für die Schuldigen ein.*«

5.6 Jesus in Getsemani (26,30–56)

Die Vorhersage des Scheiterns der Jünger (26,30–35)

Nach dem ein Pessachmahl abschließenden Psalmgesang (Ps 115–118) geht Jesus mit den Jüngern zum Ölberg. Unterwegs kündigt er ihnen an, dass sie noch in dieser Nacht Anstoß an ihm nehmen und begründet dies mit einem Schriftzitat aus Sach 13,7: Ohne Hirten wird sich die Herde zerstreuen. Trotz gegenteiliger Beteuerungen steht dies nicht nur Petrus, sondern allen Jüngern bevor.

36 Da kommt Jesus mit ihnen zu einem Landgut, genannt Getsemani.
Und er sagt den Jüngern:
Setzt euch hier,
während ich dorthin gehe und bete!

37 Und er nahm mit den Petrus und die zwei Söhne des Zebedäus
und begann traurig zu werden und Angst zu haben.

38 Da sagt er ihnen:
Übertraurig ist meine Seele bis zum Tod!
Bleibt hier und wacht mit mir!

39 Und er ging ein wenig voran, fiel auf sein Gesicht,
betete und sagte:
Mein Vater, wenn es möglich ist,
gehe dieser Becher vorüber an mir!
Aber führwahr – nicht wie ich will, sondern wie du!

40 Und er kommt zu den Jüngern und findet sie schlafend.
Und er sagt dem Petrus:
So wart ihr nicht stark genug, eine Stunde mit mir zu wachen?
41 Wacht und betet, damit ihr nicht in Versuchung geratet!
Der Geist ist bereit, das Fleisch aber schwach.

42 Wieder, zum zweiten Mal, ging er weg,
betete und sagte:
Mein Vater, wenn dieser nicht vorübergehen kann,
ohne dass ich ihn trinke, soll dein Wille geschehen!

43 Und er kam und fand sie wieder schlafend,
denn ihre Augen waren schwer geworden.
44 Da ließ er sie, ging wieder weg und betete zum dritten Mal –
wieder dasselbe Wort sprechend.

45 Dann kommt er zu den Jüngern und sagt ihnen:
Ihr schlaft weiter und ruht euch aus?
Siehe! Nahe gekommen ist die Stunde!
Und der Menschensohn wird ausgeliefert
in (die) Hände von Sündern!
46 Steht auf, lasst uns gehen!
Siehe! Nahe gekommen ist der mich Ausliefernde!

Wachen und Schlafen (26,36–46)

Auf dem Ölberg angekommen, geht Jesus mit den Jüngern nach Getsemani, einem Landgut oder Grundstück, das der Ort für das weitere Geschehen bis zur Verhaftung ist. »*Getsemani*« ist hebräisch und bedeutet »Ölkelter«, so dass man davon ausgehen kann, dass sich auf dem Grundstück eine solche Olivenpresse befunden haben wird.

Ähnlich wie in der Verklärungsszene, in welcher Jesus sich ebenfalls mit dem engsten Jüngerkreis umgeben hat (17,1–9), nimmt er auch hier Petrus und die beiden Zebedäussöhne Jakobus und Johannes mit und sondert sich ein wenig von den restlichen Jüngern ab.

Allerdings erscheint Jesus hier nicht wie in 17,1–9 in österlicher Gestalt, sondern in seiner ganz und gar menschlichen: Er ist von übergroßer Trauer und Angst angesichts der kommenden Ereignisse erschüttert. Diese starken Emotionen teilt er Petrus, Jakobus und Johannes in Anlehnung an die Klagepsalmen Ps 42,6.12 bzw. 43,5 mit (Mt 26,38) und bittet sie, ihm beizustehen und mit ihm zu wachen und zu beten. Dieses »*mit mir*« ist durchaus tiefgreifend zu verstehen: Jesus, der als der »*Immanuel*« (1,23) bislang immer »*mit den Jüngern*« war (26,18.20.29.36), fordert sie nun im Gegenzug auf, »*mit ihm*« zu sein in der Stunde der Angst (26,38).

Jesus geht ein Stückchen weiter und betet dreimal, was als ein Zeichen für besonders intensives Beten gewertet werden kann (vgl. 2 Kor 12,8).

Im ersten Gebetsgang beugt er sich mit seinem Gesicht bis zum Boden, was höchste Ehrerbietung Gott gegenüber ausdrückt (vgl. Gen 17,3; Num 14,5). In Anlehnung an das Vaterunser spricht er Gott sehr vertraut mit »*mein Vater*« an und fügt sich trotz des zunächst geäußerten natürlichen Wunsches, dass ihm dies alles erspart bleiben möge, dessen Willen (vgl. 6,9f).

Als er zu den Jüngern zurückkehrt, findet er diese schlafend vor. Dies widerspricht ganz und gar dem ausdrücklichen Wunsch Jesu, dass sie mit ihm wachen mögen (26,38) und ebenso der in den Jüngerbelehrungen immer wiederkehrenden allgemeinen Mahnung zur Wachsamkeit (Mt 24f). Das vollmundige Versprechen, Jesus bis in den Tod zu folgen (26,35), scheint nicht lange gehalten zu haben. Die wiederholte Aufforderung an die Jünger, zu wachen und zu beten, »*damit sie nicht in Versuchung geraten*«, erinnert erneut an das Vaterunser (6,13). Während das Gebet Jesu ihn vor der Versuchung bewahrt, entziehen sich die Jünger dem und werden später tatsächlich scheitern (26,56.69–75).

Jesus betet ein zweites und drittes Mal und übergibt sich ganz dem Willen des Vaters (26,42.44). Nachdem er jedesmal die Jünger schlafend vorfindet, lässt er sie. Fast schon ironisch klingt sein Ton in 26,45: *De facto* haben die Jünger Jesus bereits an dieser Stelle verlassen. Jesus selbst erscheint gestärkt und souverän: Die Stunde ist nahe. Die Ankündigungen von 26,2.24 beginnen sich zu erfüllen.

47 Und noch während er redet, siehe! –
Judas, einer der Zwölf, kam
und mit ihm eine große Volksmenge mit Schwertern und Stöcken
von den Hohepriestern und Ältesten des Volkes.
48 Der ihn aber auslieferte,
gab ihnen ein Zeichen und sagte:
Wem immer ich mich als Freund zeige, ist es!
Ergreift ihn!

49 Und sogleich trat er zu Jesus hinzu und sprach:
Sei gegrüßt, Rabbi!

Und er zeigte sich ihm als Freund.

50 Jesus aber sprach zu ihm:
Kamerad, für was bist du da?

Da traten sie hinzu, legten Hand an Jesus und ergriffen ihn.

51 Und siehe!
Einer von denen mit Jesus streckte die Hand aus,
zog sein Schwert, schlug den Sklaven des Hohepriesters
und hieb ihm das Ohr ab.

52 Da sagt Jesus zu ihm:
Steck dein Schwert weg an seinen Platz!
Alle nämlich, die ein Schwert nehmen,
werden durch ein Schwert vernichtet werden!
53 Oder meinst du, dass ich nicht meinen Vater bitten kann,
und er mir jetzt mehr als zwölf Legionen Engel zur Seite stellt?
54 Wie nun sollen die Schriften erfüllt werden,
dass es so geschehen muss?

55 In jener Stunde sprach Jesus zu den Volksmengen:
Wie gegen einen Räuber kamt ihr heraus mit Schwertern und Stöcken,
um mich festzunehmen?
Jeden Tag saß ich im Tempel und lehrte –
und nicht ergrifft ihr mich!

56 Dies Ganze aber geschah,
damit erfüllt werden die Schriften der Propheten.

Da flohen alle Jünger und verließen ihn.

Verhaftung und Jüngerflucht (26,47–56)

Unmittelbar – noch während Jesus redet und durch das Signalwort »*siehe*« besonders hervorgehoben – überschlagen sich die Ereignisse. Der Jünger Judas erscheint mit einer bewaffneten Volksmenge, die von den Hohepriestern und Ältesten aufgehetzt wurde. Wie im ganzen Evangelium unterscheidet Matthäus konsequent zwischen den Jesus positiv gegenüberstehenden jüdischen Volksmengen und denjenigen, die von den Jerusalemer Eliten – den schlechten Hirten (vgl. 9,36) – in die Irre geführt werden. Auch bei den weiteren Ereignissen in Jerusalem wird diese Unterscheidung bestehen bleiben.
Judas macht ein Zeichen aus, anhand dessen seine Begleiter den ihnen offenbar unbekannten Jesus erkennen können. Dieses Zeichen ist eine Liebkosung oder ein Kuss (griech. *philéo,* vgl. *philos* = Freund), somit ein deutliches Zeichen der Zusammengehörigkeit oder Ehrerbietung. Es als Kennzeichnung dessen zu verwenden, den man ausliefern möchte, ist boshaft.
Judas tritt an Jesus heran und spricht ihn nicht mit »*Herr*« (vgl. den Kommentar zu 8,18–22), sondern mit der distanzierten Anrede »*Rabbi*« an, die allein ihm vorbehalten ist (26,25.49). Judas verzichtet damit auf die jüngertypische Anrede Jesu und signalisiert auf diese Weise, dass er sich selbst nicht mehr zum Jüngerkreis um Jesus zählt. Sehr feinsinnig nimmt Jesus diese Distanzierung auf: Er spricht ihn im Gegenzug mit »*Kamerad*« an, einer Anrede, die im Mt-Ev keine innige Freundschaft zwischen zwei Personen anzeigt (vgl. 20,13; 22,12).
Die Verhaftung geht zügig vonstatten und wird nur durch eine gewaltsame Jüngerreaktion unterbrochen (26,51), die Jesus unterbindet. Das begründet er dreifach (26,52–54): Zum einen widerspricht ein solches Verhalten der Aufforderung zum Gewaltverzicht, die Jesus eindrücklich in der Bergpredigt gefordert hat (5,38f; 7,2): Gewalt erzeugt Gegengewalt und Täter werden dadurch zu Opfern. Zum zweiten hat Jesus der Versuchung durch den Teufel bereits zu Beginn seines Wirkens widerstanden (4,5–7), obwohl er von Gott ein großes Engelsheer zu seinem Schutz hätte erhalten können. Doch er hat sich im Gebet in Getsemani bewusst dem Willen Gottes unterworfen, so dass dies auch jetzt gilt. Denn – und das ist das dritte Argument – nur so können sich die Schriften erfüllen: Alles, was geschieht, muss genau so geschehen und ist von Beginn an vorausgekündigt worden – die vielen Erfüllungszitate, die das gesamte Evangelium durchziehen, haben das den Leserinnen und Lesern immer wieder vor Augen geführt.
Zuletzt wendet sich Jesus an die Volksmengen und macht ihnen den krassen Widerspruch ihres Tuns deutlich: Der gewaltlose Lehrer wird wie ein Verbrecher verhaftet. Dass die Jünger fliehen und Jesus verlassen, ist der traurige Höhepunkt dieser Szene und die Erfüllung der Vorhersage Jesu in 26,31: »*Alle werdet ihr Anstoß nehmen an mir in dieser Nacht!*«

57 Die aber, die Jesus ergriffen hatten,
führten ihn ab zu Kajaphas, dem Hohepriester,
wo die Schriftgelehrten und die Ältesten versammelt waren.
58 Petrus aber folgte ihm von weitem bis zum Hof des Hohepriesters,
kam hinein nach drinnen
und setzte sich mit den Dienern,
um das Ende zu sehen.

59 Die Hohepriester aber und das ganze Synhedrion
suchten ein falsches Zeugnis gegen Jesus, um ihn zu töten.
60 Und sie fanden nicht, obwohl viele Falschzeugen hinzutraten.
Zuletzt aber traten zwei hinzu
61 und sprachen:
Dieser sagte: Ich kann den Tempel Gottes zerstören
und in drei Tagen bauen!

62 Und der Hohepriester stand auf und sprach zu ihm:
Antwortest du nichts darauf,
was diese gegen dich bezeugen?

63 Jesus aber schwieg.
Und der Hohepriester sprach zu ihm:
Ich beschwöre dich bei dem lebendigen Gott,
dass du uns sagst,
ob du der Christus bist, der Sohn Gottes!

64 Es sagt ihm Jesus:
Du hast es gesagt!
Führwahr, ich sage euch:
Ab jetzt werdet ihr *den Menschensohn zur Rechten* der Macht sitzen
und *auf den Wolken des Himmels kommen sehen!*

65 Da zerriss der Hohepriester seine Gewänder und sagte:
Er hat gelästert! Was haben wir noch Zeugen nötig?
Sieh, jetzt habt ihr die Lästerung gehört!
66 Was meint ihr?

Sie aber antworteten und sprachen:
Er ist des Todes schuldig!

5.7 Vor den jüdischen Autoritäten (26,57–27,10)

Zwei Erzählstränge werden hier miteinander verwoben: Das Verhör vor den jüdischen Autoritäten (26,57.59–66) und die Verleugnung des Petrus (26,58.69–75). Auch der Verrat des Judas kommt zu einem tragischen Ende (27,3–10). Der gemeinsame Ort all dieser Geschehnisse ist der Palast des Hohepriesters Kajaphas in Jerusalem.

Überstellung Jesu zum Hohepriester (26,57f)

Jesus wird nach seiner Verhaftung direkt zu Kajaphas geführt und vom gesamten Synhedrion, dem Hohen Rat, in Empfang genommen. Zugleich wird erzählt, dass Petrus Jesus »*von weitem*« gefolgt ist und sich im Hof des Palastes aufhält, um zu sehen, was geschehen wird. Die Formulierung »*um das Ende zu sehen*« bedeutet so viel wie »um zu sehen, wie alles ausgehen würde«. Die Hoffnung, dass es doch nicht zum Äußersten kommt, kann in der Wortwahl durchaus mitschwingen.

Das Verhör vor dem Hohen Rat (26,59–66)

Das Vorgehen der Hohepriester und des Synhedrions wird vom ersten Moment an als unrechtmäßig disqualifiziert: Sie suchen nicht die Wahrheit, sondern einen Grund, um Jesus zu töten. Von Anfang an verfolgten sie diesen Plan (vgl. 26,4). Da es einen solchen Grund jedoch nicht gibt und sie das offenkundig auch wissen, suchen sie gezielt ein falsches Zeugnis gegen Jesus (26,59).

Das Auftreten von falschen Zeugen gehört zur Vorstellung vom leidenden Gerechten, als der Jesus in dieser Szene gezeigt wird (vgl. Ps 27,12; 35,11; 109,2f). Obwohl sich zahlreiche Falschzeugen einfinden, kommen die Gegner Jesu nicht zum Ziel. Dadurch wird seine Unschuld nochmals deutlicher vor Augen geführt. Zuletzt treffen zwei Zeugen ein (vgl. Dtn 19,15), die ein tempelkritisches Wort Jesu wiedergeben (vgl. 27,40), das die Leserinnen und Leser des Mt-Ev nicht kennen. Jesus schweigt zu dieser falschen Anschuldigung, was ebenfalls dem Verhalten des leidenden Gerechten entspricht (vgl. Jes 53,7; Ps 39,10; vgl. auch Mt 12,19 = Jes 42,2).

Daraufhin »*beschwört*« der Hohepriester Jesus, doch endlich zu sagen, ob er der »*Christus, der Sohn Gottes*« (26,63) ist. Als Leserin oder Leser des Mt-Ev wird man dabei unweigerlich an das Eidverbot Jesu erinnert (5,33–37). Zugleich klingt in der Formulierung des Hohepriesters das Petrusbekenntnis aus 16,16 an.

Jesus entlarvt in seiner Antwort den Fragesteller: Kajaphas weiß doch längst, dass Jesus der Christus, der erwartete Messias ist. Das Menschensohnwort (26,64) macht durch die Formulierung »*ab jetzt*« (vgl. 23,39; 26,29) deutlich, dass Jesu Tod der Zeitpunkt seiner Inthronisation als Weltenherrscher ist.

67 Da spuckten sie in sein Gesicht
und schlugen ihn mit Fäusten,
andere aber ohrfeigten ihn.

68 Sie sagten:
Prophezeie uns, Christus!
Wer ist, der dich schlug?

69 Petrus aber saß draußen im Hof.
Und es trat zu ihm eine Magd und sagte:
Auch du warst mit Jesus, dem Galiläer!

70 Er aber leugnete vor allen und sagte:
Nicht kenne ich, was du sagst!

71 Als er aber zum Tor hinausging,
sah ihn eine andere und sagte denen dort:
Dieser war mit Jesus, dem Nazoräer!

72 Und wieder leugnete er mit einem Eid:
Nicht kenne ich den Menschen!

73 Kurz darauf traten die Umstehenden hinzu und sprachen zu Petrus:
Wahrhaftig! Auch du bist von ihnen!
Dein Sprechen verrät dich nämlich!

74 Da begann er zu verfluchen und zu schwören:
Nicht kenne ich den Menschen!

Und sogleich schrie ein Hahn.

75 Und Petrus erinnerte sich an das Wort,
das Jesus gesagt hatte:
Ehe ein Hahn schreit,
wirst du mich dreimal verleugnen!

Und er ging nach draußen
und weinte bitter!

Die erste Misshandlung (26,67f)

Nachdem die Mitglieder des Hohen Rates das Todesurteil wegen Gotteslästerung gesprochen haben (26,66), werden sie sogar gewalttätig und stellen sich damit auf eine Stufe mit den römischen Soldaten (vgl. 27,27–30). Darin wird die ganze Boshaftigkeit ihres Verhaltens sichtbar: Sie bespucken, verprügeln und ohrfeigen Jesus, dann verspotten sie ihn, indem sie seine Prophetengabe als hellseherische Fähigkeiten disqualifizieren (26,68).
Dies alles entspricht nicht nur der Behandlung, die der leidende Gerechte über sich ergehen lassen muss (vgl. Jes 50,6; Weish 2,19), sondern veranschaulicht eindrücklich, dass Jesus seine eigene Forderung aus 5,39 erfüllt: »*Welcher dich auf die rechte Backe schlägt, ihm wende auch die andere zu!*« Jesus setzt sich gegen gewalttätige Attacken nicht zur Wehr.

Die Verleugnung des Petrus (26,69–75)

Die Szene wechselt nach draußen in den Hof des Hohepriesters Kajaphas und nimmt Petrus in den Blick. Als er von einer Magd als zu Jesus gehörig erkannt wird, leugnete er »*vor allen*« (26,70): Er weiß nicht, wovon sie überhaupt spricht. Dass dies »vor allen« geschieht, ruft ein Jesuswort in Erinnerung. In 10,33 hieß es nämlich: »*Jeder aber, der mich leugnet vor den Menschen, den werde auch ich leugnen vor meinem Vater in den Himmeln!*« Dass Petrus Jesus verleugnet, obwohl er nicht vor Gericht steht, sondern sich in einer relativ harmlosen Situation im Hof befindet, macht die Sache umso schlimmer.
Zugleich wird Petrus damit zu einer Figur, in der sich die Christinnen und Christen wiederfinden können: Werden sie ihre Zugehörigkeit zu Jesus auch leugnen, sobald es unangenehm wird? Diese Zugehörigkeit, dieses »Mit-Sein« mit Jesus, ist das entscheidende Stichwort, das Mt 26 prägt: Es geht um die Nachfolge der Jünger. Allerdings wird genau an diesem Punkt deren Scheitern greifbar: Immer wenn bislang vom »Mit-Jesus-Sein« die Rede war, wurde das Versagen der Jünger offenbar (26,23.38.40.51) – so auch hier: Petrus verleugnet Jesus. Dann geht er hinaus – wohl um der Situation zu entfliehen – und wird abermals von einer namenlosen Frau erkannt. Mit einem distanzierenden »*Nicht kenne ich diesen Menschen*« (26,72), das nicht einmal wagt, den Namen Jesu auszusprechen, leugnet er ein zweites Mal – sogar unter Eid. Doch die Situation eskaliert. Mehrere Umstehende erkennen Petrus an seiner galiläischen Aussprache und konfrontieren ihn damit. Seine Angst steigert sich: Er »*verflucht und schwört*« ein drittes Mal, dass er Jesus nicht kennt. Das nur hier verwendete Wort »*verfluchen*«, das eigentlich ein Objekt benötigt, lässt vielleicht sogar den Schluss zu, dass Petrus Jesus verflucht.
Mit dem Krähen des Hahns erinnert er sich an dessen Prophezeiung (26,35) und weint bitter. Tiefer kann der Fall des »*ersten* Jüngers« (10,2) nicht sein.

27,1 Als es aber Morgen geworden war,
fassten alle Hohepriester und Ältesten des Volkes einen Beschluss
gegen Jesus, um ihn zu töten.
2 Und sie banden ihn,
führten ihn ab
und lieferten ihn Pilatus, dem Statthalter, aus.

3 Als Judas, der ihn auslieferte, da sah,
dass er verurteilt wurde,
bereute er
und brachte die dreißig Silberstücke
den Hohepriestern und Ältesten zurück,
4 und sagte:
Ich habe gesündigt!
Ich habe unschuldiges Blut ausgeliefert!

Sie aber sprachen:
Was geht das uns an? Sieh du zu!

5 Und er legte nieder die Silberstücke in den Tempel
und entwich.
Und er ging weg
und erhängte sich.
6 Die Hohepriester aber nahmen die Silberstücke
und sprachen:
Nicht ist es erlaubt, sie in den Tempelschatz niederzulegen,
da es ein Preis für Blut ist.

7 Sie fassten aber einen Beschluss und kauften davon den Acker
des Töpfers zum Begräbnis für die Fremden.
8 Deshalb wurde jener Acker Blutacker gerufen bis heute.
9 Da erfüllte sich das Gesagte durch den Propheten Jeremia,
der sagt:
Und sie nahmen die dreißig Silberstücke,
den Preis des Geschätzten, den sie geschätzt hatten,
von den Söhnen Israels!

10 Und sie gaben sie für den Acker des Töpfers,
so wie der Herr mir aufgetragen hatte.

Todesbeschluss und Überstellung Jesu zum Statthalter (27,1f)

Mit der Festnahme haben die Gegner Jesu ihr erstes Ziel erreicht. Am nächsten Morgen fassen sie gemeinsam den förmlichen Beschluss, dass Jesus sterben muss (vgl. 26,4.59). Da Judäa von den Römern besetzt war und damit die Kapitalgerichtsbarkeit – d.h. die Verhängung der Todesstrafe (*ius gladii*) – in römischer Hand war, müssen sie Jesus an den zuständigen Präfekten bzw. Statthalter Pilatus überstellen (vgl. 20,19).

Das Ende des Judas (27,3–10)

Bevor es zum Verhör vor Pilatus kommt, wird das Ende des Judas erzählt, das Matthäus dazu dient, ein weiteres Mal die Unschuld Jesu und die Verbohrtheit der Hohepriester und Schriftgelehrten hervorzuheben. Die Erzählung vom Ende des Judas findet sich im Neuen Testament nur in Mt 27,3–10 sowie in Apg 1,15–20; die anderen Evangelisten schweigen sich dazu aus.

Angesichts der Verurteilung Jesu bereut der Jünger Judas seinen Verrat (27,3) und ähnelt darin dem Jünger Petrus, der seine Verleugnung ebenfalls bitterlich beweint (26,75). Anders als Petrus wird Judas aber aktiv und bringt seinen Verräterlohn, die dreißig Silberstücke (26,15), zu den Hohepriestern und Ältesten zurück. Er will das Geschehene rückgängig machen und stellt öffentlich die Unschuld Jesu fest (27,4). Dies ist eine letzte Möglichkeit für die jüdischen Offiziellen, ihr Fehlverhalten zu korrigieren. Dass dies nicht geschieht, unterstreicht ihre bösen Absichten: Sie sind in keiner Weise daran interessiert, die Schuld oder Unschuld Jesu sachgemäß festzustellen (vgl. 26,59f), sondern einzig und allein, ihn zu töten. In gewisser Weise wird Judas dadurch entlastet: Er bleibt zwar der Verräter Jesu, aber er bekennt sich zu seiner Schuld (27,4), während die Hohepriester und Ältesten in Wahrheit eine viel größere Schuld auf sich laden. Judas weiß keinen Ausweg mehr und erhängt sich (27,5).

Doch die jüdischen Autoritäten nehmen die von ihm zurückgegebenen Silberstücke ohne Scheu an, ja verweisen bei der Annahme des Geldes ironischerweise ausgerechnet auf das Gesetz (vgl. Dtn 23,19). Damit legen sie ein Verhalten an den Tag, das Jesus in der großen Wehe-Rede gegen sie massiv kritisiert hat: Sie reduzieren das Gesetz auf Äußerlichkeiten, was einer tiefgreifenden Sinnentleerung gleichkommt (vgl. 23,23–29).

Die Hohepriester und Ältesten erwerben mit den dreißig Silberstücken einen Acker, der »Blutacker« genannt wird, weil an dem Kaufpreis das Blut Jesu klebt.

Mit einem Erfüllungszitat, einer Mischung aus Sach 11,13 sowie Jer 18,2f; 19,1–13 und Jer 32, wird die Schriftgemäßheit des Geschehens bezeugt: Auch das Verhalten der Hohepriester und Ältesten, der »*Söhne Israels*«, entspricht aus einer übergeordneten Perspektive dem Heilsplan Gottes.

11 Jesus aber wurde vor den Statthalter gestellt.
Und der Statthalter befragte ihn und sagte:
Du bist der König der Juden?

Jesus aber sagte:
Du sagst es!

12 Und während er angeklagt wurde von den Hohepriestern und Ältesten,
antwortete er nichts.

13 Da sagt ihm Pilatus:
Hörst du nicht,
wieviel sie gegen dich bezeugen?

14 Und er antwortete ihm nicht, auch nicht auf ein einziges Wort,
so dass sich der Statthalter sehr wunderte.

15 Zum Fest aber war der Statthalter gewohnt,
der Volksmenge einen Gefangenen freizulassen, den sie wollten.
16 Sie hatten aber damals einen berüchtigten Gefangenen,
genannt [Jesus] Barabbas.
17 Als sie sich nun versammelt hatten,
sprach Pilatus zu ihnen:
Wen wollt ihr, dass ich ihn euch freilasse:
[Jesus, den] Barabbas oder Jesus, den Christus genannten?

18 Denn er wusste, dass sie ihn aus Neid ausgeliefert hatten.
19 Als er sich aber auf den Richterstuhl gesetzt hatte,
sandte seine Frau zu ihm und sagte:
Nichts sei zwischen dir und jenem Gerechten!
Denn vieles litt ich heute im Traum wegen ihm!

20 Die Hohepriester aber und die Ältesten überredeten die Volksmengen,
damit sie den Barabbas erbitten, Jesus aber vernichteten.

21 Es antwortete aber der Statthalter und sprach zu ihnen:
Wen wollt ihr von den zweien, den ich euch freilassen?

Sie aber sprachen:
Den Barabbas!

5.8 Vor den römischen Autoritäten (27,11–31)

Der Prozess vor dem Statthalter (27,11–26)

Nachdem die Erzählung kurz unterbrochen wurde (27,3–10), setzt sie unmittelbar an 27,2 anknüpfend wieder ein: Jesus wird vor den römischen Statthalter (Präfekten) in dessen Amtssitz, das Prätorium, geführt und einem Verhör unterzogen. Von einem richtigen Prozess kann in der folgenden Darstellung jedoch keine Rede sein.

Denn das Verhör beginnt unvermittelt mit der Frage des Pilatus, ob Jesus der »*König der Juden*« sei (27,11). Damit berührt der Präfekt gleich zu Beginn die zentrale Frage, die ihn als Römer interessiert: Beansprucht Jesus für sich einen politischen Titel oder nicht?

Da nur die Römer als Besatzermacht den Königstitel vergeben konnten, fragt Pilatus, ob Jesus den Hoheitsanspruch Roms durch das Tragen des Königstitels in Frage stellt. Dann müsste er als zuständiger Präfekt tatsächlich aktiv werden. Als Leserin und Leser der gesamten matthäischen Jesusgeschichte fühlt man sich bei dieser Frage unweigerlich an Mt 2 erinnert: Auch der amtierende jüdische König Herodes hat in eine ähnliche Richtung gedacht, so dass er in Angst und Schrecken verfiel, als ihm von der Geburt eines neuen »*Königs der Juden*« berichtet wurde (2,2).

Jesus antwortet auf die Frage des Pilatus mit einem relativ offenen »*Du* sagst es!« (vgl. 26,64). Das kann einerseits eine Bestätigung der Frage sein, ist aber zugleich so zurückhaltend formuliert, dass deutlich wird: Jesus lässt sich mit Pilatus auf keinerlei inhaltliche Diskussionen ein. Diese wenigen Worte sind alles, was Jesus im gesamten Verhör spricht: Von nun an schweigt er (27,14). Die Offenheit der Antwort Jesu liegt darin, dass er Pilatus im Prinzip zwar zustimmt, aber die politische Bedeutung des Königstitels nicht teilt: Dieses Verständnis ist die Lesart des Pilatus, die ihm offensichtlich von den Hohepriestern und Ältesten nahegelegt wurde (vgl. 27,12), damit sie gegen Jesus vorgehen konnten.

Der weitere Verlauf des Prozesses wird zu einem Tauziehen zwischen Pilatus und den jüdischen Offiziellen, wobei beide Seiten versuchen, das Volk auf ihre Seite zu bringen. Dass Pilatus vorschlägt, einen berüchtigten Gefangenen zum Pessachfest freizulassen (historisch ist ein derartiger Brauch nirgends belegt), zeigt nicht nur, dass er das Volk auf seiner Seite wähnt, sondern auch, dass er Jesus nicht verurteilen möchte. Zudem weiß er um die niederen Beweggründe des Hohen Rates (27,18).

In dem Moment, als er sich auf dem Richterstuhl niederlässt, erreicht ihn eine Nachricht seiner Frau. Das ist bemerkenswert und erinnert an die Träume, durch die Gott Josef und die Magier geführt hat (1,20; 2,12f.19.22). Ausgerechnet eine Heidin sieht klar und erkennt Jesus als »*Gerechten*«. Zwar wird sie damit zur Unschuldszeugin für Jesus (vgl. 27,4), aber das ändert nichts mehr.

22 Pilatus sagt ihnen:
Was soll ich nun tun mit Jesus, dem Christus genannten?

Und alle sagen:
Gekreuzigt soll er werden!

23 Er aber sagte:
Was hat er denn Böses getan?

Sie aber schrien übermäßig und sagten:
Gekreuzigt soll er werden!

24 Als Pilatus sah, dass es nichts nützt, sondern mehr Aufruhr entstand,
nahm er Wasser, wusch die Hände gegenüber der Volksmenge
und sagte:
Unschuldig bin ich an diesem Blut! Seht ihr zu!

25 Und das ganze Volk anwortete und sprach:
Sein Blut über uns und über unsere Kinder!

26 Da ließ er ihnen den Barabbas frei.
Jesus aber ließ er geißeln und lieferte ihn aus,
damit er gekreuzigt werde.

27 Da nahmen die Soldaten des Statthalters Jesus ins Prätorium mit
und versammelten um ihn die ganze Kohorte.
28 Und sie zogen ihn aus
und legten ihm ein scharlachrotes Oberkleid um.
29 Und sie flochten einen Kranz aus Dornen
und setzten diesen auf seinen Kopf – und ein Schilfrohr in seine Rechte.
Und sie fielen auf die Knie vor ihm
und verspotteten ihn und sagten:
Sei gegrüßt, König der Juden!

30 Und sie spuckten ihn an,
nahmen das Schilfrohr und schlugen auf seinen Kopf.
31 Und als sie ihn verspottet hatten,
zogen sie ihm das Oberkleid aus,
zogen ihm seine Gewänder an
und führten ihn ab, um ihn zu kreuzigen.

Während die Verhandlung des Pilatus durch die Nachricht seiner Frau kurz unterbrochen wird (27,19), nutzen die Hohepriester und Ältesten diese Pause, um das Volk zu »*überreden*«, den Verbrecher Barabbas anstelle des Gerechten Jesus freizulassen (27,20f). Damit gelingt es den jüdischen Autoritäten und nicht Pilatus als weltlicher Macht, die Volksmengen zur Erreichung des eigenen Ziels zu gewinnen.
Pilatus bleibt nur noch zu fragen, was denn mit Jesus geschehen solle: »*Alle*«, d.h. die ganze versammelte Volksmenge, verlangt daraufhin seine Kreuzigung (27,22). Der als Frage formulierte Hinweis des Pilatus, dass er nun wirklich nichts Böses an Jesus erkennen kann (27,23), ist als letzter Versuch zu werten, das Volk dazu zu bringen, seine Entscheidung zu ändern. Doch die Menge hört gar nicht mehr hin, sondern schreit ihre Forderung nur noch unkontrolliert heraus: Jesus soll gekreuzigt werden (27,23)!
Pilatus hat verloren, bekundet aber demonstrativ durch eine Symbolhandlung (Händewaschen) und anschließende deutende Worte, dass er an diesem Urteil keinerlei Schuld trägt.
Damit verhält er sich ähnlich wie die Hohepriester und Ältesten Judas gegenüber: Auch Judas bekannte ja, »*unschuldiges Blut* ausgeliefert zu haben«, woraufhin ihm die jüdischen Offiziellen bekundeten: »Was geht das uns an? *Sieh du zu!*« (27,4). Das sind ähnliche Formulierungen, wie sie auch Pilatus in 27,24 verwendet: »*Unschuldig* bin ich an *diesem Blut! Seht ihr zu!*« Dass das unmöglich ist, weil sich niemand so einfach von seiner Mitschuld befreien kann, macht die Erzählung mehr als deutlich.
Die anwesende Jerusalemer Bevölkerung antwortet mit einer kollektiven Selbstverfluchung, die wirkungsgeschichtlich eine unheilvolle Dynamik entwickelt hat: Man hat dies christlicherseits oftmals als Gesamtverwerfung Israels gelesen und damit im Verlauf der Jahrhunderte zahlreiche Angriffe und Pogrome gegen Jüdinnen und Juden gerechtfertigt. Da Matthäus selbst Judenchrist war (s. Einleitung), kann es ihm darum an dieser Stelle nicht gegangen sein. Vielmehr kommt für ihn hier jener Teil des Volkes zur Sprache, der, anders als die jüdischen Volksmengen, die Jesus in Galiläa so begeistert gefolgt sind, von den »*blinden Führern*« (15,14; 23,16.24) in die Irre geleitet wurde und Jesus ablehnte. Dabei ist nicht zu vergessen, dass Jesu Blut »*für viele*« (26,28) vergossen wurde – so dass die Heilsperspektive auch an einer Stelle wie dieser bestimmend bleibt.

Die zweite Misshandlung (27,27–31)

Nach den jüdischen Offiziellen verspotten und misshandeln nun auch die römischen Soldaten Jesus. In Form einer »Königstravestie« staffieren sie ihn als weltlichen König aus. Dass sie mit dieser Verspottung unwissentlich die Wahrheit sagen, ist die tiefe Ironie, die über der Szene liegt (vgl. etwa 2,11).

32 Als sie aber herauskamen,
fanden sie einen Menschen – einen Kyrener –,
mit Namen Simon.
Diesen zwangen sie,
dass er sein Kreuz trage.

33 Und als sie an einen Ort kamen, genannt Golgota – das heißt Schädelort –,
34 gaben sie ihm Wein mit Galle gemischt zu trinken.
Er schmeckte ihn,
wollte aber er nicht trinken.

35 Als sie ihn aber gekreuzigt hatten,
teilten sie unter sich seine Gewänder auf,
indem sie ein Los warfen.
36 Und sie setzten sich
und bewachten ihn dort.

37 Und über seinem Kopf brachten sie seine Schuld schriftlich an:
Dieser ist Jesus, der König der Juden!

38 Dann werden zusammen mit ihm zwei Räuber gekreuzigt –
einer zur Rechten und einer zur Linken.

39 Die Vorübergehenden aber lästerten ihn,
schüttelten ihre Köpfe
40 und sagten:
Der, der den Tempel zerstört und in drei Tagen baut –
rette dich selbst,
wenn du der Sohn Gottes bist!
Steig herab vom Kreuz!

41 Desgleichen spotteten auch die Hohepriester mit den Schriftgelehrten
und Ältesten und sagten:
42 Andere hat er gerettet – sich selbst kann er nicht retten!
König Israels ist er!
Steige er doch jetzt vom Kreuz herab –
und wir werden an ihn glauben!
43 *Er vertraute auf Gott – der soll jetzt retten, wenn er ihn will!*
Denn er sprach ja: Gottes Sohn bin ich!

44 Desgleichen schmähten ihn auch die Räuber –
die mit ihm Gekreuzigten.

5.9 Sterben und Tod (27,32–61)

Weg und Kreuzigung (27,32–38)

Da eine Kreuzigung – wohl die entwürdigendste antike Todesart – nicht innerhalb der Stadtmauern durchgeführt werden durfte, führen die römischen Soldaten Jesus hinaus nach Golgota, einer Anhöhe, die die Form eines Schädels hatte und deshalb im Volksmund »*Schädelhöhe*« genannt wurde.
Der Weg nach Golgota wird nur knapp geschildert. Da Jesus durch die Geißelung offenbar sehr geschwächt war, zwingen die Soldaten einen Diasporajuden aus Kyrene (Nordafrika), Jesu Kreuz – d.h. wahrscheinlich den Querbalken des Kreuzes – zu tragen. Als römische Besatzungsmacht haben die Soldaten das Recht, einen solchen Frondienst einzufordern (vgl. 5,41 und den Kommentar zur Stelle).
Bevor Jesus gekreuzigt wird, verabreichen die Soldaten ihm ein bitteres Weingemisch, das seine Qualen noch verstärkt (anders ist es in Mk 15,23, wo der Wein mit betäubender Myrrhe versetzt ist). Damit setzen sie ihre Verspottung aus 27,27–30 fort, denn dieses Wein-Galle-Gemisch erinnert an Ps 69,22: »*Sie gaben mir Gift zu essen, für den Durst reichten sie mir Essig.*« So wird Jesus als der leidende Gerechte verhöhnt. Da die Gekreuzigten gewöhnlich nackt waren, verteilen die Soldaten nach der Kreuzigung die Kleider Jesu unter sich und erfüllen damit erneut ein Schriftzitat (Ps 22,19). Danach setzen sie sich hin – laut 27,27 immer noch die gesamte Kohorte, d.h. 500–1000 Mann! – und bewachen Jesus.
Über dem Kopf des Gekreuzigten ist ein Schild angebracht, auf dem der Verurteilungsgrund steht: Jesus ist der »*König der Juden*« (27,37). Die Leserinnen und Leser des Mt-Ev erkennen darin keine politische Würde, sondern die ganz andere Würde des wahren davidischen Messias-Königs (2,2), der feierlich in »seine« Königsstadt Jerusalem eingezogen ist (vgl. 21,5).

Verspottung (27,39–44)

Weitere Verspottungen und Lästerungen lassen nicht lange auf sich warten und setzen der Demütigung im wahrsten Sinne des Wortes die »Krone« auf: Jüdische Passanten, aber auch die Hohepriester, Schriftgelehrten und Ältesten, ja sogar die beiden mitgekreuzigten Räuber schmähen Jesus. Die Aufforderung »*Rette dich selbst!*« bzw. »*Steig herab vom Kreuz!*« (27,40.42) erinnert dabei an die Versuchung Jesu in der Wüste (4,3.5; vgl. 26,53).
Dass sich die Aufforderung, »*Gott soll ihn retten, wenn er Gottes Sohn ist*« (27,42f) tatsächlich erfüllen wird – allerdings völlig anders als erwartet, nämlich durch den Tod hindurch –, ist eine weitere tiefe Ironie der Erzählung: Jesus verzichtet am Kreuz auf seine Vollmacht, wird aber von Gott auferweckt, zum Weltenherrscher eingesetzt und als Gottes Sohn bezeugt (vgl. 27,51–53).

45 Von der sechsten Stunde an wurde Finsternis über der ganzen Erde –
bis zur neunten Stunde.
46 Um die neunte Stunde aber schrie Jesus mit lauter Stimme
und sagte:
Eli, Eli, lema sabachthani?
Das heißt: *Mein Gott, mein Gott, warum hast du mich verlassen?*

47 Einige aber der dort Stehenden, hörten es und sagten:
Nach Elija ruft dieser!

48 Und sofort lief einer von ihnen und nahm einen Schwamm,
füllte ihn mit Essig, steckte ihn auf ein Schilfrohr
und gab ihm zu trinken.
49 Die übrigen aber sagten:
Lass! Wir wollen sehen, ob Elija kommt, um ihn zu retten!

50 Jesus aber schrie wiederum mit lauter Stimme
und gab den Geist auf.

51 Und siehe!
Der Vorhang des Tempels wurde gespalten –
von oben bis unten in zwei Teile.
Und die Erde erbebte,
und die Felsen wurden gespalten.
52 Und die Grabmäler wurden geöffnet,
und viele Leiber der entschlafenen Heiligen wurden auferweckt.
53 Und – nach seiner Auferweckung – kamen sie heraus aus den Grabmälern
und kamen hinein in die heilige Stadt und erschienen vielen.

54 Der Zenturio aber und die mit ihm, die Jesus bewachten,
sahen das Erdbeben und die Geschehnisse
und fürchteten sich – so sehr!
Und sie sagten:
Wahrhaftig! Gottes Sohn war dieser!

55 Es waren dort viele Frauen, die von weitem zusahen.
Sie waren Jesus von Galiläa gefolgt,
um ihm zu dienen.
56 Unter ihnen waren Maria, die Magdalenerin,
und Maria, die Mutter des Jakobus und Josef,
und die Mutter der Söhne des Zebedäus.

Der Tod Jesu (27,45–50)

Jesu Tod geht mit dramatischen Zeichen einher. Zunächst ereignet sich, wie bei seiner Geburt, ein kosmisches Lichtphänomen (vgl. 2,1–11), diesmal allerdings negativ, in Form einer dreistündigen Finsternis, die von zwölf bis fünfzehn Uhr andauert. Eine solche Finsternis kann biblisch gesehen dem »*Tag des Herrn*«, d.h. dem Gerichtstag, vorausgehen (vgl. Jes 13,10f; Joel 3,1–5; auch Am 5,16–20). Die Finsternis verweist somit auf den endzeitlichen Charakter des Todes Jesu.
Zum ersten Mal seit 27,11 und zum letzten Mal im Mt-Ev öffnet Jesus seinen Mund: Mit dem Klageruf aus Ps 22,2, der im aramäischen Wortlaut wiedergegeben und dann übersetzt wird, schreit er zu Gott. Jesus erscheint hier in tiefstem menschlichem Leid. Der »*Immanuel*«, der »*Gott mit uns*«, erlebt sich am Kreuz als der von Gott Verlassene. Dass dieser Gebetsschrei von den Umstehenden missverstanden wird (Elija gilt als Nothelfer oder Beistand der Bedrängten), unterstreicht Jesu Einsamkeit nur noch mehr (27,47–49). Mit einem letzten Schrei stirbt Jesus (27,50).

Göttliche Zeichen (27,51–54)

Sofort überschlagen sich die Ereignisse: Der Vorhang des Tempels, vermutlich der innere Vorhang, der das Allerheiligste abgeschirmt hat, reißt in zwei Stücke entzwei. Dies ist als Gerichtszeichen zu verstehen und erfüllt zugleich die Verheißung der Zerstörung des Tempels (22,7; 23,38; 24,1f), die zur Zeit der Leserinnen und Leser des Evangeliums bereits Realität geworden war. Erdbeben (vgl. Sach 14,4f; Ez 37,7) und die Auferweckung vieler Toter (vgl. Ez 37,12) bezeugen, dass Matthäus Tod und Auferstehung Jesu als einen eng zusammenhängenden Vorgang versteht.
Der römische Hauptmann (Zenturio) und seine Soldaten, mithin genau diejenigen, die Jesus verspottet, misshandelt und gekreuzigt haben (27,27–37), erkennen angesichts der erschütternden Ereignisse Jesus als den »*Sohn Gottes*« (27,54). Ausgerechnet die Vertreter der Besatzungsmacht, und zwar eine ganze Kohorte (27,27), sprechen ein vollgültiges Bekenntnis (vgl. 27,54 mit 14,33). Zwar werfen sie sich nicht wie die Jünger vor Jesus nieder, aber das haben sie ironischerweise bereits ungewollt vorweggenommen (27,29).

Die Frauen (27,55f)

Während die Jünger kollektiv geflohen sind (26,56.75), halten sich *viele* Frauen, die Jesus bereits von Galiläa aus »*gefolgt* sind, um ihm zu *dienen*« (vgl. 8,22; 9,9.21), und die deswegen echte Jüngerinnen sind, in einiger Entfernung auf, um den Verlauf der Geschehnisse zu beobachten. Diese Frauen werden die ersten Zeuginnen der Osterbotschaft sein (28,1–8).

57 Als es aber Abend geworden war,
kam ein reicher Mensch aus Arimatäa namens Josef,
der auch selbst ein Jünger Jesu geworden war.

58 Dieser trat zu Pilatus und erbat den Leib Jesu.
Da befahl Pilatus, ihn herzugeben.

59 Und Josef nahm den Leib,
wickelte ihn in reines Leinen
60 und legte ihn in sein neues Grabmal,
das er in den Felsen gehauen hatte.
Und er wälzte einen großen Stein zur Tür des Grabmals
und ging weg.

61 Es waren dort Maria, die Magdalenerin, und die andere Maria.
Sie saßen gegenüber von dem Grabmal.

62 Am nächsten Tag aber – dem nach dem Rüsttag –,
versammelten sich die Hohepriester und die Pharisäer bei Pilatus
63 und sagten:
Herr, wir haben uns erinnert,
dass jener Betrüger sprach, als er noch lebte:
Nach drei Tagen werde ich auferweckt!
64 Befiehl also,
dass das Grabmal gesichert wird bis zum dritten Tag,
damit nicht etwa seine Jünger kommen,
ihn stehlen und zu dem Volk sprechen:
Er wurde auferweckt von den Toten!
Und der letzte Betrug wird schlimmer sein als der erste!

65 Sprach zu ihnen Pilatus:
Habt eine Wache!
Geht weg und sichert, wie ihr es kennt!

66 Sie aber gingen
und sicherten das Grab,
indem sie mit der Wache den Stein versiegelten.

Die Grablegung (27,57–61)

Nach den Frauen tritt ein weiterer Jünger Jesu hinzu, der nicht dem Zwölferkreis entstammt und somit auch nicht geflohen ist (vgl. 26,56.75), und bittet Pilatus um die Erlaubnis, Jesus in seiner eigenen neuen Grabstätte bestatten zu dürfen. Dieses Grab ist ein Felsengrab, wie es sich nur reiche Juden (vgl. 27,57) überhaupt leisten können.
Von einer Salbung des Leichnams Jesu wird im Kontext der Grablegung nicht erzählt, da diese bereits durch die namenlose Frau zu Lebzeiten Jesu vorweggenommen wurde (26,6–13). Und so wickelt Josef Jesus lediglich in ein reines – d.h. in ein neues – Leintuch und verschließt das Grab sorgfältig mit einem großen Stein.
Die letzte Notiz ist erzählerisch wichtig: Dass das Grab tatsächlich korrekt verschlossen und versiegelt war (27,60.66) und dass Jesus und kein anderer am Kreuz starb (vgl. die ständige Bewachung des Gekreuzigten durch die römischen Soldaten, 27,36.54), führt den Leserinnen und Lesern die spätere Leichendiebstahlslegende der jüdischen Offiziellen (28,11–15) als letzte dreiste Lüge vor.
Die beiden Frauen – warum die Mutter der Zebedäussöhne (27,56) nicht mehr dabei ist, wird nicht gesagt – sind für die Grablegung ebenso wie für den Tod Jesu (27,55) Zeuginnen.

6. Ostern (27,62–28,20)

6.1 Die Sicherung des Grabes (27,62–66)

Die Hohepriester und Pharisäer fürchten auch nach dem Tod und der Bestattung Jesu noch dessen Einfluss auf das Volk (27,64). Zu einem früheren Zeitpunkt der Erzählung, in 12,38, hatten die Pharisäer zusammen mit den Schriftgelehrten von Jesus ein Zeichen gefordert und sind mit dem Rätselwort 12,40 konfrontiert worden: »*Wie nämlich Jona drei Tage und drei Nächte im Bauch des Seemonsters war, so wird der Menschensohn drei Tage und drei Nächte im Herzen der Erde sein!*«
Auf diesen Ausspruch spielen sie an dieser Stelle an und fordern von Pilatus eindringlich die Bewachung des Grabmals, um einem Betrug seitens der Jünger vorzubeugen. Dass sie Jesus selbst als »Betrüger« bezeichnen, ist angesichts dessen nur konsequent (27,63).
Durch die Anrede »*Herr*«, die außerhalb der Gleichnisse immer nur auf Jesus oder Gott bezogen wird, offenbaren sie zugleich, wem sie angehören: Sie haben sich vollends auf die Seite der Römer geschlagen und sich damit auch von ihrem eigenen Volk abgewandt. Dass sie im Ausmalen des möglichen Jüngerbetrugs dieselben Worte wählen, mit der die Osterverkündigung formuliert wird (27,64; vgl. 28,7!), ist als weitere tiefe Ironie zu erfassen.

28,1 Spät am Sabbat,
in der Dämmerung zum ersten (Tag nach) dem Sabbat,
kamen Maria, die Magdalenerin, und die andere Maria,
um das Grab zu sehen.

2 Und siehe!
Es geschah ein großes Erdbeben.
Denn ein Bote des Herrn stieg herab aus dem Himmel,
trat hinzu, wälzte den Stein weg und setzte sich auf ihn.
3 Sein Aussehen war wie ein Blitz und seine Kleidung weiß wie Schnee.

4 Aus Furcht vor ihm erbebten die Bewacher
und wurden wie Tote.

5 Es antwortete aber der Bote
und sprach zu den Frauen:
Fürchtet euch nicht!
Denn ich weiß, dass ihr Jesus, den Gekreuzigten, sucht.
6 Er ist nicht hier, denn er wurde auferweckt, wie er gesagt hat.
Kommt! Seht den Ort, wo er lag!

7 Und geht schnell und sprecht zu seinen Jüngern:
Er wurde auferweckt von den Toten!
Und siehe!
Er geht euch voraus nach Galiläa –
dort werdet ihr ihn sehen!
Siehe! Ich sprach zu euch!

8 Und sie gingen schnell weg vom Grabmal mit Furcht und großer Freude,
und liefen, um es seinen Jüngern zu vermelden.

9 Und siehe!
Jesus begegnete ihnen und sagte:
Seid gegrüßt!

Sie aber traten hinzu, ergriffen seine Füße
und fielen nieder vor ihm.
10 Da sagt Jesus zu ihnen:
Fürchtet euch nicht!
Geht weg und vermeldet meinen Brüdern,
dass sie weggehen nach Galiläa – dort werden sie mich sehen!

6.2 Das leere Grab (28,1–8)

Am Ende des Sabbat, beim Aufleuchten des ersten Sterns am Sabbatabend, mit dem nach jüdischer Zeitvorstellung der neue Tag beginnt, kommen die beiden Frauen (vgl. 27,56.61) zum Grab.
Was sie erleben, wird als Eingreifen Gottes beschrieben (»*siehe*«, 28,2): Ein großes Erdbeben (vgl. 27,51) geschieht, das mit dem Herabsteigen eines Boten Gottes – eines Engels – in Verbindung gebracht wird. Anders als in der Vorgeschichte Jesu spricht der »*Bote des Herrn*« nicht im Traum zu den Menschen (vgl. 1,20; 2,13.19), sondern greift aktiv in die Menschenwelt ein: Er wälzt den großen Stein (vgl. 27,60; 28,2) vom Grabeingang weg und setzt sich darauf.
Sein Äußeres wird in Anlehnung an Dan 10,6 als strahlend hell umschrieben. Es ist bemerkenswert, dass die professionellen Bewacher des Grabes (vgl. 27,65f) angesichts der Erscheinung in Schockstarre verfallen, während die Frauen bereit sind, die Botschaft des Engels zu hören. An dieser Stelle zeigt sich, dass auch die beste Wachmannschaft nichts nützt, wenn Gott persönlich eingreift.
Der Engel verkündet den Frauen die Osterbotschaft: Der Gekreuzigte ist von Gott auferweckt worden – genau so, wie er es gesagt hat (vgl. 16,21; 17,23; 20,19). In der gesamten Verkündigungsszene sprechen die Frauen kein Wort und ähneln darin Josef, der ebenfalls nicht gesprochen hat (vgl. den Kommentar zu 2,13–15). Die Frauen sind ganz und gar die Hörenden der Botschaft des Engels. Und sie tun, was ihnen aufgetragen wird.
Ihr Auftrag lautet, dass sie den elf verbliebenen Jüngern des Zwölferkreises die Auferstehungsbotschaft bringen und ihnen sagen, dass sie sich nach Galiläa aufmachen sollen, um Jesus zu sehen (28,7). Nicht den geflohenen Jüngern wird somit zuerst die Osterbotschaft verkündet, sondern den Frauen, die diese Botschaft an die Jünger weitergeben sollen. Dies ist bemerkenswert und wird durch die österliche Ersterscheinung gesteigert, die ebenfalls den Frauen und nicht den Jüngern zuteil wird (anders 1 Kor 15,5–8).

6.3 Die Erscheinung vor den Frauen (28,9f)

Noch während die Frauen stark aufgewühlt (»*Furcht und große Freude*«, 27,8) unterwegs sind, erscheint ihnen Jesus. Sie fallen vor ihm nieder und ergreifen seine Füße. Dieses Greifen dient dazu, jeden Verdacht, den Frauen wäre nur ein Gespenst erschienen oder sie hätten geträumt, abzuwehren.
Wie der Bote fordert auch Jesus sie auf, sich nicht zu fürchten. Und er erneuert nochmals den Auftrag des Engels: In Galiläa, dort, wo alles begann, wird er seinen »*Brüdern*« (vgl. 12,49f) erscheinen. Die während der Passion zerstreute Herde (vgl. 26,31) wird nachösterlich – wie in 26,32 angekündigt – gesammelt werden (vgl. 28,7.10).

11 Während sie aber gingen – siehe!
Einige von der Wache kamen in die Stadt
und vermeldeten den Hohepriestern alle Geschehnisse.
12 Und sie versammelten sich mit den Ältesten,
fassten einen Beschluss
und gaben den Soldaten genügend Silber.

13 Und sie sagten:
Sprecht: Seine Jünger kamen in der Nacht
und stahlen ihn,
während wir schliefen!
14 Und wenn dies beim Statthalter gehört wird,
werden wir ihn überreden und euch sorgenfrei machen!

15 Sie aber nahmen das Silber und machten,
wie sie belehrt worden waren.
Und dieses Wort wurde herumerzählt bei den Juden bis heute.

16 Die elf Jünger aber gingen in Galiläa auf den Berg,
wohin sie Jesus bestellt hatte.
17 Und als sie ihn sahen,
fielen sie nieder – zweifelten aber.
18 Und Jesus trat hinzu
und redete mit ihnen
und sagte:
Gegeben wurde mir alle Vollmacht im Himmel und auf [der] Erde!
19 Geht nun
und macht zu Jüngern alle Völker,
und tauft sie auf den Namen des Vaters und des Sohnes
und des heiligen Geistes,
20 und lehrt sie alles zu halten,
was ich euch geboten habe!

Und siehe!
Ich bin mit euch alle Tage bis zur Vollendung der Weltzeit!

6.4 Der Betrugsversuch (28,11–15)

Bevor die »zerstreute Herde« gesammelt werden kann, greifen die Gegner Jesu zu einem letzten Mittel. Einige der Wachen vor dem Grab, die aufgrund ihres Schocks nichts von der Botschaft des Engels gehört haben (28,4), wenden sich an die Hohepriester und berichten von den wundersamen Ereignissen und dem leeren Grab.
Ein weiteres Mal halten die jüdischen Eliten eine Versammlung ab (vgl. 26,3.57; 28,12) und fassen einen Beschluss. Ein weiteres Mal bestechen sie andere, um ihr unlauteres Ziel zu erreichen (vgl. 26,14–16). Da Pilatus offensichtlich als korrupt galt, versprechen die Hohepriester und Ältesten, sich finanziell für die Wachen einzusetzen, falls er von diesem Komplott erfahren würde. Die Soldaten streuen daraufhin das Gerücht vom Leichenraub Jesu, das ausdrücklich als »*Lehre*« der Gegner bezeichnet wird (»*belehrt*«, 28,15).
Dass die Gegner Jesu das von ihnen eingeforderte Zeichen (vgl. 16,1) auf diesem Weg tatsächlich bekommen haben, ändert an ihrem Verhalten nichts: Sie handeln wider besseres Wissen, was ihre Verfehlung umso schlimmer macht. Ihre Formulierung aus 27,64, »*und der letzte Betrug wird schlimmer sein als der erste!*«, trifft sie selbst.

6.5 Das universale Ende (28,16–20)

Das Mt-Ev endet mit einer Entgrenzung, die man sich größer nicht vorstellen kann, und weist weit über die erzählte Zeit hinaus: Jesus, der verfolgt, gekreuzigt, verspottet worden ist und darauf verzichtet hat, seine Vollmacht einzusetzen, um dem Leiden zu entgehen, ist auferweckt worden und wurde von Gott mit »*aller Vollmacht*« als Weltenherrscher ausgestattet.
Diese Vollmacht ist in jeder Hinsicht *universal*: Sie umfasst nicht nur alle denkbaren Orte (Himmel und Erde), sondern auch alle Völker (Juden und Heiden) und alle Zeiten (bis zur Vollendung der Weltzeit). Die wichtigsten Themen, die das ganze Evangelium geprägt haben, kehren in der Abschlussszene auf dem Berg in Galiläa gebündelt wieder.
Die elf verbliebenen Jünger versammeln sich, wie ihnen aufgetragen wurde (28,7.10). Es ist mehr als bemerkenswert, dass sie angesichts des Auferstandenen eine Mischung aus Glauben und Zweifel an den Tag legen, wie es für sie typisch ist (vgl. 14,30f).
Doch sie werden von Jesus ausgesandt: Nicht als die »perfekten« Jünger, die über jeden Zweifel erhaben sind (28,17), sondern als »*die Jünger Jesu*«, die gelegentlich durch »*Kleingläubigkeit*« auffallen (vgl. 8,26; 17,20).
Ihr Auftrag ist die weltweite Mission. Getragen sind sie von der Zusage des Mitseins des Auferstandenen: Er erweist sich mit dem letzten Vers des Evangeliums tatsächlich als der »*Immanuel*« (1,23), als »*der Gott mit uns*«.

Verwendete und empfehlenswerte Literatur zum Matthäusevangelium

Kommentare

W.D. Davies – D.C. Allison, A Critical and Exegetical Commentary on the Gospel according to Saint Matthew, 3 Bde., ICC 1–3, Edinburgh 1988–1997.

P. Fiedler, Das Matthäusevangelium, ThKNT 1, Stuttgart 2006.

H. Frankemölle, Matthäus. Kommentar, 2 Bde., Düsseldorf, 2. Aufl. 1999/1997.

J. Gnilka, Das Matthäusevangelium, 2 Bde., HThK.NT I/1–2, Freiburg i.Br. u.a., 2. Aufl. 1988/2. Aufl. 1992.

M. Konradt, Das Evangelium nach Matthäus, NTD 1, Göttingen 2015.

U. Luz, Das Evangelium nach Matthäus, 4 Bde., EKK I/1–4, Zürich/Neukirchen-Vluyn 1985–2002.

Kurzkommentare

M. Mayordomo, Matthäus, in: Erklärt – Der Kommentar zur Zürcher Bibel, Bd. 3, Zürich 2010, 1046–2029.

H. Frankemölle, Das Matthäusevangelium. Neu übersetzt und kommentiert, Stuttgart 2010.

Wichtige Spezialuntersuchungen

W. Carter, Matthew. Storyteller, Interpreter, Evangelist, Peabody, rev. Aufl. 2004.

J.R.C. Cousland, The Crowds in the Gospel of Matthew, NT.S 102, Leiden 2002.

R. Feneberg, Die Erwählung Israels und die Gemeinde Jesu Christi. Biographie und Theologie Jesu im Matthäusevangelium, HBS 58, Freiburg i.Br. 2009.

G. Garbe, Der Hirte Israels. Eine Untersuchung zur Israeltheologie des Matthäusevangeliums, WMANT 106, Neukirchen-Vluyn 2005.

M. Gielen, Der Konflikt Jesu mit den religiösen und politischen Autoritäten seines Volkes im Spiegel der matthäischen Jesusgeschichte, BBB 115, Bodenheim 1998.

R. Kampling (Hg.), »Dies ist das Buch ...«. Das Matthäusevangelium, Interpretation – Rezeption – Rezeptionsgeschichte, Paderborn 2004.

M. Konradt, Israel, Kirche und die Völker im Matthäusevangelium, WUNT 215, Tübingen 2007.

U. Luz, Die Jesusgeschichte des Matthäus, Neukirchen-Vluyn 1993.

C. Münch, Die Gleichnisse Jesu im Matthäusevangelium. Eine Studie zu ihrer Form und Funktion, WMANT 104, Neukirchen-Vluyn 2004.

U. Poplutz, Erzählte Welt. Narratologische Studien zum Mattäusevangelium, Neukirchen-Vluyn, BThS 100, 2008.

A.J. Saldarini, Matthew's Christian-Jewish Community, Chicago Studies in the History of Judaism, Chicago 1994.

Lesetipp

J. Neusner, Ein Rabbi spricht mit Jesus. Ein jüdisch-christlicher Dialog, Freiburg i.Br. 2011.

Die Autorin

Prof. Dr. Uta Poplutz

1971 in Berlin geboren
1997 Diplomexamen Katholische Theologie, Universität Würzburg
2003 Promotion, Universität Würzburg
2009 Habilitation, Universität Luzern (CH)
2009 Ernennung zur Privatdozentin und Erteilung der *venia legendi* für das Fach Exegese des Neuen Testaments, Universität Luzern (CH)
2010 Ernennung zur Universitätsprofessorin für Katholische Theologie: Biblische Theologie, Bergische Universität Wuppertal